> # La Interpretación Bíblica Enfocada en DIOS

Vern S. Poythress

Traducido al Español por
Glenn A. Martínez, PhD

editorial δουλος
Embajadores en cadenas

Tampa, Florida

La Interpretación Bíblica

Editorial Doulos
1008 E. Hillsborough Ave.
Tampa, Florida 33604
www.editorialdoulos.com
editor@editorialdoulos.com

Publicado originalmente en inglés con el título *God Centered Biblical Interpretation* por P&R Publishing Company, PO Box 817, Phillipsburg, New Jersey 08865-0817. © 1999 por Vern Sheridan Poythress. Traducido y publicado con permiso.

Copyright © 2016 Editorial Doulos para la versión en español.

Todos los derechos reservados.

ISBN-13: 9780692704813
ISBN: 0692704817

Colección
**Aportes Lingüísticos
al Estudio Teológico**

CONTENIDO

Capítulo		Página
	Prefacio del Traductor	1
1	El Desafío de la Interpretación Bíblica	3
2	Dios y la Interpretación Bíblica	17
3	¿Qué es la Biblia?	32
4	El Propósito de la Biblia	57
5	El Carácter Trinitario de la Verdad	69
6	El Significado	75
7	El Significado Léxico	103
8	Comunicación	108
9	Pasos en la Interpretación	115

10	Perspectivas Hermenéuticas Alternativas	131
11	Ejemplos y Analogía	145
12	Historia	150
13	La Falsedad de los Idolos	172
14	Distorción Total en la Interpretación	182
15	La Distorción de Palabras	199
16	La Reforma del Triángulo de Significado de Ogden-Richards	206
17	La Divergencia en la Doctrina de Dios entre Cristianos	215
18	La Redención de la Interpretación	221
	Bibliografía	225

Prefacio de Traductor

En este libro, por primera vez se presenta la obra del Profesor Vern Sheridan Poythress al lector hispanoparlante. Autor prolífico y erudito incansable, catedrático en Westminster Theological Seminary en Philadelphia, Poythress es una de las figuras cumbres de la teología reformada contemporánea. Educado en Harvard, Poythress ha demostrado una habilidad singular de llevar el pensamiento teológico a dominios que por muchos años ha sido desterrado. Su obra teológica incluye libros sobre la lógica formal, la filosofía de la ciencia, la probabilidad y las matemáticas y la lingüística. Su destreza en arrojar luz bíblica sobre áreas de conocimiento tan diversas, en realidad lo hace el teólogo más versátil de nuestra época.

Junto con John M. Frame, es el proponente principal de la «teología del perspectivo triple». Esta es una visión teológica que considera el misterio de la Trinidad como el eje motriz de todo pensamiento teológico. Dicha teología sugiere que la Trinidad y la *pericoesis* o circuncesión de Dios en tres personas es la base de todos los focos de la teología y de todas las ramas del quehacer teológico. La Trinidad es el fundamento para nuestra aproximación a la doctrina de Dios, pero también es el fundamento de la soteriología, pues Cristo ocupa tres oficios principales en torno a nuestra salvación: profeta, sacerdote y rey. La Trinidad también es la base para nuestro entendimiento de las distintas ramas de la teología. La ética y el ministerio pastoral, por ejemplo, se entienden como una expresión horizontal de la presencia, la autoridad y el control de Dios.

En este libro se aplica la teología del perspectivo triple a la tarea de la interpretación bíblica. Esta aplicación hace del libro mucho más que un simple manual de hermenéutica. De hecho, el libro resulta ser un tratado netamente teológico que conduce el lector a una práctica interpretativa enfocada en Dios. A comparación de otros libros de hermenéutica disponibles en español, *La Interpretación Bíblica Enfocada en Dios* se destaca como un aporte singular. El autor despliega su gran conocimiento lingüístico y lo infunde en una reflexión innovadora sobre la interpretación correcta de las Escrituras. Al hacerlo, pone al descubierto los errores interpretativos cometidos por varias escuelas teológicas y seculares. Pero, más importante aun, revela la forma en que las corrientes interpretativas liberales, neo-ortodoxas y seculares han infiltrado en la práctica hermenéutica evangélica. Lo que aprendemos de su reflexión es que, si en realidad queremos ser fieles intérpretes de la Biblia, tenemos que dejar atrás cualquier método o procedimiento interpretativo y enfocarnos más bien en el autor de las Escrituras que es Dios – Dios en su plenitud trino, tres veces justo, tres veces santo y tres veces misericordioso.

Para el teólogo veterano y para el estudiante que recién inicia su formación teológica, este libro será una verdadera joya que iluminará la aproximación al texto bíblico, que profundizará el conocimiento teológico y que forjará la práctica del ministerio de la Palabra.

Columbus, Ohio
2016

CAPITULO 1
El Desafío de la Interpretación Bíblica

En la sede de la Universidad Común, Leticia Liberal ha invitado a sus amigos a un estudio bíblico en su apartamento.

Leticia Liberal:
> *¡Qué alegría me da que hayan venido! Para mi la Biblia es un libro muy estimulante. Ojalá que podamos compartir eso al estudiarla juntos. Mi personaje favorito es Jesús y hoy estaremos estudiando un pasaje que trata de él.*
>
> *Es una persona inspiradora, pues nos recuerda del amor de Dios para con todos y cómo Dios acepta a todos como sus hijos. Me da mucho ánimo cuando leo en la Biblia acerca de lo precioso que es la humanidad y de la bondad pura que yace por debajo de una superficie no muy atractiva. Espero que compartan conmigo estos sentimientos.*
>
> *¿Están todos aquí? Vamos a ver. ¿Dónde se encuentra Herminia Hedonista?*

Natalia Naturalista:
> *Está en la playa con su novio más reciente.*

Leticia Liberal:
> *¿Y qué de Iván Indiferente?*

Rolando Relativista:
> *Está en el salón de juegos. Lo acabo de ver allí.*

Liberal:
> *Bueno, pues debemos comenzar. El pasaje que vamos a estudiar hoy día es Lucas 4:31-37. Norma, ¿nos lo podrás leer por favor?*

Norma Narratóloga:
> *Descendió Jesús a Capernaúm, ciudad de Galilea, y les enseñaba en los días de reposo. Y se admiraban de su doctrina, porque su palabra era con autoridad. Estaba en la sinagoga un hombre que tenía un espíritu de demonio inmundo, el cual exclamó a gran voz, diciendo: Déjanos: ¿qué tienes con nosotros, Jesús nazareno? ¿Has venido para destruirnos? Yo te conozco quién eres, el Santo de Dios. Y Jesús le reprendió, diciendo: Cállate, y sal de él. Entonces el demonio, derribándole en medio de ellos, salió de él, y no le hizo daño alguno. Y*

estaban todos maravillados y hablaban unos a otros diciendo: ¿Qué palabra es esta, que con autoridad y poder manda a los espíritus inmundos, y salen? Y su fama se difundía por todos los lugares de los contornos.

Liberal:
Ahora, conversemos sobre este pasaje. ¿Cuál es su reacción?

Natalia Naturalista:
Confirma lo que siempre he sospechado: que la Biblia proviene de una época primitiva y supersticiosa. Se le atribuía a los demonios y a las fuerzas ocultas cosas que hoy sabemos que son fenómenos naturales tales como la enfermedad mental. Usaban a Dios y lo sobrenatural para calmar sus propios temores. Y luego llegó la ciencia y supimos la verdadera explicación de cómo funciona el mundo. Es posible que Jesús tuvo algún tipo de influencia personal que ayudaba a los que padecían de enfermedades mentales, pero me parece que después esta influencia se exageró y con el tiempo se volvió en un cuento fantástico sobre un espíritu malvado.

Liberal:
¡Es inspirador el cuidado que tiene Jesús de los enfermos mentales!

Naturalista:
Bueno, al menos les quiso ayudar. Pero era un personaje de sus propios tiempos y probablemente creía muchas de esas supersticiones también. La verdad es que no lo veo tan inspirador, Leticia. En el pensamiento científico moderno podemos encontrar las respuestas importantes. No necesitamos cuentos de hadas.

Carolina Método Crítico:
Pero aun así, me parece que la aplicación de los métodos de análisis histórico modernos a los documentos antiguos es ilustrativo. He estado investigando esto. Podemos establecer que la historia se transmitió como una leyenda oral durante la época de la iglesia primitiva. Pertenece a la categoría de «la historia del milagro», y la subcategoría de «exorcismos». La iglesia primitiva utilizaba esta leyenda para sostener su afirmación que Jesús tenía poderes divinos y para confirmar su autoridad en la enseñanza, la cual provenía del Maestro. Pero en cuanto la leyenda se fue pasando de iglesia a iglesia y de generación a generación, se le introdujo una serie de cambios. Probablemente existe en el relato algún núcleo histórico. Pero como este relato es tan típico del género, es difícil adoptar una posición firme. La verdad es que no sabemos lo que en realidad sucedió.

Naturalista:
Entonces ¿por qué tomamos el tiempo de conversar sobre el pasaje?

Daniel Desmitificador:
¡Un momentito! No creo que hay que descartar la historia tan pronto. Martin Heidegger y Rudolf Bultmann, dos pensadores destacados de nuestra era, nos han demostrado que historias míticas como esta pueden tener un mensaje escondido para nosotros hoy. El hombre poseído por el demonio representa a cada individuo que está separado de Dios y, por ende, separado de los demás seres humanos. Vive una vida confundida e inauténtica. Se encuentra cautivo a los poderes psíquicos ocultos que no reconoce. Entonces, conoce a Jesús. Jesús le enseña que la vida libre y auténtica se puede lograr a través de la comunión con Dios. Lo libera de la enajenación de Dios que produce el temor a la muerte y a los poderes ocultos. Le da entrada al gozo de amar y respetar a los demás. A través del llamamiento de Jesús, podemos aún experimentar un encuentro existencial con Dios hoy día. Las personas en el mundo antiguo expresaban estas verdades en formas míticas, pues era parte de su cultura. Nuestra cultura hoy es diferente, pero las luchas humanas fundamentales siguen siendo las mismas.

Teo Terapista:
Creo que Daniel tiene razón. Sin embargo, sigue cegándose con la cuestión de la religión. Claro que la cultura de esa época era diferente. Pero lo que permanece igual es la necesidad de la auto-estima. El hombre que es descrito como poseído por un demonio seguramente tenía auto-estima baja. Era un poco raro así que todos lo depreciaban y se mofaban de él. Por eso decían que estaba poseído por un demonio. Tal acusación seguramente empeoró su condición. Por el poder de la sugestión, comenzó él mismo a creer lo que decían de él y por eso actuaba más y más de la forma que los demás esperaban que actuara un hombre poseído por un demonio. Lo que Jesús hizo, pues, fue de liberarle del poder de la disfunción psíquica reconociéndole y afirmándole. Jesús pudo ver al hombre en sí y escogió ignorar el retrato de baja autoestima que los demás le habían impuesto. La voz del demonio es un símbolo de esta imposición.

Néstor Nueva Era:
Teo, ¡Tienes razón! En un sentido, todo tiene que ver con la auto-estima. Pero ¿cuál es el «yo» que debemos estimar? Me parece que muchos ni siquiera saben. Estamos de prisa en las trivialidades de la vida. Nunca nos detenemos para meditar y descubrir quienes somos en realidad. La psicoterapia puede ayudar, pero en mi experiencia no alcanza las profundidades del «yo» interior. Esas profundidades son espirituales. Cuando comencé a explorar mi «yo» espiritual, entendí

que en muchas áreas las fuerzas espirituales están obrando. He intentado conectarme con las fuerzas espirituales. Adquirí más auto-estima cuando comencé a descubrir el «yo» interior y su divinidad. Me parece que Jesús sabía algo de este secreto. ¿No dice la Biblia que Jesús era Dios? Bueno, para mí todos tenemos a Dios dentro de nosotros. Lo que pasa es que Jesús lo manifestó de una forma plena. Y de ahí provenía su poder espiritual. Por eso no me sorprende que haya ejercido una influencia espiritual poderosa sobre uno cuyo «yo» espiritual había sido violentado. Sabes, si yo estudiara más la Biblia, tal vez podría aprender de Jesús cómo manifestar mi propia naturaleza divina.

Rolando Relativista:
En esta conversación lo que veo es una confirmación de la necesidad de que todos reaccionen a las ideas de su propia manera. Todos tenemos ideas diferentes sobre este pasaje. Cada persona lo evalúa según sus propias experiencias y a través de su propio filtro de perspectivas. Por eso las ideas son todas muy diferentes. A veces aun se contradicen. Creo que nos enriquecemos al escuchar y valorar las opiniones de los demás. Todos le podemos sacar provecho a la Biblia, o de cualquier otro libro, si dejamos que estimule nuestras ideas. Cada quien debe descubrir su propia verdad. Lo que funciona para ti; eso es la verdad.

Diego Deconstruccionista:
Rolando, nuestras reacciones son distintas porque el lenguaje es siempre fluido, flexible e inherentemente ambiguo. No es posible asignarle a este pasaje un significado absoluto y estable. Todo significado, aunque pudiera ser fijado, no se podría transmitir a otro sin cambiarse.

Martín Marxista:
Pero la mayor parte del lenguaje es propaganda y parte de un juego de poder. Lucas probablemente escribió el relato para reclamar su autoridad y para sostener la autoridad de los líderes religiosos de su época. La iglesia le ofrecía liberación a las clases marginadas - el hombre endemoniado simboliza la clase de los proletariados. Pero una vez que entraban a la iglesia, tenían que someterse a la autoridad de los líderes. Jesús es un símbolo de los líderes de la iglesia.

Leticia Liberal:
Mira que se nos ha acabado el tiempo y aún no hemos escuchado de Olivia Ocultista, de Norma Narratóloga, de Fátima Feminista ni de Susana Socióloga. Continuemos esta conversación la semana que entra.

Susana Socióloga:
Me gustaría escuchar lo que tiene que decir Cristóbal Cristiano también. ¿Si lo invitamos vendrá?

Liberal:
Bueno, no lo he invitado porque tiene una mentalidad demasiada dogmática ¿me entiendes? Cree que la Biblia es la Palabra de Dios y que es la verdad absoluta. (risas)

Dios es quien es, en toda su potestad, misericordia y majestad. Es bueno y deseable hasta lo sumo (Salmos 16:11; 27:4; 34:8; 84:10-12). Entonces ¿Por qué es que no todos lo buscan ni lo honran? En la cultura occidental, muchos se interesan por cuestiones espirituales. La Biblia se encuentra en todas las librerías, en las bibliotecas y hasta en habitaciones de hotel. Pero la mayor parte de la sociedad huye de la Palabra de Dios.

¿Por qué? En cierta forma, las respuestas hostiles a la Biblia no son nada nuevo. Desde el momento en que el pecado infectó a la raza humana, el hombre ha huido y se ha escondido de Dios (Génesis 3:8). Aun en los cultos religiosos, el hombre puede huir de Dios (Jueces 2:11-13; Ezequiel 8:9-18; Mateo 23). Aun en el estudio de la Biblia, el hombre se puede esconder de Dios (Mateo 22:29).

Pero ¿qué es lo que ocurre hoy en la cultura occidental? ¿Cómo es posible que la Biblia se ha vuelto tema para la conversación subjetiva como vimos en el grupo de Leticia Liberal?

El cristianismo se ha practicado en la cultura occidental por cientos de años. En el trascurso de esa larga historia, los cristianos han cometido actos horrendos y han hecho múltiples errores que desacreditan la fe. Además, los enemigos del Dios de la Biblia han producido, a lo largo de varios siglos, todo una serie de estratagemas culturalmente atractivos para evadir a Dios. Algunos son increíblemente sofisticados y complejos.[1] Incluyen formas de inocularnos de la Biblia y de su mensaje. Así que existen muchas maneras de cubrir nuestra desnudez espiritual.

Los Cristianos y la Lectura de la Biblia
Dentro de tal atmósfera, los cristianos mismos pueden ser seducidos. Como los naturalistas, podemos comenzar a leer la Biblia como si no fuera más que un producto humano. Junto al psicoterapeuta secular, la podemos leer como una simple fuente de consejo: la usamos en nuestros propios términos para satisfacer nuestras propias necesidades. En armonía con la religión de la Nueva Era, podemos también leer la Biblia rebuscando ideas impactantes acerca de los ángeles, los demonios y los estados alterados de la conciencia.

Siguiendo la pauta de los hedonistas, podemos también ignorar la Biblia por completo y seguir en pos de nuestro propio placer.

O tal vez nos hemos escapado de estas distorsiones obvias. Como quiera hay distorsiones más sutiles que pueden influenciar nuestra lectura de la Biblia. Para ilustrar esto, fijémonos ahora en otro estudio bíblico en la misma universidad, pero esta vez los participantes son cristianos.

En otro salón de la Universidad Común, Cristóbal Cristiano se reúne con otro grupo. Resulta que se estudia el mismo pasaje, Lucas 4:31-37, que se estudiaba en el grupo de Leticia.

Pedro Pietista:

El propósito central de la Biblia, y de todo el cristianismo de hecho, es de promover la vida íntima de devoción al Señor. En Lucas 4:31-37, el Señor habla con autoridad a las tendencias pecaminosas de mi corazón (v. 32). Mi reacción es primero de reconocerlo y segundo de temerle (v. 34). Jesús reprende mi pecado diciendo: «Cállate», y «sal de él». (v. 35a). El pasaje promete que seré liberado (v. 35b) y que he de maravillarme por la obra de Jesús en mi vida (v. 36). Por eso, debo gozosamente compartir las noticias de mi liberación (v. 37).

Dorotea Doctrinalista:

No, creo que te equivocas. No has entendido el punto principal. El propósito central de la Biblia, y de todo el cristianismo, es de promover la doctrina sana. Este pasaje demuestra la deidad de Cristo al utilizar el título, «el único y santo Dios», y al exhibir la divina autoridad y poder de Cristo. Nos enseña que hay una esfera de espíritus malignos y que estos espíritus pueden tomar control de una persona. Pero también nos demuestra la soberanía y la gracia de Dios al salvar y liberarnos de estos espíritus.

Carlos de la Transformación Cultural:

Pues, ambos se equivocan. El propósito central de la Biblia es de promover la transformación en todo el mundo. Este pasaje muestra a Cristo inmerso en su actividad transformativa. Es un retrato de cómo acceder esta transformación bajo la autoridad de Cristo. Nos enseña que la autoridad de Cristo no es una abstracción doctrinal sino, más bien, una autoridad poderosa y activa que conduce a la transformación mundial. La derrota de la esfera demoniaca y la llegada triunfal de Cristo el Santo en todo su poder implica una transformación radical de las estructuras políticas, sociales, estéticas y lingüísticas que gobiernan este mundo. El pasaje ilustra esta transformación en su descripción de la derrota total de la maldad, en su imagen del cambio total del hombre endemoniado y en su retrato de las consecuencias sociales de la autoridad de Cristo en la reacción de las multitudes. Nos anima a atacar las estructuras demoniacas en las instituciones de nuestros días.[2]

Laura Liturgista:

El propósito central de la Biblia es de restaurar la verdadera adoración. Todo lo que afecta a la vida fluye de la adoración. El pasaje nos enseña un patrón para la adoración. Primero proclamamos la autoridad de Dios (v. 32), luego expresamos el asombro y el temor ante la santidad de Dios (v. 34), después recibimos la Palabra salvadora de Dios (v. 35), respondemos en gratitud (v. 36) y finalmente compartimos las buenas nuevas con los demás (v. 37).

María Misióloga:

Pero la historia termina con la proclamación del suceso en todos los alrededores. Nos recuerda de nuestro deber de proclamar el evangelio en todo el mundo. En algunas partes del mundo los cristianos están en guerra espiritual contra los espíritus malignos y los endemoniados. Este pasaje provee el fundamento para echar demonios cuando la iglesia misionera se enfrenta con las fuerzas de las tinieblas. En la cultura occidental, la verdad es que tenemos mentes muy cerradas ante estas realidades. Si no percibimos fuerzas demoniacas en nuestra propia situación, decimos que no existen. Nos imaginamos que los problemas se limitan únicamente a las luchas en contra de las instituciones modernas corruptas. Tenemos que escuchar y apreciar lo que está sucediendo en otras partes del mundo y en otras culturas para entender el verdadero significado de este texto.

Fátima Factualista:

Creo que nos estamos yendo por los extremos. El mensaje es simple y obvio. Nos dice que estas cosas sucedieron mientras que Jesús estaba en la tierra. El testimonio de los milagros demuestra contundentemente que Jesús era quien decía que era y quien la Biblia dice que es. Provee evidencia histórica para confrontar a los incrédulos.

La Interpretación Bíblica

Abigail Afirmacionista:

¡Qué emocionante la discusión! Creo que todos tienen razón. El Espíritu Santo provee mensajes distintos a diferentes personas. Tal vez sea que el Espíritu ministra su Palabra de diferentes formas según las necesidades individuales de las personas. Nos habla de acuerdo a nuestras necesidades. No debemos de molestarnos cuando una persona tiene una interpretación distinta a la nuestra.

Oliverio Objetivista:

Abigail, no creo que la solución sea simplemente de afirmar todo. Fíjate que nuestro problema aquí es que hace falta una lectura objetiva del texto. Cada quien se deja llevar por sus propios prejuicios. Para que exista un acuerdo, puede haber sólo un significado del pasaje. Ese significado único es la intención del autor Lucas. El significado está en el texto objetivamente por siempre. Nuestro deber es de descifrar ese significado. Todo lo demás pertenece a lo que E. D. Hirsch llama «significancias», o sea, la relación entre un significado y los intereses externos. Los intereses externos, claro está, varían de un lector a otro. Así que pueden existir múltiples significancias pero sólo un significado. Las dificultades que hemos enfrentado hasta ahora resultan del hecho de que todos estamos buscando significancias y no el significado. Hemos introducido apresuradamente nuestros propios intereses.[3] Primero, tenemos que considerar el significado singular del pasaje.

Hernando Hermenéuta:

Oliverio, parece que quieres que todos adoptemos tu teoría. Pero ¿cómo sabemos que tu teoría es la correcta?¿No puede ser que la teoría que propones es otra instancia de un prejuicio?

Oliverio Objetivista:

¡Es la teoría correcta! Tiene que ser la correcta. Es la única forma que podemos superar los prejuicios introducidos por los intereses personales.

Hernando Hermenéuta:

La teoría se enfoca en el significado singular y objetivo. Pedro Pietista diría que tu teoría intrínsecamente distorsiona la interpretación al ignorar la esencia del relato, o sea, la comunión subjetiva, personal y devocional a Dios. Carlos de la Transformación Cultural diría que hay una distorsión de la interpretación en la exaltación del conocimiento teórico por encima de la acción cultural. Liturgista diría que elevas el conocimiento teórico por encima de la adoración. Misióloga diría que tu acercamiento es monocultural. Afirmacionista diría que has mal interpretado la obra del Espíritu. Tú tienes una preferencia por el significado teórico y objetivo. Ellos tienes preferencias distintas. ¿En qué sentido es tu preferencia menos subjetiva que la de ellos? ¿En base a qué podemos decir que tu preferencia es libre de prejuicios?

Objetivista:

Pues lo que digo es que debemos estudiar la Biblia objetivamente en primera instancia. Sólo después de una lectura objetiva podremos decidir si la Biblia enseña principalmente la piedad, la doctrina, la adoración o lo que fuera. A donde nos guíe la Biblia, en esa dirección iremos. Así es que podemos conformar nuestras vidas a sus preceptos.

Hermenéuta:

Me parece que aún no has entendido a fondo las perspectivas de nuestros compañeros. Desde su perspectiva, la teoría que propones no involucra simplemente errores menores sino que representa una evaluación fundamentalmente errada capaz de corromper todo el procedimiento de la interpretación. Propones que tu teoría es capaz de llevarnos confiadamente al destino del texto mismo. Pero nosotros proponemos que tu teoría produce un entendimiento mecánico de las Escrituras. Falla a la hora de enfrentarse con textos difíciles de interpretar. Propones que tu teoría es un árbitro neutral de las opiniones. Pero para nosotros no es más que otra opinión. Es otra perspectiva acerca de cómo entendemos la Biblia. A mi me parece que es una opción interpretativa tan válida, o tan fallida, como todas las demás. Así que ¿por qué deberíamos adoptar tu teoría?

Objetivista:

Porque yo tengo razón y todos los demás se equivocan.

Hermenéuta:

Pero ¿eso lo puedes demostrar de una forma objetiva?

La Interpretación Bíblica

Objetivista:

Mi teoría es la única que nos puede conducir a la verdad. Si seguimos 10 o 100 teorías distintas lo que obtenemos es el caos. ¿Cómo podremos lograr la unidad? Tenemos que respetar la intención del autor. El autor expresa un sólo significado. Ese significado es la verdad que debemos buscar. Después de alcanzar la verdad, podemos aducir datos textuales para apoyar nuestra interpretación.

Misióloga:

Las personas de otras culturales muchas veces no comparten esa visión. No todas las culturas valoran el control metodológico. Aun se les puede escapar tu veneración de una teoría de significado objetivo. Por ejemplo, las culturas orientales se preocupan más por la práctica y por la vida y no les interesa el acuerdo teórico.

Afirmacionista:

¿Por qué no confiar en que el Espíritu nos guiará? ¿Acaso es tu teoría superior al Espíritu? No dudo que el Espíritu te ha guiado a la teoría que nos propones, pero a otros los ha guiado a teorías diferentes.

Objetivista:

Pues, los eruditos concuerdan en que tenemos que lograr el control objetivo.

Hermenéuta:

Ah sí, ¿todos?

Objetivista:

Bueno, los eruditos de nuestra época se van degenerando. Pero antes todos sabían que la interpretación tiene que ser objetiva.

Hermenéuta:

Sí, la escuela histórico-crítico buscaba la objetividad científica. ¿La lograron?

Objetivista:

No, pero ellos tenían un prejuicio en contra de los milagros y lo sobrenatural. Nosotros tenemos que liberarnos de ese prejuicio. Pero eso

Enfocada en DIOS

lo logramos sólo cuando somos objetivos. Muchos eruditos conservadores, no únicamente los críticos anti-sobrenaturalistas, creen que el significado objetivo y los métodos objetivos son necesarios.

Hermenéuta:
Bueno, podría ser que los eruditos adoptan tu teoría porque encaja en las inclinaciones de su profesión. La erudición se ocupa principalmente con el contenido intelectual y con el control intelectual. Por eso les parece bien una teoría que promueva esos mismos intereses.

Objetivista:
Admito que la teoría en su totalidad surge principalmente del mundo académico. Pero su diseño es de describir la forma en que todos deben interpretar la Biblia.

Hermenéuta:
Pero tal vez la teoría tiene prejuicios ocultos en contra de los orígenes no académicos de los pietistas y los afirmacionistas. O, incluso, puede haber un prejuicio en contra de las culturas no occidentales como lo ha señalado misióloga.

Objetivista:
No, no es prejuicio. Es la verdad.

Hermenéuta:
Pero el deseo principal es de ser objetivo. Hay que fundamentar la teoría en algo más que tus propias preferencias o las preferencias de un círculo de académicos.

Objetivista:
(En desesperación) Te lo mostraré en la misma Biblia.

Hermenéuta:
Muy bien ¿Nos demostrarás como tu teoría del significado se deriva de la Biblia?

Objetivista:
Sí.

La Interpretación Bíblica

Hermenéuta:
Pero ¿qué principios de interpretación utilizaremos para aproximarnos a la Biblia?

Objetivista:
El principio mío, claro está.

Hermenéuta:
Pero no estamos de acuerdo con ese principio.

Objetivista:
Bueno, admito que eso es un problema.

Hermenéuta:
Sí, es un problema que se conoce como el círculo hermenéutico. Todos iniciamos con presuposiciones. Tenemos que someter esas presuposiciones a una examinación crítica. Para que podamos entender a fondo este problema, leamos juntos algunas de las obras de la hermenéutica avanzada del siglo XX.

Doctrinalista:
Un momentito, Hernando. Creo que has dejado a Objetivista con mucho de que pensar. Pues, creo que has planteado algunas preguntas que todos debemos considerar cuidadosamente. Mucho de lo que has dicho se aplica no sólo a Objetivista sino a todos nosotros. Todos comenzamos con presuposiciones y no todos estamos de acuerdo en estas presuposiciones. No estamos de acuerdo en cómo interpretar la Biblia. De la misma manera, ¿cómo podremos llegar a un acuerdo acerca de la interpretación de las obras hermenéuticas que mencionas? Si ese es el caso, no veo cómo esas obras nos pueden ayudar a resolver el problema.

Pietista:
¿No es cierto que los que escriben sobre la hermenéutica avanzada ni siquiera son creyentes? Si leemos eso, nos contaminaremos con el espíritu de filosofías falsas - lo mismo de que Hermenéuta le acusa a Objetivista. Si ignoramos la Biblia para analizar nuestra hermenéutica creo que no estamos haciendo más que contemplar nuestros propios

ombligos. ¿Cómo nos distinguimos, pues, de los gurú hindúes? Estoy de acuerdo con Objetivista. Enfoquémonos mejor en la Biblia.

Hermenéuta:
Pero no estamos de acuerdo en cómo interpretarla.

Doctrinalista:
Y ¿eso por qué importa? La Biblia misma nos dará claridad. La Biblia se interpreta por sí sola. Dios la ha dotado con la dirección suficiente para guiarnos en nuestra interpretación. No importa si nuestras presuposiciones no son correctas.

Afirmacionista:
Y, además, el Espíritu nos iluminará. Reforzará los fundamentos.

Se puede hacer con la Biblia cualquier cosa. Pero si hemos de obtener de ella algún beneficio espiritual, tenemos que concentrarnos en lo que Dios mismo requiere. Algunas interpretaciones son correctas. Otras son incorrectas. Dios mismo nos habla para indicarnos la diferencia. «Enséñame, Señor, a seguir tus decretos; entonces voy a mantenerlos hasta el final. Dame entendimiento, y guardaré tu ley y la obedeceré con todo mi corazón» (Salmos 119:33-34). La Biblia misma es nuestra fuente principal. Pero recibimos ayuda por otros medios. Usamos nuestra experiencia personal previa en la interpretación. Nuestra comunión dentro de la iglesia nos nutre espiritualmente. Los que tienen el don de la enseñanza nos proveen un ejemplo. Hay también muchos libros escritos por autores cristianos que nos pueden ayudar.[4] Sin embargo, todos estos medios secundarios son falibles. En cierta forma, se basan en un fundamento inadecuado, o sea, las teorías populares y las presuposiciones no examinadas acerca del lenguaje, el significado, la historia y la naturaleza humana. Puede ser que estas presuposiciones no armonizan con las Escrituras. Como veremos en el curso de este libro, el pensamiento actual sobre la Biblia requiere de una reforma radical. Por eso, vale la pena re-examinar las preguntas fundamentales. ¿Quién es Dios? ¿Cuál es su relación con la Biblia? ¿Cómo son los idiomas humanos en que se escribió la Biblia? ¿Qué es el significado? ¿Qué espera Dios en nuestra respuesta a la lectura de la Biblia? ¿Cuáles procedimientos interpretativos son adecuados para captar la naturaleza de la Biblia y nuestra responsabilidad ante ella? El propósito de este libro es de re-evaluar estos fundamentos. Dejamos que otros libros se encarguen de proveer un manual de procedimientos para la interpretación. Estos procedimientos son importantes. Pero es de igual importancia que los procedimientos operen dentro de un marco que demuestre un fundamento bíblico sólido. De otra manera, puede ser que nos encontremos en la misma situación que el hombre necio de la parábola de Jesús que construyó su casa sobre la arena (Mateo 7:24-27).

NOTAS

1. Las obras de Francis A. Schaeffer, especialmente Huyendo de la razón (Terrasa: Editorial Clie, 2000), ofrece un buen resumen de este proceso.

2. La idea para estos tres tipos de aproximaciones fue inspirada por Nicholas Wolterstorff «The AACS in the CRC» Reformed Journal, 24:10 (Dic., 1974), 9-16.

3. E.D. Hirsch. Validity in Interpretation. (New Haven: Yale University Press, 1967).

4. Una guía accesible es Oletta Wald. The Joy of Discovery in Bible Study. (Minneapolis: Augsburg, 1975). Para orientación sobre el estudio en grupo véase James F. Nyqvist y Jack Kuhatschek. Leading Bible Discussions (Downers Grove: InterVarsity, 1985). Para una guía más avanzada véase T. Norton Sterrett, How to Understand Your Bible, rev. ed. (Downers Grove, IL: InterVarsity, 1974). Hay también exposiciones más completas y detalladas: Dan McCartney and Charles Clayton, Let the Reader Understand: A Guide to Interpreting and Applying the Bible (Wheaton, IL: Victor Books, 1994); A Guide to Interpreting and Applying the Bible. (Wheaton: Victor Books, 1994); Louis Berkhof. Principios de Interpretación Bíblica. (Grand Rapids: Libros Desafio, 1995) y muchos más.

CAPÍTULO 2
Dios y la Interpretación Bíblica

El grupo de Cristóbal Cristiano ha decidido aprender más sobre la interpretación bíblica a través de un estudio del Evangelio de Juan.

Cristóbal Cristiano:
> Comencemos con Juan capítulo 1. «En el principio era el Verbo, y el Verbo era con Dios, y el Verbo era Dios. Él estaba con Dios en el principio. Por medio de él fueron hechas todas las cosas; y sin él nada se hizo que se ha hecho. En él estaba la vida, y la vida era la luz de los hombres». Me parece fundacional este pasaje. ¿Cuáles son las implicaciones de comenzar el Evangelio con esta afirmación?

Pedro Pietista:
> Dios nos demuestra la importancia de Jesús y que la comunión con él debe ocupar el primer lugar en mi vida. Mi devoción es de suma importancia. Pues la comunión con Jesús es comunión con Dios mismo, el Creador.

Dorotea Doctrinalista:
> Estoy de acuerdo contigo, Pedro. Pero no creo que sea el punto central. Este pasaje indica que Dios es más grande que la vida devocional tuya o mía. Dios es quien es por siempre. Estaba presente desde antes de la fundación de la tierra. No existe para servir a nuestras necesidades devocionales. Más bien, nosotros existimos para servirle a él. Este pasaje es lo que podríamos llamar un pasaje doctrinal. A través de una afirmación proposicional, nos enseña acerca de la doctrina de la Trinidad. Afirma que Jesús es Dios eterno, junto con el Padre. De otros pasajes, aprendemos acerca del Espíritu como la tercera persona de la Trinidad.

Carlos de la Transformación Cultural:
> Sí, hay mucha enseñanza en este texto. Pero presenta a Dios como algo mayor que un simple maestro. Dios es el creador del universo. Actuó. Es la fuente de la vida y el motor de nuestros esfuerzos para cambiar al mundo.

La Interpretación Bíblica

María Misióloga:
Sí. Jesús ilumina a todo el mundo, no simplemente a nuestro círculo. Por eso tenemos que llevar el evangelio a cada rincón del mundo.

Laura Liturgista:
Pero este pasaje no trata simplemente de la acción. Trata de Dios. Dios no existe únicamente cuando actúa en el mundo. Existe eternamente. El pasaje habla de su existencia eterna como Padre y como el Verbo. He aquí el misterio de la Trinidad. En realidad, nadie entiende completamente este misterio. La grandeza de Dios es más de lo que nos podemos imaginar. Dios nos ha de provocar asombro. No es un simple objeto de análisis. Lo adoramos. El pasaje contiene información proposicional o lo que Doctrinalista llamaría «doctrina». Pero hay más que eso. También introduce el Verbo. La segunda persona de la Trinidad no es simplemente una proposición sino que es una persona a quien adoramos y alabamos.

Doctrinalista:
Admito que nunca lo había pensado de esa manera. Creo que la doctrina de la Trinidad es importante. Pero también creo que el insistir en que Dios es incomprensible representa la sana doctrina - Dios es mayor que mis pensamientos.

María Misióloga:
¡Exactamente! Puede ser que hay más en este pasaje de lo que había pensado. Veo en el pasaje un retrato de la labor del hombre a comprender a Dios y no simplemente el proceso pragmático del crecimiento misionero. Tal vez el Evangelio de Juan me dará una visión más amplia así como lo haría la interacción con cristianos contemporáneos de distintas culturas.

Fátima Factualista:
Yo siempre he pensado que la Biblia es un libro que contiene hechos concretos. Me parece que aquí hay un hecho concreto: el Verbo es Dios y está con Dios. Pero esto no es lo que esperaba. Estos hechos son distintos a los hechos que he examinado en el pasado. Está claro que son los hechos más básicos. Pero no los puedo manipular. Liturgista tiene razón. No puede comprender a Dios. No lo puedo manipular. Y es el creador de todo. Entonces, puede ser que no he

comprendido bien lo que hace y lo que ha hecho. Me fastidia. Si Dios es así, tal vez hay en la Biblia otras ideas con las que no concuerdo.

Abigail Afirmacionista:
Puede ser que todos podemos aprender algo. Admito que este pasaje no cuadro conmigo tampoco. Pero comienzo a entender que la Palabra eterna es la norma suprema para nuestras palabras. Y si atendemos con cuidado descubriremos que en el Evangelio de Juan se nos da a entender que hay oscuridad en el entendimiento humano. Tal vez he sido muy optimista al pensar que las ideas de todos son espirituales.

Oliverio Objetivista:
Todos podemos aprovechar al aproximarnos más al significado verdadero que quiso expresar el autor.

Hernando Hermenéuta:
Pero ¿no es el caso que este pasaje ubica el significado absoluto en el Verbo? ¿No es el caso que Juan mismo ubica el significado no en su propia intención sino en el Verbo de Dios? Si ese es el caso, ¿por qué nos conformaríamos con descifrar la intención de Juan? ¿No tenemos que comprender, más bien, la intención de Dios?

Objetivista:
Dios conoce perfectamente la intención de Juan.

Hermenéuta:
Sin duda. Lo que sugiero, sin embargo, es que tanto Dios como el autor humano nos invitan a superar la finitud del autor humano y buscar el significado en la infinidad del Verbo. El Verbo se identifica con la segunda persona de la Trinidad como una fuente trascendente del significado que se encierra en el texto.

Objetivista:
Pero tenemos que ceñirnos al texto.

Hermenéuta:
¿Dirías también que nos tenemos que ceñir además al significado que quiso comunicar Dios en el texto?

Se desprende de esta conversación una lección simple pero fundamental: nuestro conocimiento de Dios puede alterar lo que creemos saber acerca de la Biblia. Consideremos las implicaciones del conocimiento de Dios. Conocer a Dios Padre y conocer a Jesucristo es el corazón del evangelio: «Y esta es la vida eterna: que te conozcan a ti, el único Dios verdadero, y a Jesucristo, a quien has enviado» (Juan 17:3). Como resumen de su obra, además, Jesucristo declara: «Y les he dado a conocer tu nombre, y lo daré a conocer aún» (Juan 17:26). La Biblia no sólo imparte información sino que provee el conocimiento de Dios. Este conocimiento dirige la forma en que leemos y entendemos la Biblia. ¿Cómo se puede entender la Biblia sin conocer a su autor? Al comprender la naturaleza de Dios se nos permite descartar ciertos modelos de interpretación. Natalia Naturalista se equivoca en su cosmovisión naturalista. Carolina Método Crítico se equivoca en negar la posibilidad de los milagros. Rolando Relativista también se equivoca. Quiere que todos las interpretaciones se consideren correctas. Pero al postular esta posibilidad, niega la interpretación de Dios mismo. La interpretación de Dios, o sea, lo que él sabe, es la norma por la cual tenemos que evaluar las opiniones humanas. Además, la salvación no proviene de nuestra propia invención, sino que viene de Dios únicamente por medio de Jesucristo. Podemos rechazar las interpretaciones erróneas de la Biblia en base a lo que la misma Biblia dice acerca de Dios. Dios tiene la habilidad de hablar al hombre. Por eso, la Biblia es, de hecho, la Palabra de Dios. Los amigos de Leticia Liberal se equivocan al pensar que están frente a palabras humanas que se pueden interpretar y tergiversar como quieran. Dios el Creador es distinto al hombre, las criaturas de Dios. A diferencia de Néstor de la Nueva Era, nuestra religión no consigue la verdad a través de la introspección. Dios es la autoridad máxima. Por eso, la interpretación correcta no se trata de plasmar nuestras propias ideas en el texto como diría Daniel Desmitologizador y Teodoro Terapista. Estamos escuchando a Dios. Debemos estar dispuestos a ser sorprendidos por la voz de Dios y también a cambiar de parecer debido a su Palabra. El hombre se creó a la imagen de Dios con la capacidad de estar en comunión con él. Por eso, es posible que entendamos a Dios, claro está, con la ayuda de él. No hay que rendirnos ante el escepticismo o la desesperación como lo haría Diego Deconstruccionista. Dios demanda nuestra adoración. Nuestro objetivo no es simplemente de desprender la información correcta de la Biblia, sino que nuestro objetivo es de adorar y obedecer a Dios. Tales implicaciones del estudio bíblico son elementales. Pero en el actual clima hermenéutico, vale la pena repetirlas. Estas implicaciones descartan muchas de las interpretaciones que encontramos en el estudio bíblico de Leticia Liberal. Incluso, una reflexión sobre el carácter de Dios también nos indica que los métodos interpretativos en el estudio bíblico de Cristóbal Cristiano también tienen ciertas limitaciones. Estos métodos sufren de una visión limitada que resulta en interpretaciones parcialmente correctas o incluso totalmente incorrectas. Aun los mejores expositores presentan interpretaciones parciales al utilizar estos métodos.

La Trinidad y la Palabra de Dios
Podemos superar la visión limitada que se presenta en el estudio bíblico de Cristóbal al analizar el pasaje bíblico que se encuentra en Juan 17. Es imprescindible comprender este pasaje porque incluye varios temas importantes de forma coordinada: Dios, la Palabra de Dios y el cumplimiento de la salvación. Se presenta un diálogo explícito entre dos personas de la Trinidad y por ello viene a ser un hito en nuestro entendimiento del lenguaje y la comunicación.

En Juan 17 encontramos que Jesús se presenta tanto en su naturaleza humana como en su naturaleza divina. En el primer versículo, se destaca su naturaleza humana: «Estas cosas habló Jesús, y levantando los ojos al cielo, dijo». La frase «levantando los ojos al cielo» describe la disposición física de Jesús ante sus discípulos. El hombre Jesús, el Jesús que era manifiesto a sus discípulos, es el que habla en Juan 17. A menudo se le llama a Juan 17 la oración sumo sacerdotal de Jesús y con buena razón. Justo antes de entregarse en sacrificio en la cruz, Jesús intercede por sus discípulos (versículo 11) y por todos los creyentes (versículo 20). Es nuestro representante humano y nuestro intercesor ante Dios. Intercedió por nosotros de la misma manera que el sumo sacerdote de Israel intercedía por los israelitas (Hebreos 7:23-28; Números 17:1-18:7; Éxodo 28:29-30).

Pero a diferencia del sumo sacerdote de Israel, la oración de Jesús emana también de su naturaleza divina. En Juan 17:5 habla de «aquella gloria que tuve contigo antes que el mundo fuese». ¿Cuál es el sujeto de esta oración? Es el Hijo de Dios que se hizo hombre en el momento de su encarnación. Y notamos que la gloria del Hijo existió desde antes que el mundo fuese. Entonces, este versículo se refiere a una existencia eterna en el pasado. Dicha existencia pertenece únicamente a la naturaleza divina de Jesús. Por eso, debemos concluir que Jesús habla en este pasaje no únicamente desde su naturaleza humana sino que habla también desde su naturaleza divina. Esta doble emisión la vemos a lo largo del capítulo. Hay en el capítulo múltiples referencias a la «gloria» que hacen eco de lo que vemos en el versículo 5. Y luego encontramos al final del capítulo otra referencia a la existencia eterna: «para que vean mi gloria que me has dado; porque me has amado desde antes de la fundación del mundo» (versículo 24). «Me has amado», dice Jesús. Otra vez encontramos que el sujeto es aquel que existió «desde antes de la fundación del mundo». Por eso, encontramos en este versículo también una referencia a la naturaleza divina de Jesús.

Los versículos 5 y 24 encierran el pasaje. En conjunto indica que todo el pasaje es una conversación entre el Verbo (la segunda persona de la Trinidad) y el Padre (la primera persona).[1]

El núcleo de este pasaje es, pues, la relación trinitaria entre el Hijo y el Padre. El Padre y el Hijo son personas eternas, distintos el uno del otro, y que conversan el uno con el otro. El uno mora en el otro, y así tienen unidad (17:20). El Padre es Dios y el Hijo es Dios (Juan 1:1; 20:28). Pero hay un solo Dios (Deuteronomio 6:4). El Espíritu Santo es «otro Consejero» y es así distinto del Padre y del Hijo (Juan 14:16). Pero cuando el Espíritu mora en el creyente, incluye también la presencia del Padre y del Hijo (Juan 14:23).

En Juan 17, no encontramos una referencia explícita al Espíritu Santo. Sin embargo, hay múltiples pasajes en la Biblia donde encontramos una relación íntima entre el Espíritu y la gloria de Dios.[2] En 1 Pedro 4:14 vemos que «el glorioso Espíritu de Dios reposa sobre vosotros» que es parecido a la nube de gloria que reposaba sobre el tabernáculo en el Antiguo Testamento. En Romanos 6:4 y 8:11 vemos que hay una asignación de funciones paralelas de la «gloria» y del «Espíritu». La «Gloria» está, pues, íntimamente relacionada al Espíritu. Me parece, incluso, que la Gloria de Dios es una manifestación o un efecto del Espíritu. Por eso, se puede inferir que el Espíritu se representa indirectamente en Juan 17 a través de la mención de la «gloria».

La Palabra de Dios
¿Qué es la Palabra de Dios?

En Juan 17 vemos que la Palabra de Dios se conecta al conocimiento de Dios. Las palabras se transmiten entre el Padre y el Hijo. En Juan 17, vemos que el Hijo habla al Padre. Pero también encontramos que Jesús hace referencia a la «palabra» y a las «palabras» que el Padre le ha dado (17:8, 14, 17). Jesús también tiene «palabras» que entrega a los discípulos (versículo 8), «hablo esto en el mundo» dice en el versículo 13. Las palabras que Jesús entrega a los discípulos además son las mismas que el Padre le había entregado a él. En versículo 8 leemos: «porque las palabras que me diste, les he dado».

Por lo tanto, podemos distinguir varios niveles de discurso en Juan 17. Primero, el Padre habla al Hijo. Le da sus «palabras». Segundo, el Hijo habla al Padre. Esto se ve a lo largo del capítulo. En particular, lo que vemos es que Jesús reconoce que ha recibido las palabras del Padre. Tercero, el Hijo habla a los discípulos en su vida terrenal. Cuando habla el Hijo, entonces, el Padre también habla.

«Las palabras que yo os hablo, no las hablo por mi propia cuenta, sino que el Padre que mora en mí, él hace las obras» (Juan 14:10).

En el texto de Juan 17 no hay una referencia directa al Nuevo Testamento como la Palabra escrita de Dios pero sí podemos ver ciertos rastros de ella. Las peticiones de Jesús no son únicamente para los discípulos sino para «los que han de creer en mí por la palabra de ellos» (versículo 20). Se aprecia la presencia de la Palabra divina en el proceso de creencia y conversión. Jesús ruega al Padre: «santifícalos en tu verdad; tu palabra es verdad» (versículo 17). A través de esta petición vemos que el interés de Jesús es que la palabra del Padre que él le ha entregado a sus discípulos permanezca vigente en ellos para santificarles. Además, la petición revela la presencia del Espíritu como el Maestro divino (Juan 14:2-27; 15:26-27; 16:12-15, 25-28). El Padre, el Hijo y el Espíritu por medio de la morada mutua manifiestan una unidad profunda en su hablar. «Cuando venga el Espíritu de verdad, él os guiará a toda la verdad; porque no hablará por su propia cuenta, sino que hablará todo lo que oyere y os hará saber las cosas que habrán de venir. El me glorificará; porque tomará de lo mío, y os lo hará saber. Todo lo que tiene el Padre es mío; por eso dije que tomará de lo mío, y os lo hará saber» (Juan 16:13-15).

Juan 17 no trata por sí solo y de forma explícita el papel de la Biblia. Pero en otros pasajes, Jesús confirma la veracidad divina de las Escrituras del Antiguo Testamento (Juan 10:35; Mateo 5:17-20; Juan 5:45-47). También les confiere autoridad a sus apóstoles (Juan 20:21-23). Lo que resta es que el Nuevo Testamento, de múltiples maneras, se confirma con el mismo origen y autoridad divina que el Antiguo Testamento (por ejemplo, 1 Corintios 14:37; 15:2-3; 1 Tesalonicenses 2:13; 2 Pedro 3:16; Apocalipsis 1:1; 22:18-20).[4] Juan 17 mismo es un ejemplo y una evidencia de la inspiración divina del Nuevo Testamento. El discípulo amado, bajo la inspiración del Espíritu, escribe las palabras de Jesús con el fin de que crean en Jesús por sus palabras (Juan 17:20).

Por eso es que nosotros, como lectores modernos del Evangelio de Juan, también recibimos la Palabra de Cristo. Podemos, entonces, enumerar los siguientes niveles de comunicación. Primero, el Padre habla al Hijo (Juan 17:8). Segundo, el Hijo habla al Padre (Juan 17:1-26). Tercero, el Hijo habla directamente a los discípulos mientras que está en la tierra (Juan 17:13). Cuarto, el Espíritu escucha al Padre y al Hijo (Juan 16:13). Quinto, el Espíritu habla a los apóstoles y a otros escritores inspirados (Juan 16:14-15). Sexto, el Espíritu nos habla a nosotros a través de los escritos inspirados (Juan 20:31).

La Comunicación Trinitaria

De los niveles de comunicación enumerados anteriormente, el primero, el segundo y el cuarto llaman la atención porque involucran la comunicación entre las tres personas de la Trinidad. Como ya hemos señalado, las palabras del Hijo al Padre, registradas en Juan 17, encierran la naturaleza divina de Cristo. Dios el Hijo se comunica con Dios el Padre. De igual manera, las palabras del Padre al Hijo son palabras divinas dadas a una persona divina. Por ejemplo, «las palabras que me diste» en Juan 17:6 son las palabras a las que Dios el Hijo responde en el resto del pasaje. Dios el Hijo tuvo que haber oído primero las palabras de Dios el Padre para poder responder. Además, el pronombre «me» en 17:6, junto con los demás pronombres de la primera persona singular a lo largo del capítulo, se interpretan de forma natural como referentes a la Persona completa de Jesús - tanto en su naturaleza divina como en su naturaleza humana. Sería artificial desprender un «yo» completamente humano de un discurso lleno de indicaciones del conocimiento exaltado y la intimidad sin precedente que vemos a lo largo de la oración sumo sacerdotal de Jesús. Toda la Persona de Cristo, divina y humana, se involucra en el discurso que se registra en Juan 17.

Pero debemos contender con una posible objeción. Juan 17 se enfoca en la redención. Por ello, se podría decir que el pasaje se refiere en su totalidad a la redención en el tiempo. ¿Puede ser, entonces, que el pasaje tenga implicaciones para la acción divina? Reflexionemos de nuevo en el pasaje «las palabras que me diste» (Juan 17:8). El significado del verbo 'dar' se asemeja al significado del verbo 'enviar' como en «me enviaste al mundo» (versículo 18). El propósito central por el que Dios envió a Jesús y por el que le dio palabras fue para que llevara al mundo el mensaje y la presencia de la salvación. Entonces tanto el dar como el enviar están orientados a la tarea específica de la redención. La redención ocurre en un tiempo y en un lugar específico en la historia. La redención incluye, además, la encarnación de Cristo y la naturaleza humana que esta encarnación produjo. Pero la frase «me enviaste al mundo» presupone una existencia anterior. En este caso, diremos que la existencia es una preexistencia eterna como lo declara explícitamente Juan 1:1. La tarea redentora específica de Cristo no excluye su deidad sino que la presupone. De la misma manera, cuando Dios el Padre le da las palabras a Cristo en su naturaleza humana hay una presuposición que le da todo el conocimiento al Hijo en su naturaleza divina (Mateo 11:27).

La comunicación del Padre y el Hijo con el Espíritu es también enteramente divina. Cuando el Espíritu escucha, como se menciona en Juan 16:13, también Dios el Padre y Dios el Hijo escuchan. El versículo 15 que dice «todo lo que tiene el Padre es mío» abarca a toda la Trinidad. Dios el Padre y Dios el Hijo se comunican con el Espíritu.

Los teólogos modernistas suelen creer que cuando la Biblia se refiere al habla de Dios, se utiliza una metáfora oblicua e inadecuada para referirse a algo que está más allá del habla humano. Algo totalmente ajeno.[5] El habla de Dios es una representación de un más allá sin palabras. Pero en Juan 17 vemos algo muy diferente. Los enunciados específicos registrados en Juan 17 son enunciados en que el emisor es Dios y el receptor es Dios. Lo que vemos en el pasaje es el discurso divino.

El Significado Infinito
Al considerar la deidad del emisor y el receptor, podemos captar la profundidad extraordinaria del discurso. ¿Cómo es posible que nosotros, como criaturas finitas, podemos comprender el habla y la comunicación de esta profundidad?

Por ejemplo, una pareja que lleva años de casado puede desarrollar una serie de frases claves que evocan memorias del conocimiento compartido. «La rosa blanca» puede ser una frase que evoca el recuerdo de un período de conflicto y reconciliación. «El pañal al revés» puede evocar la risa de una memoria compartida.

Otro ejemplo sería esta anécdota graciosa. Un nuevo reo fue admitido a una cárcel de alta seguridad con pocas comodidades. Se sienta al lado de un pequeño grupo de prisioneros. Uno dice «14», y el grupo responde con risas. Otro dice «29» y hay aún más risas. Dicen «55» y todos se ríen a carcajadas.

El nuevo reo pregunta con perplejidad, «¿De qué se trata?» El prisionero a su lado le dice, «Es que aquí en la cárcel tenemos un solo libro de chistes. Nos sabemos todos los chistes de memoria. Así que con tan sólo mencionar el número del chiste, nos causa gracia.

El nuevo reo, con deseo de experimentar, dice «17». Hay un silencio total. «¿Por qué no se rieron?» pregunta. «Ah, porque ese chiste no es gracioso», le contesta el prisionera a su lado.

Entonces, los seres humanos quienes comparten un conocimiento y una experiencia común pueden comunicar gran cantidad de significado con pocas palabras. ¿Cómo, pues, será la comunicación de Dios?

Dice Jesús, «Ahora pues, Padre, glorifícame tú al lado tuyo, con aquella gloria que tuve contigo antes que el mundo fuese» (Juan 17:5). Cada frase, y todo el conjunto discursivo, evoca la profundidad de un conocimiento compartido entre el Padre y el Hijo. «La gloria» se refiere a la riqueza eterna del esplendor y la majestad divina. «Que tuve antes contigo» se refiere a la co-habitación y compañerismo entre las personas de la Trinidad. «Yo» y «tú» se refieren a la plenitud de las personas quienes se conocen con una intimidad eterna. «Padre» se refiere a la intimidad y el amor que existe entre el Padre y el Hijo. «Glorifícame» se refiere a la acción culminante de la totalidad del plan de redención según fuera realizado en la crucifixión, la resurrección, la presencia a la diestra del Padre y su retorno en gloria (Juan 17:24-26). Algunos aspectos pueden tener mayor énfasis, pero la totalidad de glorificación se incluye en la frase. «Al lado tuyo» se refiere a la experiencia distinta de presencia con el Padre que sólo posee el Hijo.

La comunicación, entonces, tiene un contenido infinito. Pero esta conclusión puede presentarse como una paradoja para algunos. ¿Cómo es que el lenguaje humano puede encerrar un significado divino? Una posible respuesta sería proponer que el contenido comunicado al lector humano de Juan 17 es finita. Pero al decir esto no hemos dado cuenta del significado infinito comunicado entre las personas divinas. Así que la paradoja permanece.

¿Podríamos decir, entonces, que el significado es finito mientras que el referente es infinito? El significado está limitado a la función finita de las palabras, pero la realidad a la que se refieren las palabras es infinita. Tal vez podemos encontrar una situación análoga en la comunicación humana. Supongamos que diga: «Wellington venció a un general francés en la batalla de Waterloo en 1815». En mi enunciado incluyo muy poca información sobre Napoleón. Se podría conseguir mucha más información en una enciclopedia de la historia europea. Entonces, podemos decir que hay una diferencia entre el significado lingüístico y el significado enciclopédico. Por analogía, podemos decir que Dios tiene conocimiento enciclopédico de todos los hechos. Pero no es necesario que todas sus palabras encierren todo ese conocimiento cuando habla.

Pero el asunto no es tan sencillo, desafortunadamente. La expresión «glorifícame» en Juan 17:5 evoca el plan completo de Dios en torno al clímax de la salvación - todos los eventos en toda su plenitud, en general y en detalle. Todavía estamos frente a lo infinito. Pero ¿podemos escapar utilizando la analogía de Napoleón? Veamos.

Mi enunciado con poca información evoca en un experto de la historia europea una serie de memorias acerca de Napoleón. Son memorias de hechos sobre Napoleón que yo no he enunciado. Probablemente, mi mención de Napoleón evoca memorias en el experto que yo ni siquiera conozco. Las memorias son un efecto secundario que van más allá de mi intención como emisor.

¿Podemos decir que Juan 17:5 funciona de la misma manera? No creo. La petición que hace Jesús al Padre no es simplemente un enunciado que evoca la memoria del Padre. La petición depende de un conocimiento compartido entre el Padre y el Hijo. El Hijo le pide al Padre que actúe, que lleve a cabo su plan en su totalidad. El Hijo le pide al Padre que realice evento A, B, C y D - todos en relación uno con otro y en su significado en conjunto. Pide infinitas acciones y propósitos. Si se quiere, se podría decir que en la petición incluye implícitamente un número infinito de peticiones subordinadas. No es el caso que el Hijo alude a una infinidad que reside en otro lugar. Incluye la infinidad en el hecho de pedir. El Hijo quiere dar a conocer la infinidad de implicaciones al Padre y el Padre entiende en términos infinitos. Siendo que somos seres humanos finitos no poseemos la infinidad, pero en el contexto del conocimiento mutuo del Padre y del Hijo, el Hijo pide la infinidad con un solo enunciado.

De la misma manera, consideremos el enunciado en Juan 17:4, «Yo te he glorificado en la tierra; he acabado la obra que me diste que hiciese». «La obra que me diste que hiciese» abarca una infinidad de implicaciones. El Hijo declara, por implicación que ha cumplido con A, B, C, D - todo lo que ha cumplido pertenece a «la obra». Concluyo, pues, que al menos una porción del discurso divino que se encuentra en Juan 17 demuestra un contenido infinitamente rica, un significado infinito.

Y ¿qué del resto de Juan 17? En la mayor parte de la oración el Hijo le habla al Padre acerca de hechos y eventos «en el mundo». ¿No son éstos enunciados finitos? El mundo, lo creado, es finito. Pero los eventos redentores claves en el mundo toman lugar a través de las acciones providenciales de la Trinidad en su interacción el uno con el otro. Los hechos y sucesos, por lo tanto, implican un fundamento en la acción divina que los subyace. Dios planea. Dios manda. Dios en su poder determina todo lo que sucede (Lamentaciones 3:37-38; Efesios 1:11). Las acciones de Dios son infinitamente ricas y nos resultan incomprensibles. Por ello, me parece razonable concluir que todos los enunciados en Juan 17, dentro de su contexto del conocimiento divino, implican una infinidad de significado dentro del compromiso mutuo e interpersonal de la divinidad. En esta comunicación se logra la petición, la afirmación y el cumplimiento. Pero ¿cómo puede ser?

Las palabras, diremos, pertenecen al lenguaje humano. Son simples. Son finitos. Son creados. Creo que hay un misterio perenne aquí. Nos alejaríamos demasiado del punto central si nos entrometiéramos a realizar aquí un análisis extensivo del lenguaje. Pero nos podemos contentar con las siguientes observaciones.

Primero, Dios junta las palabras en Juan 17 en oraciones bien formadas dentro de un discurso mayor. Dice algo nuevo, algo diferente, aunque utiliza palabras que ocurren en otros contextos. El discurso de Juan 17 es algo muy diferente a un conjunto abigarrado y desordenado de palabras. El significado total no consiste en la suma de los significados individuales de cada palabra. El discurso tiene un significado de carácter único.

Segundo, el discurso cobra significado únicamente en el contexto de un emisor, un receptor y una situación. El discurso de Juan 17 está cargado de significado infinito porque es el habla del Hijo dirigido al Padre dentro del contexto del conocimiento que el Padre y el Hijo tienen el uno del otro. De esta misma manera, la pareja a la que aludí anteriormente pueden compartir un significado muy amplio con el uso de unas simples palabras. El enunciado declarativo «¡Culpable!» puede tener consecuencias muy profundas cuando es emitido por un juez en el contexto de su autoridad judicial.[6]

Tercero, las palabras en sí no tienen un origen simple y llanamente humano aunque en nuestra cultura materialista de occidente nos parezca así. Yo diría que esa tendencia de nuestra cultura revela nuestro deseo de huir de la presencia de Dios. La Biblia, sin embargo, nos dice precisamente en Juan 17 que los idiomas que llamamos humanos no son simplemente humanos sino que son compartidos con un Dios que habla y que escucha. Y así ha sido desde el principio. Antes de que el ser humano existiera, Dios habló para crear el mundo y todo lo que en él hay. «Y dijo Dios: Sea la luz; y fue la luz» (Génesis 1:3). Antes de crear el hombre, es más, Dios habló consigo mismo diciendo: «hagamos al hombre a nuestra imagen, conforme a nuestra semejanza» (Génesis 1:26). En este enunciado, encontramos la pluralidad en el verbo «hagamos» y en el adjetivo posesivo «nuestra». Dios confirma que esta pluralidad es genuina cuando en Génesis 3:22 dice: «he aquí el hombre es como uno de nosotros». Los comentaristas que han estudiado este pasaje han debatido si la referencia es a Dios solamente o si incluye también la hueste de ángeles que le ministran (como vemos en Job 1:6; 2:1; 1 Reyes 22:19-22; Salmos 89:5-7 y otros pasajes). Pero las huestes de ángeles son una sombra o un reflejo de la consulta interna de Dios en su sabiduría (cf. Proverbios 8:22-31). Por eso, la raíz más profunda en el habla de Dios en la creación es el discurso consigo mismo. El discurso entre el Hijo y el Padre en Juan 17, por eso, no es una instancia aislada del discurso intertrinitario. Es una instancia del mismo tipo de discurso divino que ha ocurrido desde antes de la fundación de la tierra.

Veamos otra vez, entonces, el discurso de Dios a principios de Génesis. El discurso en Génesis 1:26 es el fundamento de la comunicación que existirá entre Dios y su creación, el hombre. Justamente después de crear al hombre, Dios habla con ellos: «y los bendijo Dios y les dijo: fructificad y multiplicaos; llenad la tierra, sojuzgadla» (Génesis 1:28). De la misma manera en que Dios nombró a las cosas creadas, también Adán se encargó de nombrar a los animales (Génesis 2:19-20). El habla humano es posible porque Dios ha hecho al hombre a su imagen y semejanza. El habla humano imita y es análoga al habla de Dios. Y no es un simple reflejo o imitación, sino que vemos que el lenguaje humano se utiliza por Dios y por el hombre (consideren, por ejemplo, las conversaciones en Génesis 3:9-19). De hecho, es el lenguaje humano que es el vehículo principal por medio del cual Dios y el hombre expresan y promueven la relación personal, espiritual y responsable que tienen el uno con el otro.

Considero, por lo tanto, que la frase «el lenguaje humano» es un descriptor poco preciso y que puede engendrar una visión incorrecta del lenguaje. Dios «ciertamente no está lejos de cada uno de nosotros» (Hechos 11:27). «Porque en él vivimos y nos movemos y somos» (Hechos 17:28). Cada idioma «humano» que existe en el mundo es también un idioma divino - es un idioma construido y moldeado según la providencia y la sabiduría de Dios para ser un instrumento por el cual él habla al hombre.

Algunos dirán que es imposible. Dirán que el lenguaje humano involucra cuerdas vocales humanas, oídos humanos, cerebros humanos y ondas sonoras. Dirán que estos son elementos creados y no elementos divinos. Yo no lo niego pero la naturaleza humana de Jesucristo también incluyó todos estos elementos humanos. En su estado encarnado en la tierra, Cristo tuvo cuerdas vocales, oídos, cerebro y todo lo demás. Y Dios utilizó estos medios creados para hablar. Los medios creados no se vuelven divinos, pero el habla divino tampoco pierde su divinidad.

Tal vez nos ayude considerar que el medio del habla puede ser transformado sin evacuar el significado del habla. Entre los seres humanos, el mismo habla puede ser transmitido por medio de ondas sonoras por sí solas o puede transmitirse con la ayuda de un micrófono, ondas radiales o por medio de una grabación en cinta magnetofónica. También existen medios escritos, digitales, etc. Y, por si fuera poco, el habla permanece en la memoria humana aun cuando todo registro físico haya desaparecido.

Jesús dice: «el cielo y la tierra pasarán, pero mis palabras no pasarán» (Mateo 24:35). ¿Qué quiere decir con esto? No está diciendo que la palabra impresa en la Biblia no se puede destruir sino que el mensaje permanece y prevalece. Si fuera el caso que todos los ejemplares de la Biblia se destruyeran, Dios podría reproducirla en su totalidad (Jeremías 36:28-32). Aun las palabras humanas no desvanecen ni se pierden en el mar del olvido: «Mas yo os digo que de toda palabra ociosa que hablen los hombres, de ella darán cuenta en el día del juicio. Porque por tus palabras serás justificado, y por tus palabras serás condenado» (Mateo 12:36-37).

El habla humano no es una creación estática sino que es dinámica. El habla humano es la acción personal ante la presencia de Dios. Es a través del lenguaje que el hombre enuncia la verdad de Dios y esa verdad permanece por siempre. Cuando el hombre usa el lenguaje para emitir mandatos, esos mandatos están sintonizados a la autoridad divina del mandato de Dios. A veces no emite mandatos o emite mandatos injustos y en ese caso viola las normas de Dios. Es por eso que el habla humano yace en una matriz formada por el habla divino, el conocimiento divino y las normas divinas. La idea que el contexto del habla es netamente humano es un artefacto de la ceguera espiritual humano.

Concluimos, pues, que Dios puede hablar al ser humano utilizando el lenguaje humano. ¿Pero lo hace? En Génesis 1:28 y los pasajes que le siguen vemos que Dios efectivamente usa el lenguaje humano para comunicarse con el hombre. Cuando Jesús le habló a los discípulos, Dios les estaba hablando. En el Monte de Sinaí, Dios pronunció los Diez Mandamientos en voz de trueno (Éxodo 20:1-19; Deuteronomio 6:22). La Biblia nos demuestra que Dios habla. Pero ¿es la Biblia simplemente un registro humano de ese hablar de Dios? ¿O es la Biblia también la Palabra de Dios?

NOTAS

1. La traducción de la Nueva Versión Internacional no es enteramente adecuada. En múltiples ocasiones esta versión utiliza el verbo «orar» y el sustantivo «oración» para describir la conversación de Jesús. El uso de estas palabras nos puede llevar a pensar que todo el pasaje es una muestra de la humanidad de Jesús y no de su deidad. La «oración», podríamos decir, es algo que hace el ser humano pero no es algo que hace Dios. En el griego, sin embargo, no existe una palabra específica que corresponde a «oración». En el griego se utilizan palabras más generales como «pedir» y «decir». Ahora bien, el pasaje es una oración con respecto a la naturaleza human de Jesús. Pero es también el acto de «pedir» y «decir» con respecto a su naturaleza divina.
2. Ver también Meredith M. Kline, «The Holy Spirit as Covenant Witness», Th.M. thesis, Westminster Theological Seminary, 1972.
3. Ver Edward G. Selwyn, The First Epistle of St. Peter, 2d ed. (London: Macmillan, 24:35).
4. Para más detalles sobre la doctrina de la inspiración, se puede consultar la obra de muchos eruditos evangélicos. La obra clásica es la de Benjamin B. Warfield The Inspiration and Authority of the Bible. (reprint; Philadelphia: Presbyterian and Reformed, 1967). También se puede consultar Ned B. Stonehouse y Paul Woolley, eds., The Infallible Word. (reprint; Grand Rapids: Eerdmans, 1953); John W. Montgomery, ed., God's Inerrant Word(Minneapolis: Bethany Fellowship, 1974); D.A. Carson and John D. Woodbridge, eds., Hermeneutics, Authority, and Canon (Grand Rapids: Zondervan, 1986). La pregunta sobre la extensión del canon - ¿por qué estos libros y no otros? - es importante. Lamentablemente no podemos expandir la discusión aquí. Sobre el canon del Nuevo Testamento, ver Herman N. Ridderbos, Redemptive History and the New Testament Scriptures. (rev.; Phillipsburg, NJ: Presbyterian and Reformed, 1988); sobre el canon del Antiguo Testamento, ver Roger T. Beckwith, The Old Testament Canon of the New Testament Church and its Background in Early Judaism (Grand Rapids: Eerdmans, 1985).

5. Ver Nicholas Wolterstorff, Divine Discourse: Philosophical Reflections on the Claim that God Speaks (Cambridge: Cambridge University Press, 1995), 1-74.
6. Ibid., 85-89

CAPÍTULO 3
¿Qué es la Biblia?

Consideraremos en este capítulo la naturaleza de la Biblia. El grupo de estudio de Cristóbal Cristiano discute el tema.

Hernando Hermenéuta:
    Antes de adentrar más en el texto, ¿no debemos primero determinar qué tipo de texto y qué tipo de comunicación es la Biblia?

Doctrinalista:
    Ah, pero eso es fácil Hernando. La Biblia es la Palabra de Dios.

Hermenéuta:
    Pero, hoy en día muchos no aceptan esa proposición.

Doctrinalista:
    Tienes razón. Los incrédulos y los teólogos liberales no lo aceptan. Pero si nos fijamos en las enseñanzas de Jesús y en las enseñanzas de la misma Biblia creo que vemos una afirmación convincente de que la Biblia es la Palabra autoritativa de Dios. Podemos estudiar los pasajes que tienen que ver con la inspiración y con la autoridad de la Biblia.

Pedro Pietista:
    No creo que eso sea necesario. Entre nosotros, al menos, creo que hay consenso de que la Biblia es la Palabra de Dios. Así que lo único que tenemos que hacer es escuchar lo que Dios nos dice.

Oliverio Objetivista:
    ¡Un momentito! Hubieras dicho mejor que tenemos que escuchar a los autores humanos de la Biblia. Si esquivamos a los autores humanos, todo se vuelve subjetivo. Le atribuimos a Dios lo que queremos que él diga o lo que se nos ocurra.

Carlos de la Transformación Cultural:
    Pero esperen un momento. ¿No dice la Biblia misma que la Palabra de Dios gobierna toda la creación? ¿Cómo puede ser que todo el consejo de Dios esté limitado a un solo libro?

Doctrinalista:
    Tal vez sí necesitamos estudiar lo que enseña la Biblia acerca de la Palabra de Dios.

Fátima Factualista:
O tal vez debemos investigar cómo nos llegó la Biblia. Yo creo que los hechos acerca de cómo nos llegó la Biblia pueden influenciar nuestra idea de qué tipo de libro es.

La Palabra de Dios

La Biblia enseña que es la misma Palabra de Dios dirigida al hombre. Lo que dice la Biblia es lo que dice Dios. Muchos hombres participaron en la producción de la Biblia. Pero Dios intervino y controló a cada hombre de modo que lo que se escribió no es sólo el producto del hombre sino que es una comunicación que sale de la misma mente de Dios.

Los pasajes claves que apoyan esta noción son 2 Pedro 1:21 y 2 Timoteo 3:16. 2 Pedro 1:21 es muy claro: «porque nunca la profecía fue traída por voluntad humana, sino que los santos hombres de Dios hablaron siendo inspirados por el Espíritu Santo». En 2 Timoteo 3:16 se vuelve a enfatizar este punto diciendo que toda la Escritura es inspirada por Dios (del aliento de Dios, *theopneusto*). Los detalles exegéticos de este pasaje se han tratado de forma íntegra en otras obras y por eso no ahondaremos en esa discusión aquí.[1]

Jesús mismo también confirmó la autoridad de la Biblia. Durante toda su vida en la tierra, actuaba con la consciencia de que sus acciones eran el cumplimiento de las Escrituras (e.g., Mateo 26:54; Lucas 24:24-27, 44-49). Confirmó explícitamente la autoridad del Antiguo Testamento (Mateo 5:17-20; Juan 10:35). Además, cuando recitó Génesis 2:24, lo caracterizó como lo que *Dios* había dicho (Mateo 19:5).

Si la Biblia es lo que reclama ser, entonces constituye la verdad, la justicia y la pureza de Dios mismo. Debemos de creer sus aseveraciones, obedecer sus mandamientos y responder a sus invitaciones de la misma forma que responderíamos a Dios. Además, como Dios no miente (Números 23:19), la Biblia tampoco miente. Es completamente veraz en lo que afirma. No contiene error alguna (es inerrante).[2]

La Biblia como Libro del Pacto

El mecanismo del pacto ha sido central en las comunicaciones claves entre Dios y el hombre. Por ejemplo:

> Y habló Dios a Noé y a sus hijos con él, diciendo: He aquí que yo establezco mi pacto con vosotros, y con vuestros descendientes después de vosotros. (Génesis 9:8-9)

> En aquel día hizo Jehová un pacto con Abram, diciendo: A tu descendencia daré esta tierra desde el río de Egipto hasta el río grande, el río Éufrates. (Génesis 15:18)
>
> Y tomó el libro del pacto y lo leyó a oídos del pueblo, el cual dijo: Haremos todas las cosas que Jehová ha dicho, y obedeceremos. (Éxodo 24:7)
>
> Porque esto es mi sangre del nuevo pacto, que para muchos es derramada para remisión de los pecados. (Mateo 26:28)
>
> El cual asimismo nos hizo ministros competentes de un nuevo pacto, no de letra, sino del espíritu; porque la letra mata, mas el espíritu vivifica. (2 Corintios 3:6)
>
> Así que, por eso es mediador de un nuevo pacto, para que interviniendo muerte para la remisión de las transgresiones que había bajo el primer pacto, los llamados reciban la promesa de la herencia eterna. (Hebreos 9:15)[3]

El pacto establecido con Moisés en el Monte Sinaí es particularmente relevante ya que toma la forma de un libro – el «Libro del Pacto» (Éxodo 24:7). Este «libro» probablemente contenía el material que encontramos en Éxodo 20-23 de nuestra Biblia actual. Los diez mandamientos son el núcleo de este pacto. Se les conoce a los diez mandamientos como «las palabras del pacto» (Éxodo 34:27-28) o simplemente como «su pacto» (Deuteronomio 4:13; ver 5:2). Dios manda a Moisés a colocar «las tablas del pacto» (Deuteronomio 9:9-11), en las que estaban escritas los diez mandamientos (Deuteronomio 5:22), en el «arca del pacto» (Deuteronomio 10:2, 5 y 8). Se sabe que, de vez en cuando, se le añadía otras palabras a este núcleo de «palabras del pacto». Por ejemplo, «estas son las palabras del pacto que Jehová mandó a Moisés que celebrase con los hijos de Israel en la tierra de Moab, además del pacto que concertó con ellos en Horeb» (Deuteronomio 29:1). En Deuteronomio 31:24-26 leemos que Moisés les ordena a los levitas que pongan este libro al lado del arca del pacto de Jehová.

Los procedimientos involucrados en depositar el libro en el arca no carecen de importancia. Meredith G. Kline observa correctamente que este procedimiento es la base de la formación del canon – una serie de escritos que Dios produce, aparta y consagra como un testimonio para nosotros (Deuteronomio 29:26).[4] No tenemos el tiempo para ahondar en el argumento de Kline. Basta con que reconozcamos la estructura de pacto del canon. En los inicios de la historia, Dios habló al hombre oralmente. Pero ahora, la Biblia enfoca nuestra atención en la palabra escrita, o sea, en las tablas de piedra inscritas con los diez mandamientos. Esta palabra escrita es un pacto. Después se le agregan palabras y estas forman «el Libro de la Ley» (Deuteronomio 31:25-26) y también constituyen un «pacto» (Deuteronomio 29:1). Todas las palabras escritas de Dios se colocan en el lugar santísimo, en el Tabernáculo, puesto que las palabras mismas son santas. Dios también indica que enviará nuevas palabras a través de los profetas (Deuteronomio 18:15-22). Estas palabras serán «mis palabras» (18:18) y por eso los profetas posteriores usarán la fórmula «ha dicho Jehová» como preludio a sus palabras proféticas. En esencia, esta fórmula sirve para autorizar las palabras proféticas como suplemento y refuerzo de las palabras ya escritas en el pacto. Todo el canon, en su inicio y junto con sus palabras añadidas, está firmemente arraigado en el carácter del pacto.

Los pactos que Dios hace con el hombre a lo largo de la Biblia nos dan una perspectiva íntegra de la comunicación entre Dios y el hombre.

Pero ¿qué es un pacto? Los pactos de Dios con el hombre son acuerdos o tratados entre el Señor Dios y su pueblo. Dios se compromete con su pueblo a través de sus promesas. Las obligaciones de su pueblo, por otra parte, se expresan en mandamientos. En el antiguo Cercano Oriente, los pactos o acuerdos políticos incluían típicamente otros elementos. Un pacto incluía (1) la identificación de un señor o monarca, (2) un resumen de sus beneficios, (3) las estipulaciones acerca de las obligaciones del pueblo, (4) las bendiciones por cumplir estas obligaciones y las maldiciones por desobedecer y (5) una instrucción acerca de la transmisión del pacto como, por ejemplo, su lectura pública y su transmisión a la siguiente generación.[5] Cada uno de estos elementos los podemos detectar en los pactos entre Dios y su pueblo en Éxodo 20 y en el libro de Deuteronomio.[6] El retrato del pacto en Deuteronomio 31 nos invita a adoptar una visión más amplia y a percibir toda la Biblia desde la perspectiva del pacto. Toda la Biblia es una identificación de Dios, el Señor y el monarca. Toda la Biblia contiene las promesas de Dios e indica nuestras obligaciones. Habla de las bendiciones por obediencia y las maldiciones por desobediencia. Y, por último, se proyecta a futuras generaciones.

Anotamos también que es a través del pacto que Dios establece una relación de amistad e intimidad con su pueblo: «Yo seré su Dios y tú serás mi pueblo» (Levítico 26:12; cf. Éxodo 6:7).

En Juan 17 vemos una combinación de comunicación, intimidad y acción parecida a la que vemos en el pacto. El Padre provee sus palabras al Hijo (v. 8). Hay una relación personal de intimidad entre el Padre y el Hijo (vv. 21-22). Se glorifican el uno al otro (vv. 4-5, 24). Comparten sus posesiones (v. 10).

La Interpretación Bíblica

En el estudio bíblico de Cristóbal Cristiano, Pedro Pietista se enfocaba únicamente en la intimidad personal. Dorotea Doctrinalista se concentraba exclusivamente en el contenido verbal. Carlos de la Transformación Cultural enfatizaba solamente la acción pragmática que transforma el mundo. Laura Liturgista veía únicamente las ceremonias que celebran el establecimiento y la renovación del pacto. Fátima Factualista se concentraba solamente en el registro de eventos pasados. Todas estas perspectivas son válidas. La perspectiva del pacto, además, permite ver cada perspectiva en una unidad.

¿Cuáles son las implicaciones de la perspectiva del pacto para la interpretación de la Biblia? Necesitamos una combinación de los énfasis pietistas, doctrinalistas, de la transformación cultural, liturgistas y factualistas. El entendimiento de la Biblia involucra una comprensión del pacto de Dios con nosotros. Y claro está, la comprensión del pacto de Dios es una comprensión inmensa e infinita. En primer lugar, tenemos que reconocer que Dios ha establecido varios pactos particulares a lo largo de la historia. Ha establecido pactos con Noé, con Abraham, con Isaac, con Jacob, con Moisés y con David. Pero cada uno de estos pactos son instancias de un pacto mayor que constituye el método central en que Dios se relaciona con el ser humano.[7]

Por eso, el registro completo de la relación entre Dios y el hombre matiza nuestro entendimiento del pacto y este entendimiento, por su parte, debe regir nuestra interpretación de la Biblia. Para decirlo de otra manera, nuestra relación con Dios y con su Palabra es una relación que incumbe todo nuestro ser. La respuesta total a Dios es lo que matiza nuestra interpretación de la Biblia. Los pasajes individuales de la Biblia nos enseñan acerca de Dios y de sus pactos y los pactos controlan nuestra respuesta a Dios.

Además, cuando entramos en un pacto con Dios recibimos bendiciones por la obediencia y maldiciones por la desobediencia. Debido a que somos imperfectos e inadecuados, necesitamos la expiación de Jesucristo. La obra expiatoria de Cristo tiene que existir para asegurar la bendición y no la maldición en nuestra respuesta a la Biblia.[8]

Las Maneras en que Dios Habla

Hemos visto que la comunicación divina puede tomar múltiples formas. En el Monte Sinaí, Dios le habló a su pueblo de forma audible y le dio los diez mandamiento de forma escrita. Necesitamos considerar, pues, cómo se relaciona la Biblia con las otras maneras en que Dios habla.

Para crear el universo, Dios habló. «Y dijo Dios: Sea la luz; y fue la luz» (Génesis 1:3). La palabra «dijo» indica que Dios utilizó el habla genuino aunque no estuviera dirigiendo la palabra al hombre.

Después de la creación, Dios ha continuado a gobernar el mundo a través de su palabra. Su gobierno es por medio del poder de su palabra: «¿De la boca del Altísimo no sale lo malo y lo bueno?» (La-(Lamentaciones 3:38). El Hijo, además, «sustenta todas las cosas con la palabra de su poder» (Hebreos 1:3).

Para llegar al hombre, Dios también habló. Habló de forma audible a los patriarcas – a Abraham, a Isaac y a Jacob (Génesis 12:1-3; 15:1, 4-5, 7, etc.). Habló de forma audible en el Monte Sinaí (Éxodo 10:1, 19, 22; Deuteronomio 4:33; 5:22-27). Habló de forma audible también en el Monte de la Transfiguración (Mateo 17:5).[9]

A veces Dios no habla directamente a su pueblo sino que se comunica a través de un emisario o portavoz. Este es el caso de los profetas y los apóstoles. Ellos comunicaban las palabras de Dios o bien de forma oral o bien de forma escrita y es de esta comunicación que nos llega la Biblia.[10] Dios habló a través de las palabras de Jesucristo mientras estuvo en la tierra. Esto incluye seguramente algunas palabras que no han sido registradas en la Biblia (Juan 21:25).

Por último, a Cristo mismo, siendo la segunda persona de la Trinidad, se le llama el Verbo en Juan 1 y en Apocalipsis 19:13.[11]

Para resumir, podemos decir que Dios habla de muchas maneras y por múltiples medios. En la Biblia, se observa que habla de muchos temas utilizando múltiples formas literarias tales como la historia, el canto, la didáctica y la profecía.

¿Cómo podemos interpretar esta variedad? ¿En qué sentido podemos decir que la diversidad es compatible con al unidad de la voz de Dios en las Escrituras? La respuesta a estas preguntas requiere de una consideración más detenida del carácter divino de las palabras de Dios.

La Divinidad de la Palabra de Dios

En cada una de sus manifestaciones, la palabra de Dios representa el habla de Dios. Cuando Dios habla, habla con autoridad, con poder y con verdad. Por ejemplo, sus palabras en la creación – «sea la luz» – resultaron en un hecho creativo – «y fue la luz» (Génesis 1:3). Sólo el poder de Dios puede resultar en hechos creativos de esta talla. De la misma manera, como Dios es justo, todos sus juicios y enunciados están cubiertos de justicia. «Justo eres tú, oh Jehová, y rectos tus juicios» (Salmos 119:137). Como Dios es verdad, su Palabra también es verdad (Números 23:19; Juan 17:17).

Las mismas conclusiones a las que llegamos al considerar las palabras creadoras de Dios en Génesis 1 se aplican también a las palabras de Dios dirigidas al hombre. Hay una relación íntima entre las palabras creadoras de Dios y las palabras de Dios dirigidas al hombre. En los Salmos, por ejemplo, vemos que las palabras del pacto entregadas por medio de Moisés son objetos de reverencia, de alabanza y de honor juntamente con las palabras pertinentes a la creación y al sostén del universo a través de la providencia de Dios (Salmos 19:1-11; 119: 48, 89-96, 120, 129, 137, 144, 152, 160). De la misma manera en que las palabras creadoras de Dios tienen poder y justicia divina, así también sus palabras dirigidas a los hombres tienen el mismo poder y justicia. La ley es perfecta, es eterna y da vida (Salmos 19:7; 119:50, 89; 1 Pedro 1:25; Lucas 21:33). Jesús dice que las palabras de Dios tienen la autoridad divina para juzgar (Juan 12:48). Si las palabras de Dios no mostraran los atributos de Dios, no serían en realidad palabras de Dios sino que serían otra cosa.

Podemos, entonces, hacer el mismo tipo de afirmación acerca de todas las manifestaciones del habla de Dios. La palabra de Dios es eterna y permanece para siempre (Salmos 119:89; Mateo 24:35). La palabra de Dios permanecerá en el futuro; nunca se opacará y nunca perderá su calidad de veracidad. La palabra de Dios también tiene una permanencia en el pasado ya que antes de que se enunciara al ser humano, esa misma palabra existía dentro del consejo sabio de Dios desde la fundación del mundo (Mateo 13:35).

Cuando Dios dirige una palabra por primera vez al hombre es un hecho tan poderoso y tan sorprendente como la misma encarnación. Consideremos por un momento la encarnación de Jesucristo. En la encarnación Dios el Hijo, el Verbo, se hizo hombre. Aun así siguió y sigue siendo Dios. Al hacerse hombre, sin embargo, se apropió de una naturaleza que antes no tenía. En última instancia, la encarnación es un misterio. Creemos que Cristo es Dios hecho hombre, no porque es algo que podemos comprender sino porque así lo dice Dios en la Biblia.

Ahora consideremos los eventos análogos con respecto a la inspiración divina de la Biblia. El Verbo eterno es Verdad. La Verdad es Dios y está siempre con Dios. Esta Verdad, manteniéndose como una expresión de la inescrutable sabiduría de Dios desde la eternidad, se apropia de una naturaleza ajena, o sea de un enunciado en un idioma particular dirigido a seres humanos particulares.

Volvamos al punto. Todas las palabras de Dios tienen atributos divinos. Por eso, las palabras mismas de Dios son divinas.

Muchos creen que como la Biblia consiste en palabras humanas no puede ser divina. Pero como hemos visto en Juan 17, este argumento es falso. Desde el momento de su encarnación, Jesucristo ha sido plenamente humano (Hebreos 2:14). Las palabras que enunció en la tierra son obviamente palabras humanas. Pero Jesús también ha sido, desde la eternidad, divino y por eso las palabras que enunció también eran divinas. Si Jesucristo es Dios, como lo indica la Biblia, entonces se le debe rendir obediencia absoluta. No podemos separar la obediencia a Cristo de la obediencia a sus palabras (Juan

12:28-50). Sus palabras conllevan la autoridad del hablante, es decir, la autoridad divina. La misma divinidad se asocia con las palabras de la Biblia.

El orgullo contemporáneo resiste esta verdad pero, a mi parecer, vale la pena subrayarla. Se nos dice en Deuteronomio 5:27-33 que la mediación de Moisés fue buena. Era menester obedecer la palabra dada por medio de Moisés de la misma forma que era menester obedecer las palabras que vinieron directamente de Dios en el Monte Sinaí (v. 22). Los escritos de Moisés tenían la misma autoridad que las tablas inscritas por el dedo de Dios (Deuteronomio 31:24-29). No hay una sugerencia de disminución sino al contrario lo que encontramos es una continuidad entre los escritos de Moisés y las tablas inscritas por Dios mismo. Ambos demuestran el mismo carácter fundamental del habla divino. Moisés es el modelo de los profetas que habrían de venir (Deuteronomio 18:16-22) y los diez mandamientos son el modelo del resto de las Escrituras que habrían de entregarse al hombre (Deuteronomio 31:24-29). Por ello, las mismas verdades que les atribuimos a los anteriores también se las tenemos que atribuir a los posteriores escritos inspirados.

Se podría decir que adorar un libro es idolatría. Pero hay que evitar la falacia de equiparar la Palabra de Dios con papel y tinta. Ya hemos notado que el mensaje permanece aunque cambie el medio.

La analogía con la encarnación de Cristo también nos permite ver que no existe contradicción alguna entre la eternidad de la palabra de Dios y su escriturarización. La Segunda Persona de la Trinidad existe como Dios desde la eternidad. En su deidad, no cambia (Malaquías 3:6). Según la misma eternidad de su plan, se hace hombre. Habla, actúa y hace milagros en momentos particulares en el tiempo. De forma análoga, la palabra de Dios mantiene su divinidad a la misma vez que se transforma en palabras humanas comunicadas a personas particulares en momentos específicos.[12]

La Biblia apoya esta analogía de otra manera – o sea, por medio del lenguaje del pacto. Toda la Biblia tiene el carácter de pacto como hemos visto. Pero el núcleo del pecado es el compromiso redentor de Dios para con su pueblo y la expresión máxima de este compromiso es Cristo mismo. «Porque todas las promesas de Dios son en él Sí, y en él Amén (2 Corintios 1:20). Jesucristo es el «solo mediador entre Dios y los hombres» (1 Timoteo 2:5). Es solamente por medio de Jesucristo que podemos experimentar la comunión con Dios (Hechos 4:12; Hebreos 10:14). Puesto que todas las palabras de Dios establecen algún grado de comunión con él, todas presuponen tácitamente la obra fundacional de Jesucristo. Es por medio de Jesús que nos podemos acercar confiadamente a Dios. Los pactos unen a Dios con el hombre en prefiguración de la unidad final que hay entre Dios y el hombre en la persona encarnada de

Cristo. En Isaías 42:6 y 49:8, Cristo, siendo el Siervo del Señor, se identifica con el pacto.

En Juan 1 vemos más claramente la analogía entre la segunda persona de la Trinidad y las palabras que Dios ha dirigido al hombre en momentos específicos. Para comenzar, Juan utiliza la palabra *verbo* para designar el Hijo de Dios y de esta manera ya establece una conexión entre la encarnación y la palabra de Dios. Pero hay más.

Juan 1:1-3 alude a Génesis 1.[13] En Génesis 1, Dios crea por medio del habla. El enunciado verbal «sea la luz» inaugura el primer acto específico de la creación (v. 3). La creación continua con el uso repetido del verbo «sea» (vv. 6, 9, 11, etc.). La narrativa incluye también el testimonio del acto de Dios de otorgar nombres a las cosas creadas: «y llamó Dios a la luz Día y a las tinieblas llamó Noche» (v. 5). Esto se resume en Salmos 33:6 diciendo «por la palabra de Jehová fueron hechos los cielos y todo el ejército de ellos por el aliento de su boca». Vemos un paralelo a esta idea en Juan 1:3: «todas las cosas por él fueron hechas, y sin él nada de los que ha sido hecho, fue hecho».

Estas conexiones sugieren que al menos las palabras enunciadas en Génesis 1 son análogas al Verbo eterno, la segunda persona de la Trinidad. Pero una reflexión más detenida nos llevará a una conclusión mucho más profunda. Los enunciados hablados por Dios en Génesis son en sí mismas una manifestación y una expresión de la trinidad de Dios. Juan 1:3 implica esto al afirmar que la segunda persona de la Trinidad, en su función de Verbo, fue el medio por el cual la creación fue hecha. En Génesis 1 vemos que las palabras particulares – «sea la luz» – son el medio. Pero el pasaje en Juan nos sugiere que las palabras particulares son expresiones de un Verbo. O sea, las palabras particulares son la manifestación y la acción de la segunda persona de la Trinidad. Ningún enunciado particular y específico incumbe todo el Verbo eterno, pero cada enunciado es una operación del Verbo eterno, por medio de quien todo fue hecho (Juan 1:3; Colosenses 1:16; 1 Corintios 8:6; Hebreos 1:2). Siguiendo esta analogía, pues, Dios el Padre es el interlocutor en ambos casos. Desde la eternidad, Dios enuncia su Verbo eterno. Al crear el mundo, Dios el Padre enunció las palabras particulares registradas en Génesis 1.

Debemos incluir en nuestra discusión no sólo los enunciados dirigidos al mundo infrahumano sino también los enunciados verbales dirigidos al ser humano en Génesis 1:28-30. En primer lugar, estos enunciados verbales, como todos los demás, representan las palabras de Dios. Además, tienen la función de iluminar el sendero del servicio y de la acción humana. Por eso, forman parte de la vida que era «la luz del hombre» (Juan 1:4). Jesús caracteriza sus propias

Enfocada en DIOS

palabras de la misma forma: «las palabras que yo os he hablado son espíritu y son vida» (Juan 6:63).

También destacamos que la palabra de Dios se relaciona de forma íntima con el nombre de Dios. Ambos involucran el uso del lenguaje. En Juan 17, Jesús se refiere al «nombre que me diste» (vv. 11-12) en relación a «las palabras que me diste» (v 8). El nombre de Dios es una expresión de su carácter y su personalidad como se revela en Éxodo 34:5-7. La presencia del nombre de Dios, entonces, involucra la presencia de Dios mismo (Éxodo 23:21, Deuteronomio 12:5, 1 Reyes 8:29). Por eso, el nombre de Dios es, sin lugar a duda, divino. La frase «Palabra de Dios» no es equivalente, sin embargo, a la frase «Nombre de Dios». La primera designa el habla de Dios sobre cualquier tema. La segunda designa el habla de Dios sobre sí mismo. El habla de Dios sobre sí mismo, incluyendo la articulación de su nombre, es una parte de la enunciación total de Dios. Pero en un sentido más amplio, toda la enunciación de Dios revela algo de quién es, de su carácter y de su personalidad. Por eso, una vez que aceptamos que el nombre de Dios es divino también podemos aceptar que todo el discurso de Dios es en sí divino también.[14]

¿De qué manera podemos entender esta divinidad? Si hay un solo Dios, y si la encarnación del Verbo divino es Dios, ¿cómo puede haber una diversidad de enunciados distintos y diferentes en el repertorio verbal de Dios? Si la Palabra de Dios es divina puesto que el mismo hablante es Dios, ¿cómo puede ser que sus palabras estén sujetas a las limitaciones del contexto histórico? Pues las limitaciones contextuales de la historia no son un aspecto necesario de la esencia de Dios. Dios existió desde antes de la creación. La segunda persona de la Trinidad existió desde la eternidad. Y la Palabra de Dios necesariamente co-existe con Dios mismo. Pero no fue necesario que Dios creara el tiempo ni tampoco que enunciara las palabras que dieron lugar a la creación de la luz.

El misterio es enorme y difícilmente lo llegaremos a comprender. Pero si tomamos como punto de partida el primer capítulo del Evangelio de Juan, podemos comenzar a desarrollar una visión más clara de los parámetros exactos del misterio. En este primer capítulo venimos frente a la realidad del habla eterna y divina de la Trinidad. Este habla eterno es original. El habla y el lenguaje humano no es más que un derivado de este patrón comunicativo original y perfecto. El hombre fue creado a la imagen y semejanza de Dios (Génesis 1:26-30). Pero aprendemos en Colosenses 1:15 que Cristo, la segunda persona de la Trinidad, es «la imagen del Dios invisible, el primogénito de toda la creación». Nuestra creación a imagen de Dios es una analogía de la imagen de Dios que Cristo encierra. Cristo es la Palabra original. Es el *arquetipo* sobre el cual todo lo demás está basado. Todo lenguaje y toda palabra es un derivado y una analogía de la Palabra original que es Jesucristo. La Palabra divina es *arquetipo* La palabra humana es *ectipo*, o sea, una copia que imita al original, el arquetipo.

Esta visión de la originalidad trinitaria del habla nos indica que la Palabra de Dios es simultáneamente singular y diverso. Primero la Palabra de Dios es singular. La Palabra es la palabra de Dios Padre. Por lo tanto, representa su plan, su voluntad, su mente y sus atributos. Cristo, el Verbo, es uno con el Padre (Juan 10:30). Pero también hay diversidad en la Palabra de Dios. El Verbo es eternamente distinto al Padre. Y el Padre enuncia el Verbo que es distinto de sí mismo.

La singularidad y diversidad en la Trinidad es el arquetipo o el original. La singularidad y diversidad en el habla que Dios dirige a nosotros es análogo a este arquetipo. Podemos decir que la singularidad y diversidad en el habla trinitario es el arquetipo y la singularidad y diversidad en el habla de Dios al hombre es el ectipo. Pero hay que subrayar que las palabras de Dios al ser humano siguen siendo palabras divinas. Como vimos anteriormente, las palabras de Dios tienen poder divino, autoridad divina y pureza divina. Sus palabras dirigidas a nosotros, como ectipos, mantienen la divinidad del arquetipo. Por eso, aparte de los ectipos creados (como por ejemplo el hombre creado a la imagen de Dios), también hay ectipos divinos – palabras particulares que imitan la singularidad y diversidad trinitaria. Todo lo que Dios dice es divino. Cada palabra suya es una manifestación del Verbo singular que es uno con el Padre. Todo lo que Dios dice es distintivo también. De la misma manera, el Hijo es distinto del Padre.

Circuncesión: La morada de Dios en su Palabra
Pero podemos llegar a un entendimiento superior de la presencia de Dios en su Palabra si consideramos el papel del Espíritu Santo.

Encontramos en Juan 3:34 una indicación del papel del Espíritu: «porque el que Dios envió, las palabras de Dios habla; pues Dios no da el Espíritu por medida». En otras palabras, nos encontramos aquí con la idea de que el Padre dota al Hijo con el Espíritu. Por eso, el Espíritu mismo es una expresión del amor del Padre: «el Padre ama al Hijo, y todas las cosas ha entregado en su mano» (Juan 3:35). De igual manera, la Biblia dice que el Espíritu nos es dada a nosotros como una expresión del amor del Padre por nosotros (Juan 14:23-27). Por medio del Espíritu, además, tanto el Padre como el Hijo moran en nosotros (Juan 14:23). La morada del Hijo en nosotros es semejante a la morada del Padre en el Hijo (Juan 17:21-23). Valiéndonos de la terminología presentada en la sección anterior, podríamos decir que la morada de Dios en nosotros es un ectipo o una imagen de la morada Dios en sí mismo. El Padre mora en el

Hijo y el Hijo mora en el Padre. Esta morada se sostiene en el amor mutuo que tiene el uno por el otro y este amor es un don del Espíritu. Es imprescindible anotar que la morada de Dios en sí mismo no confunde las personas de la Trinidad. Cada persona permanece distinta de las otras aún cuando cada una mora en la otra.

Por medio del Espíritu, entonces, las personas de la Trinidad moran la una en la otra. Cada una es presente en las obras de la otra. Cada una comparte de los atributos de la otra. Esta relación entre las personas de la Trinidad se conoce como *circuncesión*[15] y quiere decir que cada persona interpenetra cada otra persona; cada una pertenece a la otra y está presente dentro de la otra.

La circuncesión de las personas de la Trinidad nos provee un marco para entender la naturaleza de la Palabra de Dios. Según Juan 1:1, el Verbo está «con Dios». En Juan 1:18 encontramos que el Verbo está «en el seno del Padre» (Reina Valera), «vive en íntima comunión con el Padre» (Dios Habla Hoy) y «vive en unión íntima con el Padre» (Nueva Versión Internacional). Está circuncesión nos provee entonces un arquetipo. De una forma ectípica, Dios está presente en todas las palabras enunciadas en la creación. El Padre está en el Hijo (Juan 14:10) pero el Padre mantiene una identidad propia y distinta a la del Hijo (pues son personas diferentes). De la misma manera, el Padre está presente en sus palabras sin ser idéntico a sus palabras. Puesto que el Padre mora en el Hijo, también podemos decir que el Hijo está presente en todas las palabras de Dios. El Verbo eterno de Juan 1:1 está presente en cada palabra enunciada por Dios. Por eso, hay una unidad ontológica en todas las palabras de Dios. Diremos entonces que cada palabra enunciada por Dios es identificada por su proveniencia de la boca de un mismo interlocutor y también por su manifestación de la presencia del Verbo eterno. Todas las palabras de Dios son una expresión y manifestación de la Palabra eterna y singular de Dios.

Ahora podemos ver la importancia del hablar y el escuchar de las distintas personas de la Trinidad en Juan 14-17. Hemos observado muchas diferentes instancias de comunicación entre el Padre y el Hijo. Pero hay en la diversidad una coherencia garantizada por el hecho de que ambas personas moran en sus palabras y moran la una en la otra. Por ejemplo, las palabras que recibe el Hijo del Padre las da a los discípulos (Juan 8). Como resultado, los discípulos escuchan tanto las palabras del Padre como las palabras del Hijo. El Padre mora en el Hijo y por eso cuando el Hijo habla, el Padre también habla. «Las palabras que yo os hablo, no las hablo por mi propia cuenta, sino que el Padre que mora en mí, él hace las obras» (Juan 14:10). El Espíritu, además, habla lo que oye (16:13). Las palabras del Espíritu, por lo tanto, son también las palabras del Padre y del Hijo.

Podemos resumir esta verdad en términos de tres aspectos de la Palabra de Dios: el aspecto original, el aspecto manifestacional y el aspecto concurrente. En el aspecto original, Dios habla de acuerdo a quien es y en armonía con las verdades eternas de su plan original. Desde esta perspectiva original, vemos cómo las palabras de Dios hacen visible el plan eterno del Padre.

En el aspecto manifestacional, Dios habla de forma particular según su manifestación. Desde esta perspectiva, vemos la expresión particular de la palabra en su forma particular. Por ejemplo, en Juan 15:7, Jesús le comunica palabras particulares a sus discípulos que manifiestan las consecuencias de permanecer en él.

En el aspecto concurrente, Dios demuestra su presencia en cada una de sus manifestaciones. Mora en cada una de ellas y, por eso, cada manifestación de Dios es una manifestación de su carácter. Podemos comprender el plan original de Dios por medio de su manifestación. El original mora en la manifestación y la manifestación mora en el original. Ambos son concurrentes el uno con el otro. Desde la perspectiva concurrente, pues, nos enfocamos en la relación entre el aspecto original y el aspecto manifestacional. El original es concurrente con el manifestacional puesto que el original está presente en la manifestación y la manifestación está presente en el original. Por ejemplo, Dios Padre da a conocer su plan a los discípulos en Juan 15:7. Por eso, el plan del Padre es concurrente con la expresión particular que se encuentra en las palabras del Hijo en este pasaje.

Consideremos otra ilustración. Las palabras que el Padre da al Hijo son originales. Juan 17:8 dice, «porque las palabras que me diste, les he dado; y ellos las recibieron». Cuando Jesús dice «las palabras que me diste» quiere decir que sus palabras tienen su origen en el Padre. Las palabras que el Hijo enuncia a los discípulos son manifestacionales. Debido a que el Padre mora en el Hijo, las palabras que los discípulos oyen del Hijo también son palabras del Padre. Por eso podemos decir que el habla del Padre y el habla del Hijo son concurrentes. Son dos hablantes que enuncian sus palabras simultáneamente en el vínculo del Espíritu Santo. Por ello, los tres aspectos – el original, el manifestacional y el concurrente – corresponden respectivamente a los papeles interactivos del Padre, del Hijo y del Espíritu Santo.

Cada aspecto es coherente con los demás pues los tres aspectos se derivan de la tri-unidad en la circuncesión de las personas de la Trinidad. Debido a la circuncesión, además, cada aspecto del habla de Dios constituye una entrada al conocimiento de Dios. Al escuchar a Jesús hablar, en el aspecto manifestacional, los discípulos conocen a Dios Hijo. En ese mismo habla, en el aspecto original, también conocen a Dios Padre, pues las palabras tienen su origen en el Padre. El aspecto doble, original y manifestacional, del habla de Jesús también provee conocimiento del Espíritu a través de su vinculación en la circuncesión.

Cada aspecto, además, presupone al otro. El aspecto manifestacional – o sea, el habla del Hijo – presupone un contenido que se da a conocer, lo cual es el aspecto original – o sea, el habla del Padre. El aspecto original le llega a los discípulos únicamente a través de palabras específicas y concretas de Jesús y por eso presupone el aspecto manifestacional del habla del Hijo. El aspecto concurrente tiene que ver con la relación que existe entre el habla del Padre y el habla del Hijo. Son concurrentes en la medida que armonizan el uno con el otro. El aspecto concurrente, entonces, es necesario para que el aspecto manifestacional sea una verdadera representación del aspecto original. El aspecto concurrente, además, presupone la existencia previa de ambos aspectos, el original y el manifestacional. La concurrencia puede existir únicamente si existen los otros dos aspectos sobre los cuales opera. Por eso, el aspecto concurrente presupone el aspecto original y el aspecto manifestacional.

Aspecto Original (El Padre)

Aspecto Manifestacional (El Hijo)   Aspecto Concurrente (El Espíritu Santo)

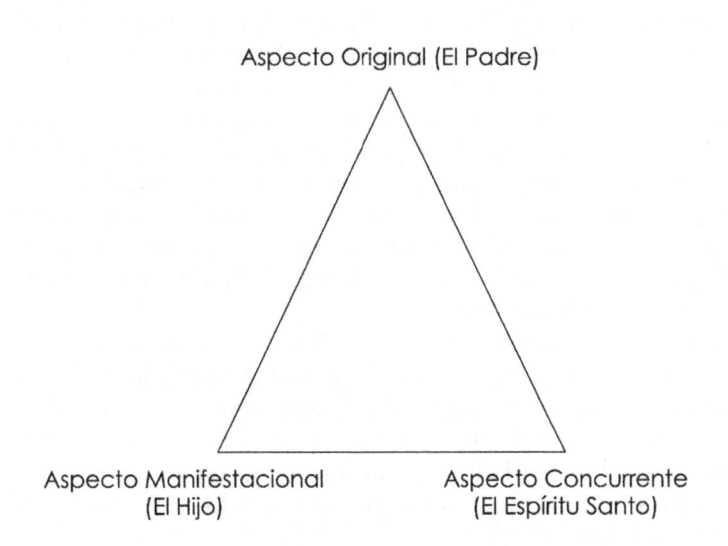

Figura 3.1 El Triángulo de la Imagen

Esta idea de los distintos aspectos del hablar de Dios será crucial en nuestras reflexiones subsiguientes. Por eso, valdría la pena tomar un tiempo ahora para proveer una ilustración. A través de Jesucristo, llegamos a conocer tanto al Hijo como al Padre (Juan 14:7, 9; Mateo 11:27). No hay otra forma, de hecho, de conocer al Padre si no a través de Jesús (Juan 14:6). Por eso, podemos decir que conocer a Jesús provee una ventana o una perspectiva al conocimiento del Padre. Cada persona de la Trinidad, en realidad, es indispensable en el conocimiento de Dios. Sólo por medio del Padre podemos conocer al Hijo: «nadie conoce el Hijo, sino el Padre» (Mateo 11:27) y «ninguno puede venir a mí, si el Padre que me envió no le trajere» (Juan 6:44). Y es sólo por medio del Espíritu que alcanzamos conocer al Padre y al Hijo: «pero el hombre natural no percibe las que son del Espíritu de Dios, porque para él son locura, y no las puede entender, porque se han de discernir espiritualmente» (1 Corintios 2:14). Cada persona en la Trinidad tiene un papel distintivo y único. El Padre es la fuente del conocimiento. El Hijo es el medio por el cuál nos llega el conocimiento. Y el Espíritu Santo es el que cambia nuestros corazones para ser receptivos a la verdad.

A la vez, cada persona de la Trinidad apunta a la obra de cada otra persona y la presupone. El Hijo es el portador del conocimiento debido a la comisión del Padre que lo envió. La obra del Hijo tiene sentido únicamente si lo percibimos más allá de su naturaleza humana en toda su plenitud del Hijo unigénito de Dios. Y por esa razón, el Hijo presupone al Padre. Por el otro lado, la revelación del Padre presupone al Hijo. Debido a la santidad del Padre, se da a conocer de manera salvífica al hombre pecador únicamente por medio del Hijo, el mediador (1 Timoteo 2:5). Y finalmente, la obra del Espíritu Santo se realiza únicamente en la medida que es enviado por el Padre y por el Hijo. El Espíritu presupone la actividad del Padre y del Hijo. Al mismo tiempo, Dios se conoce de manera salvífica por medio del Espíritu Santo: «de cierto, de cierto te digo, que el que no naciere de agua y del Espíritu, no puede entrar en el reino de Dios» (Juan 3:5). Por eso, conocer al Padre y al Hijo presupone una obra previa del Espíritu Santo.

En resumen, las tres personas de la Trinidad están íntimamente involucradas en manifestar a Dios. Esta es una instancia de la circuncesión que Dios expresa en todas y cada una de sus obras. Se manifiesta de forma trino en cada una de sus obras porque es eternamente trino en la unidad trinitaria. En su acción para con el ser humano, pues, actúa de una forma que revela todos los aspectos de su ser – tres en uno.

La circuncesión más fundamental es la de las personas de la Trinidad. Pero percibimos derivaciones de esta circuncesión en la forma en que Dios se manifiesta. Una de esas manifestaciones se encierra en los tres aspectos de su comunicación con el ser humano: el aspecto original, el aspecto manifestacional y el aspecto concurrente.

Es importante notar que los tres aspectos están interrelacionados y no pueden ser separados de forma nítida. Podemos ilustrar este hecho con una mirada más detenida a la obra del Espíritu Santo que se describe en Juan 16:13-14. «Pero cuando venga el Espíritu de verdad, él os guiará a toda la verdad; porque no hablará por su propia cuenta, sino que hablará todo lo que oyere, y os hará saber las cosas que habrán de venir. El me glorificará; porque tomará de lo mío, y os lo hará saber». El Espíritu es, pues, un oyente que recibe las palabras del Padre y del Hijo. Su hablar es una manifestación del habla original del Padre. En ese sentido, podemos decir que el Espíritu Santo también participa en el aspecto manifestacional de la comunicación divina. Con relación a las palabras humanas que lo describen, sin embargo, el Espíritu Santo es original. La relación entre el Padre que habla y el Espíritu que transmite el mensaje es una relación de armonía. Y por eso, el Espíritu se encuentra en una relación concurrente con el Padre. Entonces dependiendo de nuestra perspectiva, podemos caracterizar la obra del Espíritu Santo como original, manifestacional o concurrente.

En nuestra descripción previa, intentamos correlacionar cada aspecto con la obra de una persona particular de la Trinidad. El aspecto original se asoció con la obra del Padre. El aspecto manifestacional se conectó a la obra del Hijo. Y el aspecto concurrente se vinculó a la obra del Espíritu Santo. Sin embargo, sería una simplificación decir que cada aspecto se limita exclusivamente a la obra de una persona particular. Los tres aspectos son inseparables y cada uno pertenece a todas las personas de la Trinidad. Esto es así debido a que las tres personas de la Trinidad moran en circuncesión – el uno dentro del otro. Es el misterio impenetrable de la Trinidad.

Imagen
Las verdades de la circuncesión se pueden re-articular usando el lenguaje bíblico respecto a la imagen. El Hijo es «la imagen del Dios invisible» (Colosenses 1:15) y «la imagen misma de su sustancia» (Hebreos 1:3). Es por eso que el Hijo es capaz de presentar el Padre al mundo: «el que me ha visto a mí, ha visto al Padre» (Juan 14:9). La razón es porque el Padre mora en él. El versículo 10 dice: «¿No crees que yo soy en el Padre y el Padre en mí? Las palabras que yo os hablo, no las hablo por mi propia cuenta, sino que el Padre que mora en mí, él hace las obras». El Hijo es la imagen del Padre y lo puede presentar a los discípulos debido a que ambas personas son uno. Como ya hemos visto, la morada del Padre en el Hijo y del Hijo en el Padre se relaciona también al Espíritu Santo. El Espíritu Santo es el vínculo de la unidad. El Hijo es la imagen del Padre a través del Espíritu. El Espíritu representa el aspecto concurrente, la relación entre el Padre y el Hijo. Debido a la relación cercana entre los tres aspectos de la imagen, concluimos que el triángulo que consiste en el aspecto original, el manifestacional y el concurrente en realidad es un triángulo de la imagen.

La Interpretación Bíblica

En un sentido único, el Hijo es la imagen exacta del Padre. Pero la Biblia también usa la palabra 'imagen' para referirse al hombre. «Y creó Dios al hombre a su imagen, a imagen de Dios lo creó; varón y hembra los creó» (Génesis 1:27). El hombre es la imagen de Dios (1 Corintios 11:7). Además, la idea de la imagen no se limita al primer hombre. En Génesis 5:1-3 leemos:

> Este es el libro de las generaciones de Adán. El día en que creó Dios al hombre, a semejanza de Dios lo hizo. Varón y hembra los creó; y los bendijo, y llamó el nombre de ellos Adán, el día en que fueron creados. Y vivió Adán ciento treinta años, y engendró un hijo a su semejanza, conforme a su imagen, y llamó su nombre Set.

Dios creó al hombre a su imagen y le llamó «hombre». Adán tuvo un hijo en su semejanza y le dio por nombre Set. Hay una imitación de la acción de Dios en la acción de Adán. Se estaba extendiendo la imagen de Dios en el proceso de producir otra imagen, o sea, su hijo. Adán era la imagen de Dios. Hay una relación de imagen y semejanza dentro de Dios mismo – el Hijo es la imagen exacta del Padre.

En la descripción bíblica del hombre, la idea de imagen es ubicua. Y esto no nos ha de sorprender. Si el Padre ama al Hijo (Juan 3:34), entonces es de esperarse que manifieste este amor en su obra creadora y que celebrara ese amor al producir imágenes del mismo en la creación.

Este despliegue de amor en el proceso creador se puede describir utilizando el triángulo de términos que ya hemos introducido: original, manifestacional y concurrente. Comencemos con la imagen del Padre en el Hijo. El Padre es original; el Hijo es la manifestación y el Espíritu, quien representa la relación entre ellos, es concurrente. Cuando Dios creó al hombre, Dios fue el original. El hombre fue la manifestación, o sea la imagen permanente de Dios. El aliento de vida que Dios dio al hombre (Génesis 2:7) fue concurrente.

Pero consideremos más a fondo el aspecto concurrente en la obra creadora. La imagen de Dios en Adán es el modelo de la imagen de Adán en Set. Dentro del contexto que encontramos en Génesis 5:1-3, la relación entre Dios y el hombre es original, pero la relación entre Adán y Set es manifestacional. La relación entre los dos procesos de creación – la creación del hombre y la engendración de los hijos – es concurrente.

De la misma manera, la imagen del Padre en el Hijo y del Hijo en el Padre es original mientras que la imagen de Dios en el hombre es manifestacional. La presencia del Espíritu es el vínculo de unidad en ambas imágenes y por eso representa el aspecto concurrente tanto de la relación entre el Padre y el Hijo como de la relación entre Dios y el hombre. Vean la renovación de la imagen de Dios en el hombre que se expresa en Juan 17:21-23:

> ... para que todos sean uno; como tú, oh Padre, en mí, y yo en ti, que también ellos sean uno en nosotros; para que el mundo crea que tú me enviaste. La gloria que me diste, yo les he dado, para que sean uno, así como nosotros somos uno. Yo en ellos, y tú en mí, para que sean perfectos en unidad, para que el mundo conozca que tú me enviaste, y que los has amado a ellos como también a mí me has amado.

Consideremos los tres términos – original, manifestacional y concurrente. Como ya hemos visto, estos tres términos describen los aspectos derivativos de las tres personas de la Trinidad - el Padre, el Hijo y el Espíritu Santo – en su acción de revelación. Debido a que la acción de revelación nos demuestra el carácter de Dios, los tres términos son un reflejo de las relaciones trinitarias. Nos comunican ciertas verdades acerca del ser trinitario de Dios. En cada instancia notamos que lo que es verdad acerca del carácter de Dios (lo que es original) es manifestada de forma particular en la revelación. La manifestación se relaciona al original a través de la concurrencia: cada aspecto interpenetra al otro. Dios es trino. Y por eso cada manifestación de Dios es una manifestación trinitaria.

La Ontología y la Economía Trinitaria

El tema central de la Biblia se enfoca en la relación de Dios con el hombre y en el desenvolvimiento histórico de la redención. El carácter trinitario de Dios se destaca más clara y plenamente en esos eventos redentores en que cada persona de la Trinidad tiene un papel distinto (por ejemplo, Mateo 3:16-17; Hechos 2:33; Romanos 8:11; 1:4; Juan 16:13-15). Dios se nos revela a través de su acción en el mundo. Observamos las interrelaciones de las personas de la Trinidad en sus funciones de creación, redención y consumación. La manifestación de la Trinidad en la actividad de Dios en el mundo tradicionalmente se ha conocido como la «economía trinitaria». (Por economía se entiende la mayordomía en el hogar y no la producción, distribución y consumo de bienes y servicios).

Sin embargo, en ciertos pasajes de la Biblia (por ejemplo en Juan 1:1) podemos encontrar un enfoque más claro en la ontología trinitaria que en la economía trinitaria. Por ontología trinitaria me refiero a Dios en su forma esencial aparte e independiente de la creación. Pero aún en estos pasajes, observamos que el lenguaje bíblico apunta a la alimentación y fortificación de nuestra fe, a la extensión de nuestro conocimiento y a la promoción de la redención. Por ello, estos pasajes también revelan un fuerte aspecto funcional.

Debido a que Dios es nuestro estándar y ese estándar se expresa en su Palabra, no hay nada más importante que su revelación de sí mismo. Creemos que Dios es verdad. Se revela de una forma plenamente veraz. Su revelación no es una imagen ni tampoco es una alucinación. Esto lo creemos porque Dios lo dice. Por eso, creemos que Dios se conforma plenamente a lo que ha revelado de si mismo. En el pasaje de Juan 17, lo que dice Dios de sí mismo se lo dice a sí mismo y no solamente a nosotros. Por eso, lo que dice está en plena conformidad con su carácter. La actividad funcional de la Trinidad, entonces, revela la ontología de la Trinidad. Por eso, no es posible hacer observaciones estricta y exclusivamente económicas u ontológicas acerca de la Trinidad. Que una criatura lo intentara sería una repudiación de su estatus como criatura.

El Asombro en el Estudio de la Biblia

¿Qué podemos desprender de la discusión previa acerca del estudio de la Biblia? Cuando estudiamos la Biblia, nos encontramos frente a frente con la Palabra de Dios. También sabemos que Dios habla a través de la creación (Salmos 147: 15, 18). Además, la segunda persona de la Trinidad es el Verbo de Dios. Entonces, en cada una de estas formas Dios nos habla. La Biblia, como una de las formas en que Dios habla, interpenetra las otras formas. Cristo mismo mora en la palabra bíblica. Por eso, la palabra de Dios siempre incluye un contexto y ese contexto siempre incluye a Dios mismo. El contexto es interminable como lo es Dios mismo y, por lo tanto, la Palabra de Dios no tiene ni tendrá fin. Puesto que nuestro enfoque en este libro es en la Biblia, cuando hablamos de la Palabra de Dios tendremos en mente la Biblia pero tampoco nos olvidaremos de la totalidad de su Palabra en la creación y en la persona de Jesucristo.[16]

Debido a que la Palabra de Dios es divina, es, en el sentido técnico, inescrutable. No queremos decir con eso, sin embargo, que no se puede entender o que carece de significado. Al contrario, la Palabra de Dios es accesible, cercana y alcanzable (Romanos 10:8). Es alcanzable de la misma manera en que Dios es alcanzable. Conocemos al Dios verdadero y sabemos muchas verdades acerca de él. Pero el misterio de Dios permanece en las profundidades de su sabiduría. De la misma manera, sabemos lo que la Palabra de Dios dice pero al mismo tiempo nos resulta un misterio, no la podemos comprender en su totalidad.

Consideremos un ejemplo específico. Dice Juan 2:16: «y dijo a los que vendían palomas: Quitad de aquí esto, y no hagáis de la casa de mi Padre casa de mercado». Aunque digamos que este texto es inescrutable, su significado es aparente. Jesús les dijo a los que vendían palomas que se alejaran del templo. Les dio un mandato explícito y esperaba una respuesta no menos explícita. Fácilmente podemos comprender esta faceta del texto. Sin embargo, el texto contiene un significado que va mucho más allá.

En la superficie, el significado puede parecer simple. Pero la exhortación simple de Jesús contiene profundidades de significado. Por ejemplo, podemos pensar en los factores que motivaron a Jesús a exhortar a los vendedores de tal manera. El celo de Jesús está claramente en vista tal como lo menciona el siguiente versículo: «Entonces se acordaron sus discípulos que está escrito: El celo de tu casa me consume» (Juan 2:17). La razón de la exhortación la vemos en el mismo versículo 16: «no hagáis de la casa de mi Padre casa de mercado». Con esto Jesús declara que el propósito del templo no es para el comercio. Al mismo tiempo, sin embargo, sugiere que hay un uso positivo del templo y es el uso que encontramos en la totalidad del Antiguo Testamento. Es una casa para honrar a Dios. Es un lugar donde Dios ha puesto su nombre (1 Reyes 8:29). Demuestra la majestad de Dios y provee a los pecadores acceso a Dios. En los últimos días, dice Isaías, «mi casa será llamada casa de oración para todos los pueblos» (Isaías 56:7).

Con esta simple exhortación, de hecho, Jesús apunta al significado pleno del templo tal y como se desarrolló a lo largo del Antiguo Testamento. Entonces, el texto de Juan 2:16 nos invita a escudriñar no sólo su significado inmediato sino también su significado profundo que apunta a toda la enseñanza del Antiguo Testamento.

Ahora bien, algunos dirán que en este caso estamos frente no al texto de Juan 2:16 sino a una serie de otros textos bíblicos con sus significados propios. Dirán que Juan 2:16, por sí solo, no contiene dicho significado. Y en parte tienen razón. Ciertamente tenemos que estar conscientes de la diferencia en lo que dice un pasaje y lo que dicen pasajes relacionados. Pero ¿a qué nos referimos cuando hablamos de lo que quiere Juan 2:16 por sí solo? En un nivel fundamental, no existe tal cosa como un pasaje por si solo. Juan 2:16 es parte de la Biblia y la intención de Dios es que la leamos y la interpretemos en relación a la totalidad de la Biblia. Cuando Dios inspiró al Apóstol Juan para escribir estas palabras, lo hizo con el fin de que las interpretáramos en el contexto de otros pasajes para así conocer sus propósitos.

Además cuando en Juan 2:16 Jesús usa la frase «la casa de mi Padre» para referirse al templo está reclamando para sí su relación única y particular con Dios, su Padre. Es debido a esta relación que tiene un celo especial por el templo. Y a pesar de las demandas y las objeciones de los judíos, como el Hijo de Dios, Jesús tenía una autoridad especial y única con respecto al templo. La exhortación de

Jesús, por lo tanto, proviene de su celo por el templo y su deseo de honrar a su Padre. Este celo, además, se desprende de su entendimiento singular del Padre y del amor excepcional que le tiene. Jesús conoce a fondo los propósitos del Padre y sabe que al vender palomas en el templo, los vendedores están violando esos propósitos. La autoridad y la confianza con que Jesús exhortó a los vendedores se desprende de su conocimiento íntimo del Padre. Entonces, las palabras de Jesús que encontramos en Juan 2:16 presuponen su conocimiento del Padre y su comunión con él. Esa comunión, de hecho, se expresa de forma explícita en el uso de la frase «la casa de mi Padre». Este pasaje evoca, por lo tanto, la comunión íntima que existe entre el Padre y el Hijo y por eso expresa misterios y profundidades inescrutables.

También podemos aprovechar de una verdad que aprendimos en nuestro análisis de Juan 17. Es posible que el ser humano escuche lo que el Hijo diga al Padre. En Juan 17, Jesús se dirige al Padre pero permite que nosotros seamos espectadores de ese discurso. Aplicando esto a Juan 2:16, cuando Jesús dice «no hagáis de la casa de mi Padre casa de mercado» está dirigiéndose tanto a los vendedores como al Padre mismo. Dios Padre escucha las palabras de su Hijo. El Padre sabe la intimidad que expresa el Hijo cuando dice «la casa de mi Padre». También conoce el celo del hijo cuando dice «quitad de aquí esto». El Padre escucha en estas palabras una profundidad de conocimiento que no es audible para nosotros. Al escuchar las palabras de Jesús, las entiende en profundidad porque conoce a fondo a su Hijo. El Padre capta lo que nosotros no podemos captar. Hay en estas palabras una plenitud de significado semejante a la que encontramos en Juan 17.

El nombre de Dios, que es una cápsula concentrada de su Palabra, revela facetas similares. En primer lugar, el nombre de Dios revela su carácter genuino.

> Y Jehová descendió en la nube, y estuvo allí con él, proclamando el nombre de Jehová. Y pasando Jehová por delante de él, proclamó: ¡Jehová! ¡Jehová! Fuerte, misericordiosos y piadoso; tardo para la ira, y grande en misericordia y verdad; que guarda misericordia a millares, que perdona la iniquidad, la rebelión y el pecado, y que de ningún modo tendrá por inocente al malvado; que visita la iniquidad de los padres sobre los hijos y sobre los hijos de los hijos, hasta la tercera y cuarta generación (Éxodo 34:5-7)

Al proclamar el nombre de Dios, entonces, también se revela su carácter incluyendo sus atributos de misericordia y de verdad.

El nombre de Dios siempre comunica algo acerca de él. Describe quién es y nos revela nuestras responsabilidades para con él. El nombre de Dios nos acerca a él pues por eso moró su nombre en Jerusalén (Deuteronomio 12:5; 1 Reyes 8:29). Pero el nombre de Dios es también misterioso, asombroso y transcendente. Indica todo lo que Dios es y no podemos comprender toda la verdad y el significado que encierra. Por ejemplo, en mensajero de Dios que lucha con Jacob lo lleva cara a cara con Dios (Génesis 32:28, 30). Pero el mensajero no revela su nombre (v. 29). De la misma manera, el mensajero que se le aparece a Manoa no revela su nombre (Jueces 13:22). Sólo dice que su nombre es «admirable» (v. 18) o según la Nueva Versión Internacional, que es «un misterio maravilloso». En los Salmos se bendice el nombre de Dios y se celebra su excelencia (Salmos 8:1, 9; 9:2; 34:3; 44:8; 54:6; 72:19; 86:12). Su nombre es glorioso, exaltado, santo y asombroso (Salmos 72:19; 103:1; 148:13; 145:21; 99:3; 111:9). Trasciende todo análisis y conocimiento humano. De la misma manera, la Palabra de Dios, que se exalta juntamente con su nombre (Salmos 138:2) también transciende el conocimiento humano.

La trascendencia de la Palabra de Dios determina nuestro acercamiento a ella. Se necesita humildad. Debemos de sospechar de cualquier aproximación a las Escrituras que las intente simplificar o que se jacte de haberlas comprendido en su totalidad.

Digámoslo de otra manera. La segunda persona de la Trinidad ha sido inescrutable desde la eternidad. Aun cuando se encarnó y vivió entre nosotros, no lo pudimos comprender en su totalidad. La encarnación hizo que Cristo nos fuera accesible y que lo comprendiéramos a través de su humanidad. Pero lejos de resolver el misterio, la encarnación presenta nuevos misterios: ¿cómo es posible que Dios se haga hombre y que todavía sea Dios?

En Juan 17 vemos que las palabras del Cristo encarnado son inescrutables. Sus palabras conllevan un significado profundo. Podemos decir lo mismo de toda la Biblia. La Palabra de Dios es inescrutable aun cuando nos es entregada en la Biblia. La fijeza, accesibilidad, especificidad y claridad de la Biblia no restan de su inescrutabilidad. Al contrario crean un nuevo misterio: ¿cómo es posible que la Palabra eterna y omnipotente de Dios mantenga su divinidad aun cuando se haya expresado en el lenguaje humano?

NOTAS
1. Benjamin B. Warfield, *Inspiration*; Louis Gaussen, *Theopneustia: The Bible, its Divine Origin and Entire Inspiration* (Grand Rapids: Kregel, 1971); y más recientemente, Stonehouse and Woolley, eds., *Infallible Word*; Montgomery, ed., *God's Inerrant Word*; D. A. Carson y John Woodbridge, eds., *Scripture and Truth* (Grand Rapids: Zondervan, 1983); D. A. Carson y John D. Woodbridge, eds. *Hermeneutics, Authority, and Canon*.

2. Tales conclusiones han sido ampliamente debatidos por Jack Rogers y Donald Kim en *The Authority and Intepretation of the Bible: An Historical Approach* (New York: Harper & Row, 1979); Donald K. McKim, ed. *The Authoritative Word: Essays on the Nature of Scripture* (Grand Rapids: Eerdmans, 1983). Ver además la respuesta en John D. Woodbridge *Biblical Authority: A Critique of the Rogers/McKim Proposal* (Grand Rapids: Zondervan, 1982). El afirmar la inerrancia (que la Biblia no tiene errores) no quiere decir que adoptamos una interpretación mecánica de la Biblia: ver Moisés Silva «Ned B. Stonehouse and Redaction Criticism», *Westminster Theological Journal* 40(1977-78): 77-88, 281-303.

3. Al citar estos textos y otros, estoy consciente del debate que ha habido entre académicos en torno a su interpretación. Pero el abordar todos los detalles de dichos debates es demasiado técnico para los fines de esta exposición. Pienso que en la medida que avancemos en la exposición los supuestos básicos del trabajo académico actual se revelarán. Por eso, la opinión mayoritaria tiene que verse de modo crítico desde el comienzo. Lo que se necesita cambiar es el trabajo académico y no la Biblia.

4. Meredith G. Kline. *The Structure of Biblical Authority* (Grand Rapids: Eerdmans, 1972).

5. Ibid.

6. Meredith G. Kline. *Treaty of the Great King: The Covenant Structure of Deuteronomy. Studies and Commentary.* (Grand Rapids: Eerdmans, 1963).

7. En este punto, el lector deberá consultar algunas de las obras sobre la teología del pacto: Ver, por ejemplo, Louis Berkhof, *Teología Sistemática* (Grand Rapids: Libros Desafío); Carlos Hodge *Teología Sistemática* (Terrasa: Clie). Tambien hay otros libros disponibles solo en inglés como: Kline, *Structure*, O. Palmer Robertson, *The Christ of the Covenants* (Grand Rapids: Baker) y Geerhardus Vos *Biblical Theology* (Grand Rapids: Eerdmans).

8. Ver Vern S. Poythress, «Christ the Only Savior of Interpretation», *Westminster Theological Journal* 50 (1988) 305-321.

9. Ver John M. Frame, *Perspectives on the Word of God: An Introduction to Christian Ethics.* (Phillipsburg, NJ: Presbyterian and Reformed, 1990), 23-24.

10. Ibid, 24.

11. Ibid, 3-35.

12. Comparar mi perspectiva con la de G. C. Berkouwer, *Holy Scripture* (Grand Rapids: Eerdmans, 1975), 195-212. Berkouwer pondera en la larga tradición en que los teólogos han hablado de una analogía entre la encarnación y la escrituralización. Anota correctamente que hay muchos detalles importantes que se desprenden de dichos debates. Pero me incomoda su constante cautela y negación evidentes a lo largo del libro.

Por ejemplo, de acuerdo a Warfield y Berkouwer, en la Biblia no existe la cuestión de una «unión personal», o sea, la unión de dos naturalezas en una sola persona. La analogía entre la encarnación y la escrituralización es, por lo tanto, remota (pp. 201-2). La afirmación sobre la unión personal es correcta, técnicamente. Pero me parece que la singularidad de Cristo, lejos de hacer que la analogía sea remota hace que Cristo sea indispensable para entender las Escrituras.

Considere, por ejemplo, que nosotros somos pecadores y que Dios es santo. ¿Cómo puede hablarnos Dios sin que muramos (Éxodo 20:19)? A fin de cuentas, lo hace únicamente a través de Jesucristo, el único mediador entre Dios y el hombre (1 Timoteo 2:5). La unión de las naturalezas en una persona se forma de una base ontológica y redentora en que Dios habla al hombre pecaminoso en todo tiempo. Es, pues, un ejemplo de nuestro entendimiento de las Escrituras. El habla de Dios no es impersonal. En la Bi- Biblia, Dios habla por medio de Jesucristo. Aun en el Antiguo Testamento, el habla de Dios apuntaba a la encarnación y la redención que vendría por medio de Jesucristo. No hay forma, pues, de entender las Escrituras sin ligarla con su ejemplo máximo que es la encarnación de Jesús. Además, la doctrina de la encarnación es ofensiva sin la preparación veterotestamentaria de los pactos entre Dios y el hombre.

Berkouwer dice que la Biblia no nos llegó como un gran milagro, pero tal vez se olvida de la voz milagrosa en el Monte de Sinaí y de las tablas inscritas por el mismo dedo de Dios. Tal vez quiere Berkouwer que pensemos en esos momentos sin espectáculo en que la palabra de Dios llega al hombre, pero como quiera que sea, no me queda claro su objetivo principal al hacer este comentario.

Berkouwer también promueve un rechazo de la bibliolatría, o sea, la adoración de la Escritura. Pero no explora la distinción que yo he propuesto entre el medio y el mensaje.

Berkouwer correctamente nos advierte a evitar una visión docética de la Escritura en que la forma humana se suprime (pp. 198-202). Pero me parece que a Berkouwer se le ha escapado un punto importante. Cuando Jesús habló con voz humano en la tierra, sus enunciados constituían un puente entre el hecho de la encarnación y la comunicación divina manifestada en la Biblia.

13. Hay mucha especulación en torno a las fuentes y posibles alusiones en Juan 1:1-3 y en particular en torno al uso de la palabra *logos*. Pero no debemos ignorar la alusión obvia a Génesis 1. El Evangelio de Juan invita al lector cristiano a leerlo dentro del contexto del Antiguo Testamento. Jesús mismo dice en Juan 5:46: «Porque si creyeseis a Moisés, me creeríais a mí, porque de mí escribió él». En otras partes del Evangelio encontramos alusiones a los festivales hebreos y a otro material simbólico de los libros de Moisés.

14. Para una discusión más amplia sobre la doctrina de la Palabra, recomiendo al lector el libro de John M. Frame *The Doctrine of the Word of God*.

15. En la teología sistemática se usan también las palabras circunincesión, pericoresis y empericoresis. Nota del traductor: El término preferido por el autor en inglés es *coinherence*. La traducción directa de esta palabra al español sería *inexistencia* valiéndose del significado etimológico del morfema latino *in-* de adentro. Entonces, la inexistencia es la existencia de una cosa dentro de otra. Sin embargo, dicha palabra también admite el significado sin existencia en el español moderno. Para evitar la polisemia hemos optado aquí por el uso de la palabra circuncesión.

16. La teología moderna niega estas afirmaciones esenciales. En algunas de sus formas la negación es obvia. Pero la neo-ortodoxia parece ser más benigna a primera vista. Dice muchas cosas buenas acerca de la palabra de Dios, pero el problema es que nunca se sabe lo que se quiere decir cuando se habla de la palabra de Dios. ¿Se refiere al Jesucristo encarnado, a Jesús después de la encarnación o la segunda persona de la Trinidad antes y después de la encarnación. ¿O será que se refiere a Jesucristo y al habla de Dios

en las Escrituras? Si la neo-ortodoxia se refiere a la Biblia como la Palabra de Dios, lo hace de forma ambigua. Las Escrituras se vuelven la palabra de Dios únicamente en esos momentos en que apunta dinámicamente a Jesucristo, que es la única palabra de Dios en rigor. La neo-ortodoxia pretende apelar a la Biblia pero en realidad se opone a la Biblia (Juan 12:47-50). Contrabandea la idea venenosa de que se puede simultáneamente honrar a Jesucristo y menospreciar su palabra. Véase la crítica de la neo-ortodoxia por John M. Frame «Scripture Speaks for Itself» en *God's Inerrant Word*, ed. John W. Montgomery, pp. 178-200 y J.I. Packer *Fundamentalism and the Word of God* (Grand Rapids: Eerdmans, 1958).

La neo-ortodoxia se vale de una erudición inmensa para ocultar el supuesto autónomo que es la idea Kantiana que Dios no es capaz de manifestarse en el mundo fenomenal y que el lenguaje humano le resulta impenetrable. Se aferran a la filosofía rebelde humana para argumentar que la Biblia no es la Palabra de Dios sino que solamente transmite las palabras de Dios de vez en cuando en el plano noumenal del alma humano.

CAPÍTULO 4
El Propósito de la Biblia

¿Cuál es el propósito de la Biblia? Comprender el propósito de un texto es esencial para su interpretación. El poema clásico de John Milton *El Paraíso Perdido* puede utilizarse, si se quiere, para enseñar el idioma inglés, para practicar el conteo de letras o para estudiar los ritmos poéticos. Pero ninguno de estos usos concuerda con el propósito por el cual Milton escribió el poema. De hecho, si se utiliza un contexto para un propósito ajeno al propósito intencional del autor, es posible que su interpretación se oscurezca.

Esto es parte del problema que vimos en el estudio bíblico que realizó Leticia Liberal. Los participantes en ese estudio juegan con una serie de ideas que provienen, según ellos, de su lectura de la Biblia. Pero ni uno se atreve a enfrentarse con el propósito de Dios en la Biblia. Aun en las conversaciones del estudio de Cristóbal Cristiano podemos ver opiniones dispares en cuanto al propósito de Dios. Pedro Pietista afirma que el propósito de la Biblia es la devoción a Dios. Dorotea Doctrinalista piensa que su propósito es la enseñanza de la doctrina. Carlos de la Transformación Cultural, por su parte, opina que el propósito central de la Biblia es de incitar la acción humana. María Misióloga piensa que su propósito es de llevar el mensaje de Dios a todas las naciones.

Escuchemos otra vez a la discusión en curso en el estudio bíblico de Cristóbal Cristiano. Los encontramos en medio de una discusión acerca del propósito de la Biblia:

Oliverio Objetivista:
El propósito de cualquier pasaje de la Biblia es exactamente el propósito que quiso alcanzar su autor humano.

Fátima Factualista:
A menos que exista una indicación explícita al contrario, debemos tomar por sentado que el propósito central de cualquier pasaje es de describir lo que el autor cree o lo que el autor vio.

Hernando Hermenéuta:
Pero es posible percibir un propósito más amplio en toda la Biblia. ¿No es este el caso con el libro de Isaías? El propósito del libro de Isaías es mayor que la suma de las frases que aparecen en él. Si esto lo podemos decir de Isaías, no se puede decir también de Dios. Dios tiene un propósito más amplio en entregarnos todo el canon de las Escrituras – un propósito más amplio que cualquier libro individual de la Biblia.

Abigail Afirmacionista:
El Espíritu Santo, es más, puede tener un propósito distinto para cada persona que lee la Biblia.

Múltiples Propósitos

Según las Escrituras, la Biblia tiene múltiples propósitos. Es «útil para enseñar, para redargüir, para corregir, para instruir en justicia, a fin de que el hombre de Dios sea perfecto, enteramente preparado para toda buena obra» (2 Timoteo 3:16-17). Pablo le exhorta a Timoteo diciendo: «Te encarezco delante de Dios y del Señor Jesucristo, que juzgará a los vivos y a los muertos en su manifestación y en su reino, que prediques la palabra; que instes a tiempo y fuera de tiempo; redarguye, reprende, exhorta con toda paciencia y doctrina» (2 Timoteo 4:1-2). Las distintas partes de la Biblia tienen múltiples funciones. Sirven para enseñar y para instruir, para reprender y para animar. Al mismo tiempo, debido a que Dios es uno, hay también una unidad natural en el propósito de toda la Biblia. Todas sus palabras manifiestan su gloria (Juan 17:1). En todas sus palabras subyace el mandamiento: «sed santos porque yo soy santo» (1 Pedro 1:16; Levítico 19:2; 20:7). O como dice Santiago: «Pero sed hacedores de la palabra, y no tan solamente oidores, engañándoos a vosotros mismos» (Santiago 1:22). Toda la Biblia nos conduce a Cristo (Lucas 24:44-49).

Un Propósito Trino

En Juan 17, el Hijo representa su obra hablando acerca de la «palabra» que el Padre habló y que él entregó. También habla de una morada mutua entre el Padre y el Hijo (vv. 21-23), de la manifestación de la gloria (vv. 4-5, 24). Habla de comunicar «el amor con que me has amado» (v. 26) y de haber dado a conocer al Padre (v. 26). También dice que la obra de los discípulos en la tierra es una imitación de su propia obra (v. 18). Hay múltiples propósitos aquí. Pero es fácil descifrar que todas son perspectivas o formas de hablar de un propósito mayor, de un propósito exhaustivo que abarca todo el plan de la redención. El Hijo puede expresar ese propósito de muchas maneras y lo puede describir desde más de una perspectiva.

Las distintas perspectivas reflejan las distinciones y las unidades entre las personas de la Trinidad. Las referencias a la «obra» se enfocan mayormente en lo que hizo el Hijo sobre la tierra. El Hijo ha «acabado la obra» que el Padre le dio a hacer (v. 4). Y es en base a esa obra acabada que el Hijo envía a sus discípulos (v. 18).

El Hijo usa múltiples expresiones al hablar de su obra. Pero como todas apuntan a una misma obra, cada expresión incluye a todas las demás. Para recordarnos de la unidad y la diversidad en la obra, podemos resumirla en tres encabezados que corresponden respectivamente a la prominencia del Padre, del Hijo y del Espíritu Santo.

Primero, el Hijo le pide al Padre que equipe, que guarde y que santifique a los discípulos. La obra de Dios, entonces, involucra la acción, el poder y el control del Padre. Entonces, podemos decir que la obra de Dios se asocia con su *control* (que es una manifestación del Padre).

Segundo, la obra de Dios involucra la entrega y la recepción de la verdad, principalmente a través del Hijo: «y les he dado a conocer tu nombre y lo daré a conocer aún» (v. 26); «porque las palabras que me diste, les he dado; y ellos las recibieron, y han conocido verdaderamente que salí de ti» (v. 8). La verdad se manifiesta en el Hijo (Juan 14:6). Por ello, podemos decir que la obra de Dios se asocia con el significado, la verdad y el conocimiento (que es una manifestación del Hijo).

Tercero, Dios está presente personalmente con los discípulos a través de la morada del Espíritu Santo (vv. 21-23). Por eso, podemos decir también que la obra de Dios se asocia con la presencia (que es una manifestación del Espíritu).

En resumen, tenemos tres perspectivas distintas: el control, el significado y la presencia.[1] Vemos que Dios controla los eventos de este mundo. Percibimos el significado y la verdad que sólo Dios puede entregar. Sentimos la presencia de Dios en nosotros mismos y lo observamos también en su pueblo. Podemos examinar la obra de Dios a través de cualquiera de estas perspectivas, o si se quiere, a través de cualquiera de estas ventanas. Cada ventana nos da una perspectiva de la totalidad de la obra de Dios.

Podemos aplicar este triángulo de perspectivas a la Palabra de Dios. La comunicación a través de las palabras es un aspecto a la que Jesús se refiere (Juan 17:8, 14). Pero como este aspecto es coherente con los demás, debemos esperar que la Palabra de Dios también manifieste aspectos de control y presencia – y, de hecho, así es. La Palabra de Dios controla a las personas y a los eventos del mundo. La Palabra de Dios expresa y afirma la verdad significativa. La Palabra de Dios es el vehículo por medio del cual nos encontramos con Dios. Dios se acerca a aquellos que vienen en contacto con él por medio de su Palabra.

Confirmaremos estos puntos uno por uno. Primero, la Palabra de Dios controla la santificación de los discípulos (Juan 17:17). De la misma manera, es a través del nombre de Dios (asociado íntimamente con su Palabra) que Dios guarda a sus discípulos (vv. 11-12). Segundo, las palabras que Jesús enuncia en Juan 17 son en sí representativas de la Palabra de la que él habla – tienen un significado infinito. Tercero, a través de las palabras enunciadas por Jesús, tanto

La Interpretación Bíblica

el Padre como el Hijo se hacen presentes de forma personal (Juan 14:9-10). La frase «y mis palabras permanecen en vosotros» en Juan 15:7 tiene su paralelo en Juan 17:23 cuando dice Jesús «yo en ellos, y tú en mi». El autor está presente en las palabras que enuncia. En la medida que esas palabras permanezcan en los discípulos, además, dan fruto por su unión con él.[2] Llamemos a este triángulo de términos (*control, significado* y *presencia*) el triángulo del propósito. Cada término representa un aspecto en la expresión del propósito de Dios.

```
            La Acción de Dios (Control)
                      /\
                     /  \
                    /    \
                   /      \
                  /        \
                 /          \
                /_____\
  El Enunciado de Dios      El Encuentro con Dios
        (Verdad)                  (Presencia)
```

Figura 4.1 El Triángulo de Propósito

Hemos visto ya que los aspectos de control, significado y presencia en Juan 17 pueden asociarse con la Trinidad – el Padre, el Hijo y el Espíritu Santo, respectivamente. Pero no debemos de pensar que este es el cuadro completo. Debido a la circuncesión de la Trinidad, todas las personas comparten en los actos de control, significado y presencia. Por ejemplo, es a través de la presencia del Espíritu (Juan 14:16-17) que el Hijo es presente (v. 18). Además, tanto el Padre como el Hijo moran en el creyente (v. 23). Por eso, las tres personas de la Trinidad participan en la presencia personal de Dios con los creyentes. De la misma manera, las tres personas de la Trinidad participan en el control que Dios ejerce a través de sus obras y todos expresan significado en la Palabra de Dios. Las tres personas de la Trinidad comparten en el propósito único de Dios.

Tomemos un momento para recordar el triángulo de la imagen que mencioné en el capítulo anterior y que consiste en el aspecto original, el aspecto manifestacional y el aspecto concurrente. ¿Qué

Enfocada en DIOS

relación existe entre el triángulo de la imagen y el triángulo del propósito? Al hacer una comparación de este tipo, podemos esperar una circuncesión sin la necesidad de esperar identidad matemática. Los dos triángulos no son dos nombres para una misma cosa. Al contrario, el triángulo de la imagen se enfoca en cómo Dios se revela pero el triángulo del propósito se enfoca en el cumplimiento de sus propósitos. Así que los dos triángulos hablan de diferentes aspectos de la unidad y la diversidad en Dios. Cada término en uno de los triángulos involucra rasgos que se relacionan con todos los términos del otro triángulo.

Por ejemplo, el control de Dios involucra su aspecto original que consiste en el atributo de su omnipotencia. Su control también involucra el aspecto manifestacional en que ejerce control sobre los hechos en la misma creación. Involucra, además, el aspecto concurrente porque sus actos de control están en armonía con su omnipotencia. De la misma manera, podemos decir que el significado que Dios comparte con el hombre involucra el aspecto original, el manifestacional y el concurrente. La verdad de Dios, la verdad que ha conocido desde la eternidad, es original. Cuando esa verdad se revela al hombre, es manifestacional. La armonía entre nuestro conocimiento de Dios y el conocimiento original que posee Dios es concurrente.

Aunque todos los aspectos están interrelacionados, podemos percibir ciertas simetrías y afinidades entre los dos triángulos. Existe un tipo de imagen especular entre los dos triángulos. Por ejemplo, el significado de Dios existe aun cuando no se haya manifestado. Esto se asemeja al aspecto original. Por ello, en cierto sentido, el significado refleja el aspecto original. El control de Dios involucra su acción, y ésta se relaciona también con la manifestación de sí mismo. El control refleja la manifestación. Dios está presente con nosotros a través de su morada dentro de nosotros. Este es el aspecto concurrente. La presencia, entonces, refleja la concurrencia. (Noten que hemos invertido el orden de control y significado. Este tipo de inversión se debe a la comparación de ambos triángulos).

El triángulo de control, significado y presencia es un arquetipo de la relación eterna de las personas de la Trinidad. Es, a la vez, un ectipo de la comunicación de Dios con el mundo y con el hombre. Su Palabra nos demuestra su control, nos manifiesta su significado y actualiza su presencia. También es un ectipo de la comunicación entre seres humanos. Cuando nosotros comunicamos ejercemos control, transmitimos un significado (ya sea verdadero o ya sea falso), y creamos una relación personal con el otro (presencia).

¿Cómo se aplica este triángulo a la Biblia? La Biblia es la Palabra de Dios dada a los hombres y por lo tanto es una representación ectípica del triángulo. Al leer la Biblia, la Palabra de Dios nos transforma por medio del control de Dios. La misma Palabra nos comunica la verdad y nos lleva a la presencia de Dios. Podemos decir, entonces, que hay un triple propósito en la Biblia. El primer propósito es la transformación del ser humano. El segundo propósito es la transmisión de la verdad. Y el tercer propósito es la actualización de la presencia de Dios.

Pero, como hemos de esperar, estos tres propósitos son uno. El triángulo que consiste en control, verdad (significado) y presencia se deriva de las relaciones trinitarias. Es un ectipo de su arquetipo que es la Trinidad. Las personas de la Trinidad se encuentran en circuncesión y por eso, los tres términos del triángulo están en una relación ectípica de circuncesión. En otras palabras, los tres términos se interpenetran el uno en el otro. Estar en la presencia de Dios involucra siempre un conocimiento de él. El conocimiento de la verdad, por otro lado, es posible únicamente para aquellos que han experimentado la presencia de Dios, pues Dios es verdad. Estar en la presencia de Dios también involucra ser transformado por su presencia. Una vez que entramos en la presencia de Dios no podemos ser igual. Aun si rebelamos en contra de Dios, no permanecemos igual sino que nos hacemos más culpables delante de él (ver, por ejemplo, Éxodo 7:5, 17; 14:4). Y si hemos sido transformados por medio del encuentro, es únicamente por el poder de Dios obrando en nosotros (Filipenses 2:13; Lamentaciones 3:37-38; Efesios 1:11; Salmos 103:19).

¿Qué implicaciones tiene este triángulo de propósito en nuestro estudio de la Biblia? Por un lado, nos ayuda a comprender que el propósito que Dios tiene para la Biblia es plural y rico. Debemos evitar la tendencia de reducir la Biblia a un propósito monolítico. Por ejemplo, no debemos reducir la Palabra de Dios a un encuentro personal. No hemos de ser místicos buscando un encuentro con Dios sin tener en cuenta la verdad absoluta que él comunica. Este fue el error de Pedro Pietista en la discusión que presentamos anteriormente. Al mismo tiempo, no hemos de reducir el contenido de la Biblia a una verdad intelectual. Debemos evitar el extremo del intelectualismo que intenta acumular la verdad sin tener en cuenta las implicaciones de esta verdad para nuestro encuentro personal con Dios día con día (no somos sólo oidores de la Palabra, sino que también somos hacedores de la Palabra). Tal fue la tendencia de Dolores Doctrinalista. Pero tampoco hemos de optar por el extremo del pragmatismo. No hemos de concentrarnos en los efectos visibles de la Palabra al grado que ignoramos la verdad que contiene y el Dios que revela. Tal fue la tendencia de Carlos de la Transformación Cultural.

Pero al enfatizar la diversidad de propósitos de la Biblia, también afirmamos su unidad. Cada propósito abarca y apunta al otro.

Por ejemplo, conocer la verdad incluye conocer a Dios que es verdad (Juan 14:6). Por eso, el significado abarca la presencia personal. Conocer la verdad también incluye sus efectos prácticos (2 Corintios 3:18; Juan 17:3). Por eso, el significado incluye el control. La obediencia a la Palabra incluye el conocimiento de la Palabra. Nuestra respuesta a la Palabra es apropiada únicamente si es una respuesta al Dios vivo. Por eso, el aspecto de control incluye también el aspecto de presencia. Así vemos que cada término en el triángulo incluye al otro.[4] Hay una circuncesión entre los tres términos.

Ahora bien, esta circuncesión tiene una implicación específica. La verdad y la aplicación de la verdad son inseparables. Los podemos distinguir pero no los podemos aislar. Son dos aspectos de un triángulo circunceso. La verdad es el contenido de las Escrituras (significado) y la aplicación es el control de las Escrituras en nuestras vidas, en nuestras acciones y en nuestros pensamientos. Hay cicuncesión entre la verdad y la aplicación, entre el contenido y el control.

La intención de Dios es de comunicar ciertas verdades, pero también quiere que esas verdades sean aplicadas. La aplicación de su verdad es, por lo tanto, un aspecto importante del significado que Dios desea comunicar. El significado incluye la aplicación. Pero, la aplicación también incluye el significado. Cualquier aplicación implica la aplicación de algo, la aplicación de alguna verdad o alguna serie de verdades. Es una aplicación del significado específico e indeterminado de una palabra o un texto. La aplicación, por lo tanto, es una ilustración de la verdad que encierra. Además, la totalidad de la aplicación incluye la aplicación en la esfera mental. Si hemos de aplicar un pasaje de la Biblia, lo tenemos que aplicar a nuestro sistema de creencias. Alteramos nuestras creencias para que concuerden con lo que dice el texto. En otras palabras, la aplicación de la verdad bíblica implica, sobretodo, prestar atención al significado de esa verdad.

Consideremos un ejemplo sencillo. «Celebraron asimismo la fiesta solemne de los tabernáculos, como está escrito, y holocaustos cada día por orden conforme al rito, cada cosa en su día» (Esdras 3:4). La frase «como está escrito» se refiere a Números 29:12-38, Levítico 23:33-43 y a otros pasajes en la Ley de Moisés. Un aspecto del significado de Números 29:12-38 es que el pueblo debería llevar a cabo la celebración con ciertos sacrificios. Una implicación de este significado es que el pueblo en los tiempos de Zorrobabel debían observar dicho mandamiento. El uso de sacrificios durante las celebraciones en el tiempo de Zorrobabel era, pues, una aplicación del texto que se escribió en los tiempos de Moisés. Tal aplicación fue una implicación del significado del texto de antaño y por lo tanto es un aspecto de su significado perenne. Pero esto también lo podemos ver desde otra perspectiva. Una aplicación de Números 29 es la aplicación mental. El lector tiene que entender la prescripción de Dios. Cuando Zorrobabel y otros correctamente entendieron la prescripción de Dios, entendieron también su significado. El significado, por lo tanto, puede entenderse como la aplicación en la esfera mental. El significado es, en sí, un aspecto de la aplicación.

La misma intercalación del significado y la aplicación la vemos en el texto fundacional de Juan 17. El Padre le dio las palabras a Cristo y Cristo entregó estas mismas palabras a los discípulos (v. 14). Cristo les entregó estas palabras a los discípulos con la intención de que el Padre los santificara por medio de la verdad (v. 17). La santificación es un aspecto de la intención de la palabra y un efecto de su entrega a los discípulos. La santificación, pues, es un aspecto del significado total del acto comunicativo. Por otro lado, un aspecto de la santificación es la santificación mental – la cual se logra a través del entendimiento del significado. Por eso, el significado mismo es parte de la aplicación, o sea, de la santificación. El significado y la aplicación se vuelven aun más interpenetradas cuando se consideran desde la perspectiva divina. El control que se ejerce a través de la obra santificadora del Padre y la verdad que se expresa a través de la palabra del Hijo se interpenetran a través de la morada del Padre en el Hijo y el Hijo en el Padre y la inclusión de ambos en una obra comprehensiva y uniforme.

Como hemos de esperar, este tipo de unidad y diversidad aparece en toda la Escritura ya sea que nuestro enfoque esté en la comunión personal con Dios, en la expresión de la verdad o en la aplicación de la Palabra en obediencia. Consideremos primero el asunto de la comunión personal con Dios. Hay un solo Dios y por eso la comunión del cristiano es siempre y solo con un Dios. La comunión depende de la unidad del carácter incambiable y permanente de Dios. En realidad, esa unidad constituye la comunión. Pero también hay diversidad en la comunión. Muchos cristianos gozan de la comunión de Dios. Y esta comunión existe en diferente etapas de madurez cristiana y en distintos lugares del mundo como bien nos señala 1 Corintios 12.

O consideremos también el asunto de la aplicación. Obviamente nos encontraremos con diversas aplicaciones de la verdad de Dios en las distintas circunstancias en que nos encontramos. Pero todas las aplicaciones de la verdad de Dios tienen un solo fin: la santidad (Hebreos 12:14; 1 Pedro 1:15-16). Todas las aplicaciones de la Palabra tienen el fin único y singular de glorificar a Dios (1 Corintios 10:31). Podemos expresarlo de otra manera; todas las aplicaciones de la Palabra nos conducen a la imitación de Cristo (Romanos 13:14; 2 Corintios 3:18; 1 Corintios 15:49).

Finalmente, consideremos el asunto de la verdad. La Biblia contiene numerosas verdades encerradas en distintas aseveraciones en su gran conjunto de versículos. Pero todas estas verdades se unifican en Aquel que es Verdad, en Cristo Jesús (Juan 14:6).

Cristo es el Centro de las Escrituras

Vale la pena desarrollar en mayor detalle el carácter cristocéntrico de la verdad bíblica. Existen múltiples versículos bíblicos que indican en varias formas que Jesucristo es el centro de la Biblia y de la verdad. Juan 14:6 es un ejemplo claro: «Yo soy el camino, y la verdad, y la vida; nadie viene al Padre, sino por mí».

En Colosenses 2:3 leemos que en Cristo «están escondidos todos los tesoros de la sabiduría y del conocimiento». La frase «todos los tesoros» obviamente se refiere a todas las verdades en todos los versículos de la Biblia. Todas están escondidas en Cristo.

Juan 1:1 y Apocalipsis 19:13 indican que Jesucristo es el Verbo de Dios. Y como ya hemos visto, todas las palabras divinas – desde las palabras creadores de Génesis 1 hasta las palabras de regocijo en Apocalipsis 22 – son una manifestación de la única Palabra Eterna.

En 2 Corintios 1:20 leemos: «porque todas las promesas de Dios son en él Sí, y en él Amén, por medio de nosotros, para la gloria de Dios». Todas las promesas de Dios se cumplen en la persona de Cristo. Es cierto que la forma explícita de una promesa se encuentra únicamente en ciertas partes de la Biblia. Sin embargo, desde la perspectiva amplia podemos decir que toda la Biblia contiene un aspecto de promesa debido a que Dios se compromete con su pueblo cuando les habla.

1 Timoteo 2:5, junto con otros pasajes, indica que Cristo es el único e indispensable mediador entre Dios y el hombre y que solamente a través de él podemos ser salvos. Cristo es indispensable para nuestra interpretación correcta de las Escrituras. Y puesto que la función de las Escrituras es de traer la salvación al hombre, las Escrituras tratan principalmente de Jesucristo. Edmund Clowney ha dicho: «La predicación tiene que ser de carácter teológico. La salvación es del Señor y el mensaje del evangelio es el mensaje teocéntrico del plan desenvolviente de Dios para nuestra salvación en Cristo Jesús. El que predica la Palabra tiene que predicar a Cristo».[5]

Las aseveraciones que encontramos en Lucas 24:25-27 y 24:44-49 son de suma importancia. Los discípulos se sentían derrotados en el camino a Emaús después de la crucifixión de Jesús. Pero Jesús les reprendió diciendo:

> ¡Oh insensatos, y tardos de corazón para creer todo lo que los profetas han dicho! ¿No era necesario que el Cristo padeciera

> estas cosas y que entrara en su gloria? Y comenzando desde Moisés, y siguiendo por todos los profetas, les declaraba en todas las Escrituras lo que de él decían. (Lucas 24:25-27)

En el camino a Emaús, pues, Cristo mismo les indica a sus discípulos que todas las Escrituras, de principio a fin, tratan exclusivamente de él.

A veces se piensa que lo que Cristo afirma es que hay ciertos pasajes y versículos en el Antiguo Testamento que hablan de él. Y es cierto que algunos pasajes hacen referencia más directa a la venida del Mesías que otros. Sin embargo, todo el Antiguo Testamento se trata del plan de Dios para redimir al hombre. Y la salvación está centrada en Jesucristo. Por eso, la totalidad del Antiguo Testamento, y no tan solo algunos versículos, se trata de Jesús. En Lucas 24:44-47 vemos una afirmación aun más clara:

> Estas son las palabra que os hablé, estando aún con vosotros: que era necesario que se cumpliese todo lo que está escrito de mí en la ley de Moisés, en los profetas y en los salmos. Entonces les abrió el entendimiento, para que comprendiesen las Escrituras; y les dijo: Así está escrito, y así fue necesario que el Cristo padeciese y resucitase de los muertos al tercer día; y que se predicase en su nombre el arrepentimiento y el perdón de los pecados en todas las naciones, comenzando desde Jerusalén. (Lucas 24:44-47)

«La ley de Moisés, los profetas y los salmos» abarca la mayor parte del Antiguo Testamento. Los judíos solían dividir el Antiguo Testamento en tres partes: la ley, los profetas y los escritos. La ley de Moisés incluía Génesis a Deuteronomio. Los profetas incluían los libros históricos de Josué, Jueces, Samuel y Reyes y los profetas tardíos, o sea, Isaías a Malaquías. El libro de Daniel generalmente se incluía en los escritos y no en los profetas. Los escritos incluían todos los demás libros. Era una colección miscelánea de libros y en realidad no fue hasta más tarde que se le conocía por un nombre específico.[6] Parece que en una etapa más temprana se le conocía a toda esta colección como «los salmos».[7] Por eso, cuando Jesús menciona «los salmos» lo más probable es que se refería a esta colección amplia de libros. Pero aun si así no fuera, la mención de la ley, los profetas y los salmos abarca una porción significativa del Antiguo Testamento.

Hay que tener en cuenta, además, que en el versículo 45 dice «les abrió el entendimiento, para que comprendiesen las Escrituras». Aquí se tiene en mente todo el Antiguo Testamento, no sólo una porción ni mucho menos unos cuantos versículos. Los versículos 46 y 47 nos indican en que consistía este entendimiento: «Así está escrito, y así fue necesario que el Cristo padeciese y resucitase de los muertos al tercer día». Concluimos, pues, que toda la Escritura tiene como tema central y principal el sufrimiento y la resurrección de Cristo. Esta conclusión afirma lo que se dice en Lucas 24:25-27. Todo el Antiguo Testamento se trata de la obra de Cristo puesto que apunta a la obra que sólo él podía cumplir (v. 44).

Pocos negarían que Cristo es el tema central del Nuevo Testamento. Pero Lucas 24 nos sorprende al hacer una afirmación análoga acerca del Antiguo Testamento. La obra de Jesucristo es el núcleo del propósito y el significado del Antiguo y el Nuevo Testamento. Pero ¿cómo puede ser y cómo es que llegamos a tal conclusión? No es que queremos forzar una interpretación cristológica en cada pasaje del Antiguo Testamento. De hecho, eso no constituiría un entendimiento del texto bíblico sino sería simplemente incorporar un significado distinto (neotestamentario) en un pasaje que no contiene tal significado. Pero tampoco deseamos esquivar el desafío que se nos presenta en Lucas 24. De hecho, si no logramos entender el Antiguo Testamento de forma cristológica, lo hemos entendido de una forma que no concuerda con la intención de Cristo.

No es fácil entender el carácter cristológico del Antiguo Testamento. Hay una profundidad de significado en las Escrituras y no fácilmente podemos saciar todas sus implicaciones. Un buen comienzo para entender el carácter cristológico del Antiguo Testamento, sin embargo, es de considerar detenidamente todos los pasajes del Nuevo Testamento que hacen alusión al Antiguo. Es en estos pasajes donde Cristo y los apóstoles nos indican la interpretación apropiada del Antiguo Testamento. El libro de Hebreos es particularmente importante ya que, de todo los libros del Nuevo Testamento, es el que contiene la discusión más extensa del cumplimiento del Antiguo Testamento.

Este asunto es tan importante que merece un estudio exhaustivo. Se han escrito varios libros sobre el tema del cumplimiento del Antiguo Testamento en Cristo.[8] Debido a la existencia de tales estudios, dejaremos inconcluso este tema aquí y procederemos a considerar en detalle otros temas.

NOTAS
1. Presentamos una pequeña desviación del triángulo de John Frame: autoridad, control y presencia (pues alteramos el orden de autoridad y control). Ver Frame, *The Doctrine of the Knowledge of God* (Phillipsburg NJ: Presbyterian and Reformed, 1987), 15-18, 42-48.
2. Ver otros usos del triángulo autoridad, control y presencia en ibid.

La Interpretación Bíblica

3. Hay muchos ejemplos de las relaciones de perspectiva en Frame, *The Doctrine of the Knowledge of God* Frame, *Perspective* y Poythress, *Symphonic Theology: The Validity of Multiple Perspective in Theology* (Grand Rapids: Zondervan, 1987).
4. Ver Frame, *Doctrine of the Knowledge of God*, 17-18, para más sobre la circuncesión de los tres aspectos en un contexto general.
5. Edmund P. Clowney, *Preaching and Biblical Theology* (Grand Rapids: Eerdmans, 1961), 74.
6. Ver Sirac 1:1; Roger T. Beckwith, *The Old Testament Canon of the New Testament Church and its Background in Early Judaism* (Grand Rapids: Eerdmans, 1985), especialmente pp. 110-80.
7. Ibid 111-17.
8. Ver Clowney, *Preaching and Biblical Theology*; Edmund P. Clowney, *El Misterio Revelado*; Vern Poythress, *The Shadow of Christ in the Law of Moses*; Mark R. Strom, *Days are Coming: Exploring Biblical Patterns*. Alguna obras antiguas sobre la tipología siguen vigentes: ver Patrick Fairbarn, *The Typology of Scripture* (Grand Rapids: Baker 1975).

CAPÍTULO 5
El Carácter Trinitario de la Verdad

Hernando Hermenéuta:
> Bueno, entonces, ya hemos logrado un mejor entendimiento de Dios y de cómo habla. Pero ¿no debemos considerar también algunos asuntos respecto al lenguaje? Pues la Biblia se escribe utilizando el lenguaje humano. ¿Será posible que el lenguaje humano limita de alguna manera el mensaje divino? ¿Cuáles son las implicaciones de que Dios utiliza el lenguaje humano? También debemos considerar el carácter de la verdad en sí.

María Misióloga:
> El lenguaje es inseparable de la cultura. Lo que entendemos de la Biblia, por lo tanto, dependerá del contexto cultural en que la leemos. Tenemos que superar las limitaciones de nuestra propia cultura. Si no las superamos, corremos el peligro de sólo comprender lo que encaja en nuestro propio contexto cultural.

Oliverio Objetivista:
> Pero no importa nuestro punto de partida ni nuestro contexto cultural, la verdad sigue siendo igual. El significado fijo, bien-definido y objetivo de la Biblia es la verdad eterna.

Abigail Afirmacionista:
> No, yo creo que el Espíritu Santo revela distintas verdades a diferentes personas. Cada quien encuentra la verdad que Dios le ha preparado de antemano.

Dorotea Doctrinalista:
> El lenguaje humano tiene su fundamento en la doctrina de la creación. Vamos a Génesis.

Ahora exploraremos más detenidamente la verdad y el lenguaje. Al interpretar la Biblia, nos enfrentamos constantemente con su verdad y con su lenguaje. Pero ¿qué es el lenguaje? Y ¿qué es verdad?

El Lenguaje como la Imagen de Dios

La Biblia dice que el hombre fue creado con la facultad de hablar y entender a través del lenguaje. Además, antes de que el ser humano fuera creado, Dios habló. «Y dijo Dios: Sea la luz y fue la luz» (Génesis 1:3). El lenguaje divino, por lo tanto, antecede el lenguaje humano. El lenguaje de Dios existió antes del lenguaje del hombre.

Aquí vemos otra instancia de la imagen. El hombre usa el lenguaje por que imita a Dios quien también usa el lenguaje. El habla de Dios es el arquetipo del habla humano: cuando el hombre habla es una imagen o un reflejo del Dios que ya ha hablado.

Verdad
La verdad en el lenguaje humano también proviene de un arquetipo divino. Jesús dice que él es la verdad (Juan 14:6; 18:37). En su naturaleza divina, entonces, es un arquetipo de todas las manifestaciones humanas de la verdad. La descripción de la verdad que encontramos en el evangelio de Juan se relaciona con revelación definitiva de Dios en la encarnación de Jesús. «Pues la ley por medio de Moisés fue dada, pero la gracia y la verdad vinieron por medio de Jesucristo. A Dios nadie le vio jamás; el unigénito Hijo, que está en el seno del Padre, él le ha dado a conocer» (Juan 1:17-18).

Debido a esta relación, la verdad tiene un carácter trinitario. Jesús es la verdad. A la misma vez, él es la verdad sobre el Padre. Es también la verdad manifestada en el poder del Espíritu Santo (Isaías 61:1). Estamos hablando aquí, claro está, principalmente de las verdades religiosas centrales acerca de Dios. Pero la verdad religiosa no puede separarse de la verdad absoluta. Todo el conocimiento del hombre proviene de Dios. Dios es la fuente única del conocimiento humano (Salmos 94:10; Romanos 11:33-36). «Para que sean consolados sus corazones, unidos en amor, hasta alcanzar todas las riquezas de pleno entendimiento, a fin de conocer el misterio de Dios el Padre y de Cristo, en quien están escondidos todos los tesoros de la sabiduría y del conocimiento» (Colosenses 2:2-3).

Podemos resumir algunos aspectos de la verdad haciendo uso del triángulo de la imagen que presenté en capítulos anteriores. Primero, la verdad en el Padre es original. Segundo, la verdad en el Hijo es la manifestación dinámica o la imagen del original. Tercero, la verdad en el Espíritu Santo es la armonía entre el Padre y el Hijo a través de su mutua interpenetración. Podemos decir que esta verdad es la concurrencia del Padre con el Hijo, la presencia del uno dentro del otro. Así que tenemos nuestros tres aspectos en la verdad: la verdad original, la manifestación dinámica de la verdad y la concurrencia de la manifestación dinámica y la verdad original. Estos tres aspectos describen las relaciones entre las personas de la Trinidad. Pero estas relaciones divinas tienen una imagen y reflejo en la forma en que el hombre experimenta la verdad. Llegamos a conocer la verdad a través de la manifestación dinámica que se nos presenta en una revelación particular.

Se puede ilustrar esta unidad en la diversidad en los cuatro evangelios. Los cuatro evangelios describen una sola persona, Jesucristo, y describen una serie unificada de eventos en su vida y en su ministerio. Hay unidad en las verdades reveladas en los cuatro evangelios.[1] Pero en estos mismos cuatro evangelios encontramos una diversidad de énfasis en la presentación de Cristo el Mesías. En Mateo, Cristo se presenta como el Rey davídico, y por eso Mateo comienza su evangelio con una larga genealogía que traza el linaje de David. En Juan, Cristo es el Hijo eterno que revela al Padre. En Lucas, Cristo es el que lleva salvación a los pobres y el que proclama la profecía de la liberación del Jubileo (Lucas 4:18-19). En Marcos, el Hijo del Hombre es el que viene a destruir el reino de Satanás. La diversidad en los cuatro evangelios es un reflejo de las distintas personalidades, intereses y situaciones de los cuatro evangelistas. Pero esta diversidad es también la voluntad de Dios. La diversidad, por lo tanto, no es tan solo un reflejo de la humanidad de los escritores de los evangelios, sino que también es una imagen divina.

Tanto en su diversidad como en su unidad, los evangelios representan la interpretación de Dios de la vida de Jesús. No hay que superar la diversidad para encontrar el «Cristo verdadero». Si se lee un evangelio, se llegará a conocer al Cristo verdadero precisamente porque ese evangelio lo presenta como una manifestación concreta a través de una perspectiva particular. Pero, a la misma vez, esa perspectiva no es la única perspectiva verdadera.

Como resultado de la circuncesión puede haber múltiples expresiones de la verdad junto con una verdad unificada manifestada a través de estas expresiones distintas. Las manifestaciones diversas están en circuncesión.

Comparemos esta perspectiva con algunas propuestas alternativas. El racionalismo, por ejemplo, identifica un fragmento de la verdad con su énfasis en la unidad, la estabilidad y la consistencia interna de la verdad. Dios es uno y es fiel a si mismo. (Es una visión semejante, aunque exagerada, a la de Oliverio Objetivista). Pero el racionalismo falsifica la realidad a la hora de definir a Dios en ausencia de su personalidad, de su diversidad trinitaria y del aspecto dinámico de la relación entre el Padre y el Hijo. Suprime, de esta manera, tanto la diversidad como la creatividad en la manifestación de la verdad. El resultado es que nos hace pensar que la verdad puede ser hallada únicamente en sus expresiones abstractas, más allá de sus manifestaciones concretas. La verdad es una abstracción del mundo. La verdad es remota.

En el otro extremo tenemos el relativismo. El relativismo fragmenta la verdad al enfatizar la diversidad de sus manifestaciones y sus múltiples perspectivas. (Es una visión semejante, aunque exagerada, a la de Abigail Afirmacionista). El relativismo falsifica la realidad a la hora de negar la verdad absoluta. Atenta en contra de

La Interpretación Bíblica

la naturaleza divina al negar la unidad de Dios y la unidad de la verdad. La verdad se fragmenta en lo que suelen ser visiones contradictorias de diferentes individuos y comunidades.

En la Trinidad no se eleva la unidad por encima de la diversidad ni viceversa. La Trinidad responde al relativismo a través de la circuncesión. La diversidad trinitaria no implica la destrucción ni la inaccesibilidad de la verdad. Al contrario, Dios habla por medio del Espíritu Santo. Por eso, lejos de ser inaccesible, con Dios la verdad es inescapable.

Retomemos, como ejemplo ilustrativo, el caso de los evangelios. Al leer un relato evangélico ciertamente llegamos a conocer a Jesús. Pero a través de ese relato singular, nuestro conocimiento es completo pero no exhaustivo. A través de cualquier relato evangelístico, el Espíritu obra para demostrar a Cristo. A la misma vez, la verdad que se nos comunica acerca de Cristo en un evangelio es coherente con la verdad que se nos revela en los otros tres.

Dios es uno y no se contradice. Puede ser que no siempre seamos capaces de armonizar todos los aspectos de la verdad, pues somos criaturas y nuestra capacidad mental es finita. Además, debido al pecado tenemos la tendencia de distorsionar y torcer la verdad. Pero aun en nuestras limitaciones podemos conocer a Cristo ya sea por medio de un evangelio o por medio de los cuatro evangelios.

Hay que apreciar las distintas perspectivas de los evangelios pero no al costo de negar o desenfatizar la unidad del relato encontrado en los cuatro. Por eso, el conocimiento y la aprehensión de la verdad no se base en nuestra habilidad de superar las perspectivas y las limitaciones humanas sino más bien se encuentra en nuestra apropiación y deleite en la información que Dios nos ha dado.

En esto también encontramos una respuesta al problema de la contextualización cultural que suele ocupar a María Misióloga. A través del Espíritu, quien es el creador, Dios se presenta en todos los detalles de cada cultura. Claro está que las culturas humanas han sido contaminadas por el pecado. Dios puede confrontar y juzgar el pecado, pero también puede revelarse a si mismo con el fin de bendecirnos. El pecado no permite que nos escapemos de Dios. O bien nos hace objetos de juicio o bien nos hace objetos de misericordia. El pecado lleva al hombre a suprimir la verdad de Dios aunque ya lo conocen (Romanos 1:18-21). El hombre intenta huir de Dios pero no puede (Salmos 139). Y es por eso mismo que no hay necesidad de superar las peculiaridades e idiosincrancias de una cultura en particular, ya sea la cultura china o la cultura hebrea antigua, para conocer a Dios en verdad. Lo que necesitamos es ser liberados de la esclavitud del pecado tanto en sus manifestaciones culturales como en sus manifestaciones individuales. Dios se ha revelado a cada uno de nosotros en nuestra ubicación particular y a pesar de nuestra pecaminosidad. Para conocer la verdad de Dios no es necesario extraerla de su contexto cultural original del cercano oriente – lo cual sería como quiera un afán imposible – debido a que todos somos parte de una cultura particular. Los antropólogos fingen superar todas las culturas pero sus metodologías y sus herramientas analíticas están inextricablemente ligadas a las tradiciones académicas occidentales. No, no es posible ni es deseable desarraigar el mensaje bíblico de su contexto cultural. Lo que se tiene que hacer es aprehender la verdad dentro de su contexto cultural. Cada instancia manifestacional de la verdad es también una instancia original de la verdad. Las instancias son concurrentes con la verdad que manifiestan.

Teorías Seculares de la Verdad

Desde esta perspectiva podemos observar el resultado de las teorías seculares de la verdad. Hay tres tipos de teorías: las teorías de coherencia, las teorías de correspondencia y las teorías sujetivistas.[2] Según la teoría de coherencia, un sistema de pensamiento es verdadero si demuestra coherencia interna. Dios es coherente consigo mismo. Su coherencia se garantiza por medio de su unidad y por medio de la interpenetración de las tres personas de la Trinidad a través del Espíritu. Si nuestros pensamientos son coherentes con los pensamientos del Espíritu que mora en nosotros, entonces hemos alcanzado la verdad.

Según la teoría de la correspondencia, un pensamiento es verdadero si corresponde con la realidad. El Hijo, como imagen de Dios, corresponde con el Padre. La verdad es, pues, la correspondencia entre el Padre y el Hijo. Para los seres humanos que hemos sido creados a la imagen de Dios, nuestro pensamiento es verdad si corresponde con el pensamiento de Cristo.

Según la teoría de la subjetividad, la verdad tiene que ver con lo que el sujeto reconoce como verdadero. La verdad es lo que Dios reconoce como verdad. Mi verdad es lo que yo reconozco – pero puedo reconocerla sólo en la medida de que el Espíritu me lleve al conocimiento de la verdad (Juan 16:13).

Por eso, cada teoría secular tiene un elemento de verdad. Pero no debemos descartar la posibilidad de que cada teoría puede también distorsionar la verdad. Pueden llegar a ser, además, falsificaciones de la verdad trinitaria.

La Verdad como Analogía

En base al carácter de Dios, podemos deducir que la verdad es, en su esencia, una analogía. No es posible abandonar por completo la analogía y la metáfora. No importa si nuestro lenguaje sea mayormente literal o mayormente figurativo, siempre es una imagen del lenguaje divino y de la verdad de Dios. Nuestra relación con Dios como su imagen es en sí una analogía conectada con la imagen original del Padre en el Hijo. La singularidad de Dios asegura que la imagen de Dios en el hombre sea semejante, pero no igual, a la imagen del Padre en el Hijo. Así como el Hijo no es idéntico al Padre, nosotros, como imágenes creadas, tampoco somos idénticos al Creador. Así como hay circuncesión entre el Padre y el Hijo, así también hay circuncesión de la verdad divina en el conocimiento humano. No es posible rebajar a Dios al nivel de la criatura. Pero la Biblia indica que hay analogías entre lo que es verdad en Dios y lo que es verdad en nosotros. Por ejemplo, en Juan 17:21, Jesús compara la unidad entre los creyentes con la unidad entre el Padre y el Hijo – pero, por supuesto, hay una diferencia en la naturaleza y el nivel de la unidad.

Cada vez que se intenta rebajar la analogía y la metáfora a un nivel del lenguaje netamente literal, existe una violación del misterio de la circuncesión.

NOTAS

1. Dios es consistente consigo mismo y la verdad es una. Por eso no hay contradicción en los Evangelios. A veces podemos encontrar contradicciones aparentes, pero la examinación detenida siempre revela una armonía. Y aun si la armonía no es visible al ojo humano confiamos en que la armonía es aparente para Dios.

2. Ver John M. Frame, *Doctrine of the Knowledge of God*, 133-134, 141-142, 149-164.

CAPÍTULO 6
El Significado

Hernando Hermenéuta:
Pero ¿y qué del significado? ¿Qué significa el significado?

María Misióloga:
El significado depende de la cultura del oyente.

Oliverio Objetivista:
Puede ser que cada cultura tenga sus propias inclinaciones, pero el significado es invariable en todas las culturas. Es el contexto fijo de lo que se dice.

Abigail Afirmacionista:
Pero ¿no puede ser que un mismo versículo puede tener distintos significados para diferentes grupos culturales?¿No será que el Espíritu dicta diferentes significados para diferentes grupos culturales?

Carlos de la Transformación Cultural:
El significado tiene que ser transformado en acción. De otra forma es insignificante – es simplemente hipocresía.

Laura Liturgista:
El significado real se descubre únicamente a través de la adoración.

Dorotea Doctrinalista:
No. El significado tiene que ver con el pensamiento y la intención de Dios.

Oliverio Objetivista:
No. El significado tiene que ver más bien con el pensamiento y la intención del autor humano.

Las diferencias de opinión que ya hemos observado en el estudio bíblico de Cristóbal Cristiano vuelven a aparecer en la discusión acerca del significado. Por eso, tenemos que ir al grano y considerar en detalle esta cuestión. Si existe coherencia entre todas las instancias de la verdad y si cada verdad individual es una perspectiva de la verdad absoluta, ¿diremos que un texto específico tiene un solo significado o tiene varios significados?

Y además ¿qué significa el significado?

Consideremos el ejemplo de Juan 17:4. «Yo te he glorificado en la tierra; he acabado la obra que me diste que hiciese». ¿Qué significa este versículo? ¿Cómo se relaciona su significado con otros pasajes de la Biblia? ¿Qué importancia tiene para nosotros?

Unidad y Diversidad en el Contenido
Juan 17:4 tiene un significado invariable y definido. No hay otro versículo en la Biblia que tiene el mismo significado. Pero al mismo tiempo, todos los versículos del Evangelio de Juan, y de hecho todos los versículos de la Biblia, encajan juntos para conducirnos a una verdad coherente. No hay dos versículos que se contradicen, sino que los versículos de la Biblia están en armonía el uno con el otro. De la misma manera en que hay unidad y diversidad en la verdad, también hay unidad y diversidad en el significado de los versículos de la Biblia. El carácter trinitario de Dios nos da el arquetipo para el entendimiento de la unidad y la diversidad en la verdad y en el significado. El significado y la verdad contenida en cada versículo de la Biblia es diferente, pero encaja en una totalidad mayor de significado.

Podríamos elucidar esta unidad y diversidad utilizando una analogía basada en el triángulo de la imagen – por ejemplo, hay una verdad original y múltiples expresiones manifestacionales de esa misma verdad original. Sin embargo, me parece que vale la pena proponer un nuevo triángulo para describir la naturaleza del significado.

El Verbo, en su vida encarnada, manifestó el ser eterno de Dios. El Verbo es Dios. Por eso, todo lo que hace Jesús manifiesta a Dios. Al mismo tiempo, el Verbo es una persona dentro de la Trinidad. Y por eso manifiesta a Dios de una forma particular. Es el Verbo hecho carne. El Hijo, y no el Padre, fue el que tomó forma de siervo. En la encarnación, entonces, el Hijo se manifiesta como una persona distintiva y particular dentro de la Trinidad. Hay unidad – un solo Dios – y diversidad – la manifestación particular de la persona del Hijo – en la encarnación. Podemos asociar esta unidad y diversidad en un triángulo de categorías.

Primero, podemos hablar de la unidad de Dios en términos del aspecto *clasificacional* de la revelación de Dios en el Verbo. Dios es uno y es el mismo a través de la historia. Cada acción de Dios es una manifestación de su clase, o sea, «Dios». Cada revelación es una revelación del mismo Dios. Este aspecto clasificacional pertenece a la unidad que existe en todas y cada una de las revelaciones de Dios. Todas las personas de la Trinidad mantienen sus distintas personalidades a través de la historia, pero es el Padre principalmente quien mantiene su singularidad a través de la encarnación del Verbo y el derramamiento del Espíritu en Pentecostés. Asociamos, pues, el aspecto clasificacional con Dios el Padre.

Segundo, podemos hablar de la diversidad de Dios en términos del aspecto *instanciacional* de su revelación. Con esto queremos decir que cada acción de Dios y cada instancia de su revelación tiene su singularidad. Una instancia particular de la revelación es distinguible de y diferente a cada otra instancia. El Verbo que se hizo Dios (Juan 1:14) es una instanciación de Dios. Asociamos el aspecto instanciacional con el Hijo, la segunda persona de la Trinidad.

Tercero, podemos hablar de la unidad en la diversidad de Dios en términos del aspecto *asociacional* de su revelación. Con esto nos referimos al hecho de que todas las instancias de la revelación de Dios son consistentes con quien es. Hay coherencia entre el carácter incambiable de Dios y cada una de sus revelaciones de sí mismo. También hay coherencia entre cada una de sus revelaciones y acciones. Dios no se contradice ni en dicho ni en hecho. En el aspecto asociacional nos enfocamos, pues, en la relación entre instancias de la revelación de Dios y la clase general a la que Dios pertenece. El aspecto asociacional se expresa en la frase: «y el Verbo era con Dios» (Juan 1:1). Hay una asociación entre Dios y el Verbo. Como hemos visto, la asociación consiste en una interpenetración de ambos (Juan 17:21). La asociación, además, es mediada por el Espíritu de modo que asociamos el aspecto asociacional con el Espíritu Santo.[1]

Tenemos, entonces, tres categorías: el aspecto clasificacional, el aspecto instanciacional y el aspecto asociacional. En conjunto, estas tres categoría forman un triángulo de partición representada en la Figura 6.1.

Cada evento en la vida terrenal de Cristo constituye una manifestación o una instancia del Dios que es clasificacionalmente el mismo Dios. La presencia del Espíritu Santo garantiza que cada instancia particular sea una instancia del único Dios. Cada instancia, pues, manifiesta quien es Dios.

Las verdades que se expresan en cada evento y acción de Cristo son instanciaciones de Dios. El Dios único y verdadero conoce todas las verdades acerca de sí mismo. Todas estas verdades, entonces, pertenecen a una misma categoría que es la verdad de Dios. Además, todas las verdades de Dios son concurrentes con la verdad de Dios.

Tomemos por ejemplo dos verdades acerca de Dios: Dios es justo y Dios es omnisciente. Estas dos verdades son distintas y son particulares. Al mismo tiempo, son verdades que describen a un mismo Dios. Cada verdad esclarece la otra. La justicia de Dios es una justicia omnisciente. La omnisciencia de Dios es una omnisciencia justa. No podemos entender a Dios adecuadamente sin asociar las verdades particulares acerca de su carácter. Si pensamos que su omnisciencia es injusta o que su justicia es ciega, no hemos entendido a Dios. Por eso, ambas verdades se interpenetran y la una anima a la otra. De hecho, cada verdad presupone a la otra. De esta manera hay una circuncesión entre las dos verdades. Son aspectos de una verdad uniforme: la verdad de que Dios es Dios.

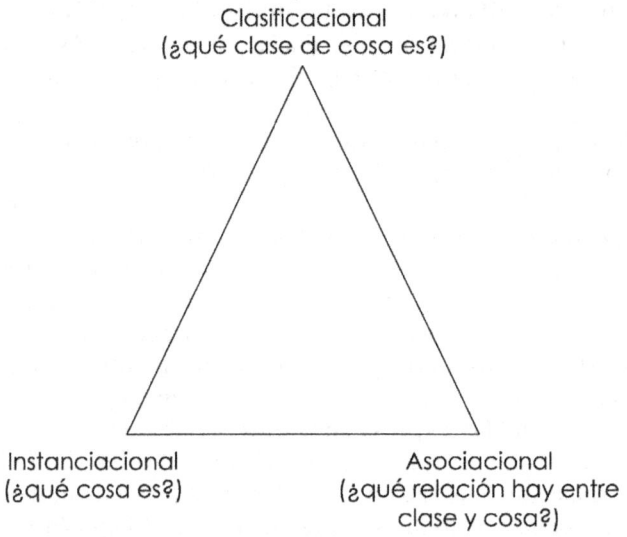

```
                    Clasificacional
                  (¿qué clase de cosa es?)
                          /\
                         /  \
                        /    \
                       /      \
                      /        \
                     /          \
                    /            \
                   /_____\
  Instanciacional                    Asociacional
  (¿qué cosa es?)                    (¿qué relación hay entre
                                      clase y cosa?)
```

Figura 6.1 El Triángulo de Partición

Las dos verdades acerca de Dios, en su relación la una con la otra, manifiestan aspectos clasificacionales, instanciacionales y asociacionales. En el aspecto clasificacional, las dos verdades apuntan a las características de una sola clase, la clase de Dios, e indican la divinidad de Dios. En el aspecto instanciacional, las dos verdades expresan características distintas acerca de Dios. Son características separables y claramente diferentes. En el aspecto asociacional, sin embargo, cada verdad interpreta y expone a la otra a través de una interpenetración la una en la otra.

De la misma manera, el registro evangelístico de acciones y eventos en la vida de Jesús contiene múltiples instancias de la revelación de Dios. Cada acción o evento en la vida de Jesús es particular y, por lo tanto, encierra el aspecto instanciacional de su revelación. Pero cada evento y acción se encaja en una narrativa mayor que expone el carácter total de la persona de Cristo. El conjunto de eventos y acciones en la vida de Cristo que se registra en los cuatro evangelios, pues, encierra el aspecto clasificacional de su revelación. Por último, cada evento y acción en la vida de Jesús interpreta y esclarece a todos los demás y por lo tanto encierra el aspecto asociacional de su revelación.

Así como la Trinidad, los aspectos clasificacionales, instanciacionales y asociacionales de la revelación se interpenetran entre sí. Por medio de la analogía, pues, podemos decir que todas las verdades de Dios expresadas en la Biblia son una manifestación de su realidad trinitaria. Por eso, sabemos que hay una circuncesión entre todas las verdades expresadas en la Biblia y en cada significado expresado por medio de estas verdades.

El Triángulo del Significado

Ahora apliquemos el triángulo de significado, que consiste en los vértices clasificacional, instanciacional y asociacional, a varios pasajes de la Biblia. El mensaje de cada pasaje contiene aspectos clasificacionales, instanciacionales y asociacionales. Debido a la importancia de este análisis, añadiremos una nueva serie de términos. Hablaremos del *sentido*, de la *aplicación* y del *importe* del pasaje.

El aspecto clasificacional de un texto se puede describir como el sentido de ese pasaje. A través de la paráfrasis es posible rearticular un pasaje, pero aun así preserva el mismo sentido. Cualquier expresión del sentido involucra una serie de palabras y frases enunciadas en un momento y en un lugar particular. El sentido, sin embargo, se puede expresar utilizando otras palabras y frases. Podemos, entonces, preservar un mismo sentido con múltiples expresiones particulares. Dios es el mismo y siempre preserva su fidelidad. La verdad de Dios es la misma a lo largo de la historia y por la eternidad. Por eso, Dios garantiza la estabilidad del sentido a través de las múltiples formas en que le place expresarlo.

Consideremos, por ejemplo, Juan 17:4: «yo te he glorificado en la tierra; he acabado la obra que me diste que hiciese». En este versículo, el sentido expresado es que el Hijo, y nadie más, ha traído a la tierra la gloria del Padre. Esta acción se realiza en la tierra y no en ningún otro lugar. El sentido del pasaje, pues, es que Jesús ha venido a la tierra a realizar una acción concreta y particular.

En segundo lugar, podemos describir el aspecto instanciacional de un texto como su aplicación. Generalmente cuando pensamos en la aplicación de un pasaje la asociamos con un pasaje imperativo. «Orad sin cesar» (1 Tesalonicenses 5:17) tiene como aplicación el que una persona se dedique a la oración. El hecho o la actividad de orar es la aplicación del mandato expresado en el pasaje.

Pero la aplicación de un pasaje no se limita a la ejecución de un mandato. Un maestro, por ejemplo, puede enseñar la verdad del pasaje a través de una repetición de las palabras, a través de un paráfrasis o a través de una ilustración. Cada una de estas técnicas constituye una «aplicación» del pasaje. Una inferencia desprendida de la verdad bíblica es una aplicación de esa verdad. La aplicación, desde esta perspectiva, incluye no sólo la obediencia sino que también abarca la respuesta correcta al pasaje en nuestros pensamientos, en nuestro hablar, en nuestras actitudes y en nuestra conducta. La aplicación de un pasaje bíblico es, pues, una instanciación de ese pasaje en dicho o en hecho. Es una ilustración, una realización o un desenvolvimiento de las consecuencias de ese pasaje en el contexto de la vida cotidiana. Las aplicaciones de un texto bíblico son, en primera instancia, planeadas por Dios en su sabiduría y conocidas por Dios desde la eternidad. Dios conoce todas las posibles aplicaciones de su Palabra antes de que el hombre las escucha. La aplicación de un texto es, en última instancia, lo que Dios tiene en mente y no lo que el hombre logra a partir de la Palabra.

Por último, podemos describir el aspecto asociacional de un texto como su importe. El importe de un texto reside en la multitud de conexiones que tiene ese texto con otros pasajes en la Biblia. Cada texto arroja luz en otro texto. Juan 17:4 es un buen ejemplo de este proceso. En la frase «he acabado la obra», Jesús se refiere a la totalidad de su ministerio terrenal. El significado de la frase se descubre al compararla con el resto del Evangelio de Juan y al determinar la obra que Jesús tenía en mente. La expresión «que tú me diste» se amplía junto a los otros pasajes en que Juan habla acerca de cómo el Padre envió a Jesús y le encomendó una tarea específica. Al juntar Juan 17:4 con el resto de la narrativa en el evangelio lo llegamos a comprender de forma cabal. Por eso, es de suma importancia leer la Biblia como un conjunto y no como una colección de versículos sueltos.

Podemos deducir, pues, un triángulo de significado que se conforma por las siguientes vértices: sentido, aplicación e importe. Como hemos visto a lo largo de nuestra discusión, cada vértice interpenetra al otro y ofrece una perspectiva distintiva al texto. Pero para muchos el «significado» se concibe ingenuamente como si fuera restringido al «sentido». El significado de un texto es cualquier paráfrasis de la idea central de ese texto. La idea central existe por sí solo, independiente de su contexto. Ahora bien, podríamos decir que el significado es el sentido. Pero el punto importante no es el nombre que le damos a cada aspecto del significado sino que vemos la interpenetración de cada uno en el otro.

La aplicación presupone el sentido. La aplicación siempre es una aplicación de algo, y ese algo es el sentido, la verdad divina encerrada en el texto. Pero las verdades particulares tienen sentido únicamente en el contexto de los sentidos generales que ilustran. Por eso es que el sentido también presupone la aplicación. No se puede comprender un sentido sin aplicación – sin la habilidad de aprehenderlo de forma que tendrá un efecto cognitivo, ideacional y activa en una instancia particular. Si un niño puede repetir la frase «no hurtarás» pero no lo puede explicar ni lo puede llevar a cabo en la práctica, bien podemos decir que ese niño no ha llegado a comprender el sentido de la frase.

```
              Sentido
       (significado estable)
                /\
               /  \
              /    \
             /      \
            /        \
           /          \
          /            \
         /              \
        /_____\
   Aplicación            Importe
(instancia particular)  (conexión con otros pasajes)
```

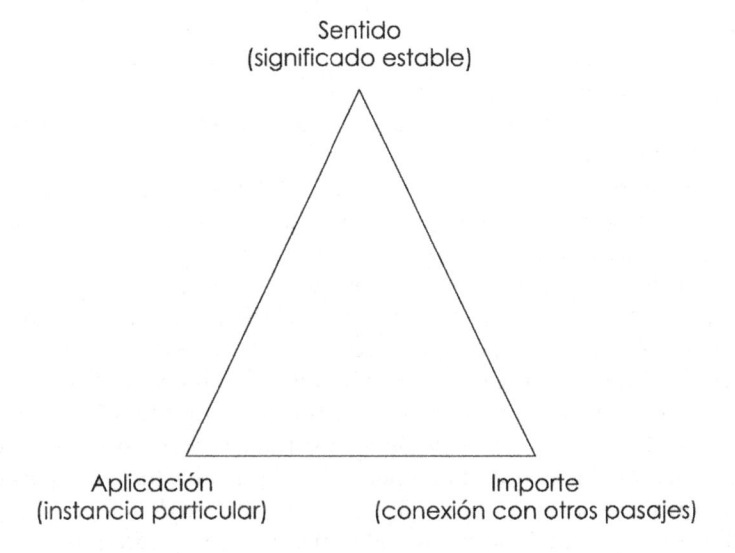

Figura 6.2 El Triángulo del Significado

El sentido también presupone el importe. El sentido existe y es comprensible sólo en relación a su contexto textual e histórico. Este contexto constituye el importe de un sentido. Además, el importe presupone el sentido. El importe de un texto surge a partir de los sentidos de varios textos y su relación el uno con el otro. La aplicación también es posible únicamente dentro del contexto o el importe de otros sentidos que guían la interpretación de un sentido y su relevancia a otros contextos.

El comprender un pasaje bíblico siempre involucra una interacción entre el sentido, la aplicación particular y la riqueza asociacional de su contexto o importe. Pero algunas teorías de la interpretación prefieren que el sentido sea rígido, independiente de su contexto y estrechamente aplicable.

La Profundidad del Importe

Las asociaciones que existen entre un texto y su contexto más amplio son indefinidas. Por eso, aunque el sentido sea definido, siempre interpenetra un contexto o importe que es indefinido. Podemos ilustrar este concepto recurriendo una vez más a Juan 17:4. Como vimos en nuestro análisis anterior, el texto de Juan 17 es una instancia de Dios hablando al hombre y de Dios hablando con Dios. O sea, en este caso específico el Hijo habla con el Padre.

La Interpretación Bíblica

Ciertamente, Juan 17 es escrito por el Apóstol Juan con nosotros, sus lectores, en mente. Es un registro del discurso de nuestro Señor. Pero en este registro, Juan nos reproduce el discurso mismo de Jesús. Por medio del registro de Juan, entonces, percibimos las palabras mismas de Jesús y no simplemente una reproducción vacía de esas palabras. Debido a que Juan es un escritor inspirado por el Espíritu Santo, podemos decir que su registro es una revelación fidedigna del original.

Ahora bien, en el discurso divino del Hijo dirigido al Padre expresiones tales como «yo te he glorificado», «he acabado la obra» y «que me diste que hiciese» tienen un significado indefinido. Sabemos esto porque en la comunión del Padre y del Hijo hay un conocimiento rico e infinito y ese conocimiento se resume en las frases mencionadas. Las expresiones no pierden significado en su sentido definido sino más bien adquieren una riqueza de alusiones.

Como seres humanos, no obtenemos la profundidad del conocimiento divino al leer un pasaje como Juan 17:4. Pero sí sabemos que podemos crecer en conocimiento sin límite al estudiar el pasaje. El Señor nos da conocimiento de sí mismo a través de los pasajes de la Biblia y lo hace a lo largo de toda una vida de estudio y reflexión (Juan 17:7, 21, 25-26). En la medida en que llegamos a un conocimiento más pleno de Dios, vemos más clara y contundentemente las implicaciones incluidas en la comunicación divina entre el Hijo y el Padre en Juan 17:4. Por eso, la profundidad indefinida de riquezas contenidas en este pasaje se nos transmite también a nosotros.

En Juan 17:4 es evidente que el sentido, la aplicación y el importe se interpenetran el uno en el otro. No se pueden separar nítidamente. Las aplicaciones incluyen todas las «obras» particulares que Jesús realizó en su ministerio terrenal. Estas obras no existen en aislamiento, pero cobran su significado pleno en el conjunto de las obras que realizó – «las obras que me diste que hiciese». El sentido del texto, por lo tanto, incluye la totalidad de las obras particulares. Todas las aplicaciones son implicaciones del sentido único, o sea, la afirmación de la deidad de Jesucristo. El que Jesús haya acabado la obra, además, implica el término de todas las obras que el Padre le mandó que hiciera. Convirtió agua en vino, conversó con Nicodemo, habló con la mujer samaritana, le dio de comer a los cinco mil, etc. Estas implicaciones son parte del significado y por eso están incluidas en el sentido del texto.

Pero el sentido, si es que lo entendemos precisamente, no constituye cualquier sentido que se le puede atribuir a las palabras en Juan 17:4. Al contrario, el sentido es aquel que tenían las palabras cuando Jesús las enunció en un momento particular y en un lugar específico. Ese sentido se puede conocer únicamente a través del contexto. Invocamos tácitamente al importe cuando este pasaje nos apunta a otros pasajes en los evangelios en que las obras de Cristo se describen. También, el importe que consiste en el conjunto de todos los pasajes que revelan la obra de Cristo se puede captar únicamente en la medida que se entienda el sentido del texto particular en Juan 17:4. De esta manera, percibimos en este versículo una interpenetración de sentido, aplicación e importe.

El Significado y la Aplicación

¿Qué comparación hay entre la perspectiva del significado y la aplicación que hemos esbozado aquí y otras perspectivas? Es importante destacar tres puntos clave de nuestra aproximación. En primer lugar, Dios da estabilidad al significado y al sentido. Puesto que Dios existe y debido a que todo el significado origina con él, el significado no es inestable. No es una invención que podemos manipular como querramos.

Segundo, Dios es no sólo el autor de las palabras en la Biblia sino que también es su intérprete. Esto se hace plenamente obvio en un pasaje como Juan 17 en que Dios habla con Dios. Pero en virtud del papel del Espíritu Santo como el oyente de la palabra de Dios (ver Juan 16:13), podemos decir lo mismo de todas las palabras en la Biblia.

Tercero, a diferencia de algunas teorías populares sobre la relación entre el significado y la aplicación, hemos afirmado que el significado y la aplicación se interpenetran entre sí. El significado es una perspectiva de la aplicación y la aplicación es una perspectiva del significado. No se puede entender el uno sin la otra ni se puede identificar la una sin la identificación de la otra.[3] Es la voluntad y el plan de Dios que sus palabras tengan el efecto que tienen en sus lectores. Esta intención incluye todos los detalles de cada aplicación que jamás se le haya dado a un pasaje. Las aplicaciones son parte del propósito de Dios. Por eso, en las aproximaciones comunes que equiparan el significado con la intención del autor,[4] todas las aplicaciones son parte del significado. Pero cada aplicación, si es aplicación, tiene que ser una aplicación de algo. Tiene que ser una expresión o instanciación de la intención de Dios, una intención que supera cualquier aplicación particular. Concluimos, pues, que la idea misma de aplicación presupone una unidad de significado a través de la unidad del plan de Dios.

En resumen, podemos asociar el significado con el aspecto clasificacional y la aplicación con el aspecto instanciacional. Pero también tenemos que dar cuenta de la relación entre el significado y la aplicación con el uso del contexto de otras verdades, o sea, tenemos que enfrentar el contexto del importe.

Los evangélicos han notado que las teorías seculares de la recepción ponen en peligro la estabilidad del significado. Esta desestabilización del significado conduce a una situación en que cada quien hace lo correcto según le parezca. En contraste, nosotros hemos argumentado que Dios le da estabilidad al significado. Como Dios no cambia (Malaquías 3:6), el significado de su Palabra tampoco cambia. Dios puede distinguir el final del principio (Isaías 46:10; Salmos 139:16). Posee todo el importe en la infinidad de su sabiduría.

Ahora bien, un aspecto de la sabiduría de Dios es su plan en la historia. Los eventos se desarrollan a lo largo del tiempo. Para el hombre, el importe se hace manifiesto de forma gradual. Comparamos eventos posteriores con eventos previos. Al tomar en cuenta la perspectiva del importe, podemos entender el grano de verdad contenido en las teorías de la recepción. El Espíritu Santo habla a los cristianos y les enseña aun hoy (2 Corintios 3:16-18; 1 Juan 2:20-27; Juan 16:7-16). El canon de las Escrituras se ha cerrado pero la historia de la redención sigue desenvolviéndose a través del reino de Jesucristo. Por eso, nuestro entendimiento de la Biblia cambia y crece con el tiempo. Este crecimiento toma lugar a través de la comunicación continua de Dios con nosotros a través de la Biblia. Lo que dice no cambia, pero nos instruye constantemente al comunicarnos su verdad incambiable. En este sentido, la comunicación entre Dios y el hombre no ha cesado. Desde la perspectiva del desarrollo histórico, desde la perspectiva de la experiencia del cristiano y desde la perspectiva de la vida de la iglesia, el importe de las Escrituras es dinámico y siempre está en ebullición. El cierre de la comunicación de Dios con el hombre de carne y hueso ocurrirá cuando Jesús regresa por su novia (1 Corintios 13:12).

Lo Divino y lo Humano en la Biblia

Hemos aprendido que la riqueza de significado encerrada en la Biblia refleja el carácter de su autor – Dios. Pero, ¿qué papel juegan los autores humanos de los textos incluidos en la Biblia?

Dios creó al hombre a su imagen (Génesis 1:26-27). El lenguaje humano es, por lo tanto, una imagen especular del lenguaje divino. El habla del ser humano involucra el sentido, la aplicación y el importe. Las aseveraciones y los mandatos del lenguaje humano tienen un sentido estable que se expresa o se actualiza en una aplicación o manifestación particular y dentro de un contexto más amplio que constituye su importe.

Pero ¿qué relación existe entre lo divino y lo humano? ¿Cuál es la relación entre el lenguaje divino y el lenguaje humano en el texto bíblico? Cada libro de la Biblia tiene un autor humano y también un autor divino. ¿Existe un mismo significado en las aseveraciones humanas y las aseveraciones divinas en la Biblia?

Al explorar esta pregunta, podemos volver a fijarnos en Juan 17 para modelar una respuesta. En este pasaje, el Cristo divino es quien habla, pero al mismo tiempo el Cristo humano también habla. En base a la unidad en la persona de Cristo, podemos decir que en esta instancia es una persona que habla. El discurso particular que encontramos en Juan 17 es una forma discursiva singular emitida por un hablante singular, a la misma vez divino y humano. Un texto como Juan 17:5, en su carácter divino, tiene un significado infinito. Pero en su carácter humano expresa un significado finito. Siendo Dios, el Hijo conoce todas las cosas (Mateo 11:27), pero siendo hombre el conocimiento de Jesús es limitado (Lucas 2:52). ¿Cómo hemos de comprender este misterio? La verdad es que no lo podemos comprender. Es el misterio de la encarnación.

Sin embargo, a través de este misterio podemos comprender lo que Dios ha revelado en Cristo. Vemos en él la armonía entre lo divino y lo humano. Jesús, el hombre, no conoce todos los detalles del plan de Dios, pero sí conoce los hechos generales en torno a su propio papel en el plan incluyendo su propia naturaleza divina (Juan 17:5). De hecho, en su naturaleza humana sabe que hay un conocimiento más profundo encerrado en su naturaleza divina. Alude a este conocimiento divino en Juan 17:5. En su naturaleza humana, por lo tanto, utiliza un lenguaje que encierra su conocimiento divino.

Al mismo tiempo, sin embargo, Cristo el Hijo eterno de Dios conoce todos los detalles del plan de Dios. Incluido en ese conocimiento es el de su propia naturaleza humana y el del rol concreto que realizará en su naturaleza humana como parte del plan eterno de la redención: «he acabado la obra que me diste que hiciese» (Juan 17:4) mientras que «estuve con ellos» en el estado encarnado en la tierra (Juan 17:12). Dios el Hijo afirma el significado particular de las acciones cumplidas en su naturaleza humana. Por implicación, afirma además las limitaciones de su conocimiento. En la infinidad del plan divino, Dios determina la información precisa que comunicará a través de la naturaleza humana de Cristo y que trasmitirá a los discípulos.

Lo que vemos aquí es algo singular por el hecho de que proviene de la singularidad de la encarnación de Cristo. Pero la singularidad de la encarnación de Cristo revela la identidad eterna e incambiable de Dios. Tenemos aquí una instancia de la operación del triángulo de la imagen que consiste en los vértices originales, manifestacionales y concurrentes. El vértice original se ubica en la divinidad de Cristo, el vértice manifestacional se ubica en su humanidad y el vértice concurrente se ubica en la unión de ambos en una sola persona. No importa con que vértice comenzamos, siempre

La Interpretación Bíblica

acabaremos por afirmar todos. Cada vértice está íntimamente conectado con la otra.

Digámoslo de otra forma. El significado finito del discurso humano de Cristo apunta a y está en unión con el significado infinito de su discurso divino. El discurso humano es una perspectiva del discurso divino y el divino es una perspectiva del humano.

Superemos ahora nuestro enfoque en Juan 17 para aplicar el principio a la totalidad de la Biblia. Cristo es el profeta supremo (Hechos 3:20-26). Por eso es absolutamente singular. Pero también es por eso un modelo a través del cual podemos entender la función de todos los profetas en la Biblia. Es únicamente a través de la mediación de Jesús que nosotros como pecadores podemos recibir la Palabra de Dios y así alcanzar la vida. El ministerio de todos los profetas bíblicos, por lo tanto, presupone el ministerio de Cristo y está fundado teológicamente en él.

Los profetas afirman tácitamente la presencia de Dios en su discurso. Cuando dicen «Jehová ha dicho así» indican que el interlocutor es Dios por medio de ellos. El Señor también afirma la importancia de los profetas cuando nos los presenta. No se trata, pues, ni de la voz única de Dios ni tampoco de la voz única del profeta. «Mas a cualquiera que no oyere mis palabras que él hablare en mi nombre, yo le pediré cuenta» (Deuteronomio 18:19).[5]

En 2 Pedro 1:20-21 vemos una descripción explícita de la unión de la acción divina y la acción humana. «Entendiendo primero esto, que ninguna profecía de la Escritura es de interpretación privada, porque nunca la profecía fue traída por voluntad humana, sino que los santos hombres de Dios hablaron siendo inspirados por el Espíritu Santo».

En la inspiración del discurso profético, pues, encontramos una armonía interior entre los aspectos divinos y humanos. Pero los aspectos divinos y humanos en la profecía no son idénticos. En Juan 17:5, Jesús apunta más allá de los límites del conocimiento humano sin tener que exceder los límites finitos de su naturaleza humana. Cristo, siendo Dios, conoce los límites de su naturaleza pero no está sujeto a esos límites cuando se dirige a Dios como el Hijo eterno en este pasaje.

Por eso, la naturaleza humana de Cristo no puede limitar nuestra interpretación de Juan 17. De hecho, el versículo 5 prohibe tal limitación. ¿Qué nos dice esto acerca de las Escrituras? Así como Cristo tiene una naturaleza divina y una naturaleza humana, la Biblia también tiene ambas naturalezas. Y aunque la analogía no es exacta, sí nos sugiere una verdad perspicaz acerca de la Palabra de Dios. No podemos hacer que la naturaleza humana del discurso bíblico limite nuestra interpretación. La frase «Jehová ha dicho así» nos prohibe una interpretación limitada a la dimensión humana del discurso.

Regresemos ahora a la cuestión del significado infinito. Como vimos en Juan 17:5, cuando Dios habla consigo mismo nos presenta una infinidad de significado.

Pero se puede objetar que en Juan 17 lo que tenemos es la palabra del Apóstol Juan registrada para nosotros. Por eso, podemos limitar nuestra interpretación al significado finito expresado por Juan. Permítame responder a esta objeción. La intención del apóstol no es que escuchemos su voz sino que escuchemos la voz del Hijo de Dios quien habla. El Hijo señala su deidad en Juan 17:5. El apóstol, pues, nos invita a acompañarlo en su contemplación de las palabras infinitas de Cristo confesando a la vez que no las comprende en su totalidad. Su intención es de revelar en alguna medida limitada la infinidad de significado que él mismo no ha logrado comprender. Para respetar la intención del autor en este caso, tenemos que superar su intención, o mejor dicho, su comprensión. La mediación humana del Apóstol Juan, así como la mediación de Cristo en que se fundamenta, no bloquea la infinidad sino que nos invita a accederla.

Hemos llegado, entonces, a una respuesta parcial frente a las objeciones de Oliverio Objetivista. Oliverio Objetivista decía que el significado depende exclusivamente de la intención del autor humano e insistía en la estabilidad de un solo significado para cada texto. Tiene razón al afirmar la importancia del hombre en el mensaje que Dios nos quiere transmitir. También tiene razón al insistir en la estabilidad del sentido. Pero la interpenetración del sentido en la aplicación y el importe hace que sea imposible identificar el sentido en aislamiento. Además, el sentido humano comunicado por los profetas es interpenetrado por el significado divino y, por eso, no es posible limitarnos a la dimensión humana al interpretar la Biblia.

La Diversidad de Modo en la Autoría Divina

En Juan 17 encontramos un modelo no sólo de la relación entre lo divino y lo humano sino también de la diversidad en los modos de autoría divina. El discurso divino incluye el habla del Padre, el habla del Hijo y el habla del Espíritu Santo. Las personas de la Trinidad se hablan entre sí y hablan también al ser humano. En Juan 14-17 vemos una sorprendente diversidad en la enunciación de Dios precisamente por la participación de las distintas personas de la Trinidad.

Se revela una diversidad análoga cuando Dios le habla al hombre. Dios se dirige al hombre en voz audible como ocurrió en el Monte Sinaí (Éxodo 20:18-19). También se dirige al hombre de for-

La Interpretación Bíblica

ma escrita escribiendo, por ejemplo, en las piedras con su propio dedo (Éxodo 24:12; 31:18; 32:16). Se dirige al hombre, además, a través de su mediador profético elegido. Tal fue el caso de Moisés (Deuteronomio 5:22-33; 18:15-18). El profeta puede decir «Jehová ha dicho así» y luego hablar en la primera persona como representante de Dios (Éxodo 32:27; Isaías 43:14). También puede representar las palabras de Dios: «y me dijo Jehová: he oído la voz de las palabras de este pueblo, que ellos te han hablado; bien está todo lo que han dicho» (Deuteronomio 5:28). Incluso puede el mismo profeta responder a Jehová en su propia voz: «Entonces volvió Moisés a Jehová y dijo: Te ruego, pues este pueblo ha cometido un gran pecado, porque se hicieron dioses de oro, que perdones ahora su pecad, y si no, ráeme ahora de tu libro que has escrito» (Éxodo 32:31-32).

Es posible suponer, de forma ingenua, que la voz divina se limita a lo que Dios le dijo al profeta y que las palabras proféticas son palabras humanas. Pero esta es una perspectiva errónea. El discurso profético es el discurso divino; no es una representación del discurso divino. La palabra profética de Dios es una palabra que traspasa al profeta para llegar al oído del Pueblo de Dios. El profeta transmite la palabra que ha oído de Dios. Esta transmisión es parecida a lo que vemos en Juan 17: la palabra que Jesús transmite a los discípulos es la misma palabra que el Padre ha transmitido al Hijo. Su palabra es la palabra del Padre. De la misma manera, la palabra del profeta es la palabra de Dios para su pueblo.

Consideremos otro modo de autoría que se representa en Juan 17. Cuando el Hijo le habla a los discípulos, sus palabras son también del Padre puesto que el Padre mora en él (Juan 14:10). Asimismo, cuando el profeta le habla al pueblo de Dios en su nombre, sus palabras son también las palabras de Dios. El Hijo, además, le habla al Padre acerca de sus discípulos. De la misma manera, el profeta le habla de Dios acerca de su pueblo (Éxodo 32:32).

Es por esto que tenemos que evitar la idea de que la palabra de Dios existe únicamente cuando esa palabra está inscrita en la fórmula «Jehová ha dicho así». Dentro de la Biblia nos encontramos con diversos géneros del habla de Dios. Por ejemplo, en los Salmos el salmista humano derrama delante de Dios sus luchas interiores, sus dudas y su confianza plena. Estos salmos representan al hombre hablando con Dios. Algunos intérpretes han concluido que la humanidad excluye a la divinidad y por eso estos salmos no se pueden considerar la palabra de Dios para el hombre. Pero esa conclusión es falsa. Juan 17 es el habla del humano a Dios y al mismo tiempo es el habla de Dios consigo mismo. De la misma manera, los salmos son discursos humanos, pero estos discursos son inspirados por el Espíritu Santo (2 Pedro 1:21) haciendo que constituya también un discurso divino. Los Salmos son un modelo para la emulación del hombre; son ejemplos que apuntan hacia al discurso perfecto del hombre dirigido a Dios que encontramos en las palabras de Jesús. El Espíritu Santo gimió en las entrañas de los salmistas, tal como se describe en Romanos 8:26-27, y por eso Dios y el hombre hablan en un mismo acto de comunicación. Aunque Dios habla simultáneamente por medio de los escritores inspirados, hay que reconocer que no hablan de la misma forma. El «yo» de los Salmos se refiere al interlocutor humano. El Espíritu Santo habla, no en función del «yo» interlocutor, pero a través de él con instrucciones que nos enseñan como orar. Este discurso doble es posible debido a la morada del Espíritu dentro del salmista.

En resumen, es imprescindible hacer frente al hecho de que no todo el discurso bíblico se nos presenta de la misma forma. La textura del discurso difiere en base a las relaciones interlocutivas. ¿Habla Dios al hombre? ¿Habla el hombre a Dios? O ¿son hombres los que hablan en representación de Dios? No podemos nivelar estas distintas texturas y hacer de la Biblia una comunicación monótona. Las texturas divinas presentes en la Biblia, lejos de eliminar o minimizar la presencia divina, confirman el rico carácter trinitario de esa presencia.

La riqueza es maravillosa. Pero sí resulta en ciertas dificultades interpretativas para Oliverio Objetivista. ¿En qué significado nos debemos de enfocar? ¿En el significado divino penetrado dentro del significado humano o en el significado divino interpenetrado en la misma divinidad? Al leer la Biblia, percibimos las voces distintas del Padre, del Hijo y del Espíritu Santo. Es obvio que nuestro afán es de comprender a cada una de esas voces en su diversidad y en su unidad. Pero este no es el programa original de Oliverio Objetivista cuando insiste en que una palabra puede tener un y sólo un significado. Esta teoría de correspondencia anula la diversidad trinitaria del discurso de Dios.

Las Preocupaciones de la Erudición Bíblica

El problema que enfrenta Oliverio Objetivista es el mismo que ha ocupado a los eruditos bíblicos por muchos años. Oliverio, de hecho, adopta la postura de muchos eruditos. En esta postura, el objetivo del intérprete es de descubrir y descifrar el significado que ya está presente en el texto. Al acumular la información lingüística e histórica necesaria y al analizar esta información con la debida atención intelectual, es posible descubrir el significado objetivo. Este método es seguro porque no permite que el intérprete se acerque al texto según sus propios prejuicios. Pero ¿es válida esta aproximación?

El deseo de lograr una objetividad absoluta nos presenta con varias preguntas. ¿Cuál es el sentido o el importe primario? ¿Es primario el significado o la aplicación? ¿Buscamos en la interpretación la estabilidad o la interacción viva? ¿Perseguimos la objetividad o la subjetividad? ¿Hemos de privilegiar el intelectualismo o el emocionalismo al enfrentarnos con el texto bíblico?

Todas estas preguntas parecen generar dilemas. Pero, la verdad es que son alternativas falsas. La interpretación bíblica responsable incluye estos polos opuestos en completa armonía. Dios nos purifica subjetivamente y a través de esa purificación nos podemos acercar a los aspectos objetivos del mensaje textual. El mensaje objetivo, por su parte, tiene el poder de transformarnos subjetivamente. La aplicación diligente nos conduce a la santificación. Al aproximarnos a la santidad obtenemos una mejor comprensión del mensaje objetivo de Dios. Entre más nos absorbimos en ese mensaje, más nos santificamos.

Por eso rechazamos tanto el intelectualismo como el emocionalismo. Necesitamos el sentido, la aplicación y el importe para interpretar la Biblia correctamente.

Primero, tenemos que entender el sentido. Buscamos a Dios a través de nuestra comprensión de lo que nos dice. Tenemos que aprehender el sentido de su palabra con cada vez más claridad, precisión y profundidad. El Espíritu Santo nunca contradice la Palabra de Dios, pues habla siempre lo que escucha de Dios (Juan 16:13). Además, el Espíritu Santo, como Creador, nos ha provisto de todos los recursos provechosos que encontramos en el lenguaje y en la cultura. Es el Espíritu, pues, el que genera la erudición verdaderamente bíblica. Por eso, los mejores recursos que tenemos para la erudición bíblica son recursos dados por el Espíritu para ayudarnos a aprehender el sentido del texto.

Segundo, el Espíritu Santo nos dirige en la aplicación. No interpretamos apropiadamente la Biblia si hacemos a un lado el imperativo de aplicarla. «Pero sed hacedores de la palabra, y no tan solamente oidores, engañándoos a vosotros mismos» (Santiago 1:22). La aplicación nos conforma a Cristo dándonos a conocer sus pensamientos. Y con la aplicación logramos una interpretación más fidedigna de la Biblia.

Tercero, el Espíritu Santo usa el importe del texto para instruirnos. Es imprescindible que entendamos la Biblia en su totalidad y no tan solo en sus detalles particulares. Pablo resume todo el mensaje de su epístola en 1 Corintios 15:1-4 con el fin de los hermanos en Corinto resistan enfocarse exclusivamente en los detalles.

El Espíritu es nuestro maestro en todos estos aspectos (1 Juan 2:20-27). Pero aún estamos en el camino. A veces fallamos a la hora de integrar sus enseñanzas. Si se me permite la hipérbole, dibujaré una pequeña caricatura verbal para ilustrar esta verdad. La iglesia cristiana se reparte en partidos eruditos y partidos emocionalistas. El partido erudito se enfoca exclusivamente en lo objetivo, lo riguroso. Se esmera en recobrar el sentido gramatical e histórico del texto bíblico. El partido emocionalista se esfuerza por aplicar en devoción cualquier idea que penetra la mente al leer la Biblia. No se pregunta si la idea generada subjetivamente concuerda con el significado objetivo del texto. Pero ambas aproximaciones nos llevan a una parálisis en la interpretación.

Afortunadamente, aprendemos tanto de Dios como de otros miembros del cuerpo de Cristo (1 Corintios 12). El cismo que acabo de describir es una brecha que se va cerrando en la medida que entramos en la comunidad cristiana. Pero aun así, siguen habiendo tendencias que nos conducen a un extremo o al otro.[7]

El partido erudito es la minoría pero es educada y privilegiada. Tendemos a vernos como expertos y portadores de la verdad. Pues, siendo los educados, somos nosotros quienes conocemos la problemática de las masas y lo que necesitan. Ellos nos deben seguirnos a nosotros. Nosotros somos los líderes, la vanguardia. Somos nosotros quienes entendemos y percibimos las verdades bíblicas con mayor profundidad.

Yo, en verdad, simpatizo con un aspecto de esta caricatura. Es decir, pienso que la iglesia debe valerse de la visión perspicaz de los eruditos. Pero hay dos errores fundamentales en este retrato. En primer lugar, nosotros los eruditos no somos infalibles. Tenemos deficiencias espirituales. Aun siendo eruditos, tenemos una necesidad de Dios, tenemos que conocer a Dios y tenemos que aplicar este conocimiento en nuestra erudición y en nuestras vidas cotidianas. La aplicación de la verdad en nuestras vidas nutre e influye en nuestra habilidad académica y en el fruto de nuestra erudición.

El segundo problema con el auto-retrato del erudito bíblico es que sutilmente desprecia la obra del Espíritu Santo entre aquellos que no son eruditos. El Espíritu Santo mora en todos los cristianos, eruditos o no. Y es el Espíritu quien guía a todos a la verdad.

Es por eso que es necesario mirar con detenimiento las formas en que los intérpretes que no son eruditos utilizan la perspicacia divina para entender el texto bíblico. Los eruditos tienden a considerar cualquier aproximación no académico a la Escritura como el fruto de la ignorancia y la subjetividad desenfrenada. Claro que a veces tienen razón. Pero en otras ocasiones hay un mover del Espíritu extraordinario en las interpretaciones ordinarias de la Palabra de Dios. Lo que el erudito tiende a mirar con sospecha bien puede ser la obra del Dios poderoso.

La Ilustración a través de la Analogía

La interpretación bíblica no erudita suele basarse en la analogía. Un texto bíblico sirve como recordatorio de alguna situación dentro de la experiencia del intérprete. Este proceso de analogía es semejante al que usa el erudito bíblico al escudriñar la riqueza de las conexiones entre las verdades de Dios (el aspecto asociacional). La interpretación bíblica erudita y no erudita, pues, exploran las regiones cercanas y remotas del importe del pasaje.

Pero debemos proceder con cautela. El hombre es pecaminoso. Dios no aprueba de todo lo que se nos pasa por la mente. Pero somos dependientes de Dios aun en nuestros pensamientos. Dependemos de él por las asociaciones que hacemos entre distintas verdades que llegamos a conocer. Dios mismo ha establecido y ordenado las conexiones que existen entre las verdades que el ser humano puede conocer y por eso nuestro conocimiento depende de él.

Por eso, las asociaciones que surgen de la interpretación, aunque nos parezcan extrañas, son creadas no por el hombre sino por Dios. Dios pensó en estas asociaciones antes de que las descubriera cualquier hombre. También hizo Dios que fuera posible descubrir estas asociaciones a través del intelecto y la experiencia humana.

El hombre puede descubrir las verdades de Dios en múltiples maneras. Aunque se malinterprete el texto, esa interpretación errónea puede conducir a una verdad respaldada en otra porción de la Biblia. Esto ocurre a menudo en la vida cristiana. Por ejemplo, un joven recién convertido lee en Hechos 18:2: «Claudio había mandado que todos los judíos saliesen de Roma». En respuesta a este texto, el joven decide que Dios le está diciendo que abandone su relación de unión libre con la novia. Tal conclusión es una conclusión bíblica aunque no es una conclusión respaldada por Hechos 18:2.

Consideremos otro ejemplo. En Isaías 54:4-5 leemos:

> No temas pues no serás confundida;
> Y no te avergüences, porque no serás afrentada
> Sino que te olvidarás de la vergüenza de tu juventud
> Y de la afrenta de tu viudez no tendrás más memoria
>
> Porque tu marido es tu Hacedor
> Jehová de los ejércitos es su nombre
> Y tu Redentor, el Santo de Israel
> Dios de toda la tierra será llamado

En alguna ocasión me encontré con una mujer recién enviudada que me comentó el consuelo que este pasaje le había traído. Dijo que cuando falleció su esposo, el Señor le había dado este pasaje para comunicarle que él estaría con su esposo.

El erudito que analiza este texto en su contexto original sabe que Isaías está hablando aquí de Jerusalén, personificada como una viuda (ver Isaías 52:9-10). Jerusalén, por otra parte, es un representante de todo el pueblo de Dios. El sentido de este pasaje gira en torno a la restauración física y espiritual de Jerusalén y del pueblo de Dios, y no en torno al consuelo para las viudas.

Para el erudito, la interpretación de la viuda es completamente errónea y arbitraria. Pero no podemos negar que hay asociaciones generales entre las ideas expresadas en el pasaje y el consuelo divino para las viudas. Si no existieran tales asociaciones, dudo que la mujer habría visto una conexión entre su situación y el pasaje. No le habría sido de consuelo.

Las asociaciones analógicas son asociaciones entre varios elementos en las verdades de Dios. Muchas de estas verdades aparecen en alguna parte de la Biblia. Otras las deducimos de un pasaje o de varios pasajes. Por ejemplo, en 2 Corintios 1, Dios se propone a consolar a su pueblo en muchas circunstancias distintas. La viudez es una de esas circunstancias. Por eso, el Señor sí prometió consolar a la viuda y, en este caso particular, optó por utilizar el texto de Isaías 54 para llevar a cabo su promesa.

La viuda, por lo tanto, no erró en su interpretación. Tampoco erró al percibir una asociación entre el consuelo a las viudas en Isaías y el consuelo que ella necesitaba en su circunstancia actual. Habría cometido un error si hubiera dicho que el sentido del texto es su propio consuelo. Pero la verdad es que no hubiera hecho tal afirmación. Lo que está diciendo es que el Señor aplicó el pasaje en su corazón para lograr consolarla en medio de una gran tribulación. En la interpretación bíblica ordinaria no es común invocar la idea técnica del sentido, pero sí se hace una distinción precisa entre el sentido, el importe, la aplicación y la asociación. La viuda entreteje estos diferentes aspectos del significado de una forma precisa pero inconsciente.

¿Qué papel tuvo el Espíritu Santo en la interpretación que esta viuda hizo de Isaías 54? Aprendió del texto una gran verdad bíblica y la aprendió a pesar de que esa verdad no estaba asociada con el texto interpretado. ¿Cómo podemos explicar esta situación? ¿Es la obra de Dios? ¿Fue el Espíritu Santo quien utilizó estas asociaciones para conducir a la viuda a su verdad?

Yo diría que sí. Pero ¿cómo lo sabemos? Lo sabemos porque Dios es soberano sobre las operaciones de la mente humana. Y a partir de 2 Corintios 1 sabemos que el efecto final es un efecto propiamente bíblico. Su conclusión no contradice las Escrituras sino que está en completa armonía con la enseñanza bíblica.

De hecho, la asociación que la viuda hace con Isaías 54:4-5 en este caso no es tan desviada como parece. En Gálatas 4:27, Pablo indica que la promesa a Jerusalén en Isaías 54 se cumple en el Jerusalén celestial, o sea, en la Iglesia. La viuda es un creyente y por eso pertenece al Jerusalén celestial. Los beneficios que Cristo compró en la cruz son beneficios para ella debido a su unión con Cristo. Efesios 5:22-33 nos dice que Cristo es el novio de la Iglesia. Si ella es parte de la Iglesia, entonces Cristo mismo le es un esposo. La ilustración de la viuda en Isaías 54:4-5, además, le es de especial relevancia ya que señala la necesidad precisa que ella tenía de este consuelo divino. Cuando vemos el terreno más amplio del contexto, vemos que este pasaje sí aplica a su circunstancia y responde de manera poderosa a su necesidad.

Sería difícil que alguien sin entrenamiento y formación académica pudiera seguir todos los pasos analíticos que hemos recorrido. La viuda tal vez no hubiera podido citar Gálatas 4:27 o Efesios 5:22-33 en respaldo a su interpretación. Pero el Espíritu Santo conoce todas estas conexiones y sabe todos los argumentos de respaldo. Pero más importante aún, el Espíritu Santo sabe cómo y por qué está haciendo obrar su palabra en la vida de esta mujer.

En resumen, podemos decir que la interpretación que hace esta viuda de Isaías 54:4-5 es una interpretación correcta. Pero ¿podemos aceptar cualquier interpretación no importa lo descabellado que se ve? Claro que no. El hombre es pecaminoso y es dado a la interpretación errónea y herética. Su tendencia es de distorsionar y de torcer la Palabra de Verdad. Pero ¿cómo podemos distinguir entre una interpretación como la de la viuda y una interpretación herética? Tenemos que escudriñar la Biblia. La Biblia es la norma máxima y absoluta. Cualquier interpretación que crea tensión con el conjunto de la verdad bíblica ha de ser rechazada.

No podemos decir que cualquier interpretación es válida. Tal parece ser la posición errada de Abigail Afirmacionista. Sin embargo, sí debemos reconocer que el Espíritu Santo nos instruye en diferentes maneras a través de múltiples asociaciones y a través de una lógica particular a nuestra propia conciencia.

Podemos decir que aun el mal uso de Hechos 18:2 por el joven que abandona su relación de unión libre con la novia es el trabajo del Espíritu Santo. El Espíritu utiliza el texto bíblico como un trampolín para convencer y estimular al espíritu del creyente. Como el creador y el gobernador soberano del lenguaje, el Espíritu establece y dirige toda asociación y analogía. Incluye bajo su mandato no sólo la analogía «estrecha» utilizada por los eruditos sino también las asociaciones «amplias» que solemos relacionar con la intuición espiritual. El importe del significado bíblico está en expansión y al final abarcará el plan entero de Dios en toda su plenitud.

Si el espíritu del hombre se sintoniza con el amor de Dios y si el Espíritu es su guía, entonces, las conclusiones bíblicas son inevitables. Los eruditos podrán decir que las conclusiones son erróneas. Pero el Espíritu Santo tiene el señorío y la autoridad tanto sobre el erudito como sobre el hombre o la mujer común. Junto con los eruditos debemos de reconocer que hay una diferencia entre la paráfrasis y otras dimensiones del lenguaje. Debemos reconocer también la estabilidad en el sentido del pasaje bíblico. Pero junto con los intérpretes no eruditos debemos reconocer que hay muchos modelos de analogía y una multiplicidad de asociaciones potenciales en cada pasaje. Debemos reconocer, además, que estas analogías y asociaciones pueden ser utilizadas por Dios para abrir caminos hacia a él.

Agustín de Hipona hace una observación semejante:

> Todos los que leemos, sin duda nos esforzamos por averiguar y comprender lo que quiso decir el autor que leemos, y cuando le creemos veraz, no nos atrevemos a afirmar que haya dicho nada de lo que entendemos o creemos que es falso.

> De igual modo, cuando alguno se esfuerza por entender en las Santas Escrituras aquello que intentó decir en ellas el escritor, ¿qué mal hay en que yo entienda lo que tú, luz de todas las mentes verídicas, muestras ser verdadero, aunque no haya intentado esto el autor a quien lee, si ello es verdad, aunque realmente no lo intentara?[8]

En la primera parte de su observación, Agustín se enfoca en la preocupación de los eruditos por descubrir el sentido estable: «lo que quiso decir el autor que leemos». Pero en la segunda parte, reconoce que Dios puede usar ese mismo pasaje para elucidar una verdad distinta: «¿qué mal hay en que yo entienda lo que tú, luz de todas las mentes verídicas, muestras ser verdadero, aunque no haya intentado esto el auto a quien lee?» La legitimidad del efecto se basa en la unidad de la verdad de Dios. También dice Agustín:

> Quien conoce la verdad, conoce esta luz, y quien la conoce, conoce la eternidad. La caridad es quien la conoce.

> Si los dos vemos que es verdad lo que tú dices, y asimismo vemos los dos que es verdad lo que yo digo, ¿en dónde, pregunto, lo vemos? No ciertamente tú en mí ni yo en ti, sino ambos en la misma inmutable Verdad, que está sobre nuestras mentes.[9]

Debemos señalar otro aspecto en el pensamiento de Agustín: que hay una diferencia entre la verdad y el error. Cada conclusión a la que llegamos tiene que ser examinada, no importa si hemos usado la lógica o la intuición para llegar a esa verdad. No todos los pensamientos del hombre son igualmente válidos. Los hombres son pecadores. Dios utiliza analogías pre-establecidas para mantener al necio en su necedad y también para animar al hombre de fe.

Además, aunque parece haber una antítesis fundamental entre aquellos que sirven a Dios y aquellos que no lo sirven, en esta vida todos somos inconsistentes. No debemos de entregarnos a la necedad simplemente porque somos creyentes. No debemos pensar que nuestras imaginaciones han sido bendecidas por Dios de tal forma que Dios apruebe de todo lo que nos pase por la cabeza. Tampoco debemos permanecer ingenuos ante el pecado remanente que tiñe nuestras inclinaciones, ante la tentación de Satanás y ante el pecado de poner Dios a prueba (esto es lo que hizo Satanás cuando tentó al Señor Jesucristo). Debemos evitar el error de atribuir al mover del Espíritu Santo cada sentimiento que hincha nuestros corazones. En la historia de la iglesia vemos el daño que han hecho los movimientos que se han entregado de forma ingenua a un mover, supuestamente directo, del Espíritu.[10]

¿Cómo, entonces, hemos de distinguir entre las ideas y las asociaciones que Dios aprueba y las que no aprueba? Otra vez, la misma Palabra de Dios ha de ser nuestra guía. Más directamente, el sentido apropiado del texto ha de constituir el punto de partida para cualquier reflexión. El Salmista dice: «La ley de Jehová es perfecta, que convierte el alma; el testimonio de Jehová es fiel, que hace sabio al sencillo» (Salmos 19:7). Dios no aprueba de lo que contradice su Palabra.

También es importante que no nos olvidemos que Dios juzga las actitudes del corazón y no se limita a juzgar únicamente las acciones o las conclusiones teológicas. Supongamos que un teólogo extrae a partir de asociaciones extrañas una verdad que en el fondo es bíblica. Dios aprueba de la conclusión, pues la verdad que expresa el teólogo es su verdad. Sin embargo, no aprueba del método utilizado para llegar a esa verdad. Tampoco aprueba necesariamente del teólogo. Aquellos que cuentan con buenas intuiciones y dones de razonamiento analítico pueden usarlos para la pereza. Su actitud, entonces, es pecaminosa aunque sus conclusiones sean ortodoxas.[11]

Concluyo, pues, que la intención de Dios es de usar todos los recursos disponibles a la mente humana, por descabelladas que nos parezcan, para cumplir sus propósitos. Si estos recursos constituyen parte de la intención de Dios, entonces forman parte del importe del mensaje de Dios. El importe y la aplicación de la Biblia es, por naturaleza, amplia. En sus horizontes se incluye toda la verdad que Dios ha comunicado en la Biblia. La totalidad de la verdad, además, interpenetra cada texto de la Biblia. Cada texto está en completa ararmonía con la totalidad de la verdad. Al mismo tiempo, el sentido de la verdad es estable. Todos los propósitos de Dios son estables, pues Dios es el mismo hoy, mañana y para siempre.

Esta conclusión se refuerza al considerar nuestras reflexiones anteriores sobre la concurrencia. Todas las verdades de Dios moran en él, pues él mora exhaustivamente en sí mismo. Hay concurrencia, por lo tanto, entre la verdad de Dios y el ser de Dios. La identificación de una verdad acerca de Dios conduce a todos las demás verdades acerca de él. Pues cada verdad es una revelación de su ser divino y de su gloria siempre y cuando es el Espíritu Santo quien nos la revela. Todas las asociaciones entre un texto bíblico y otro tienen su fundamento y sustancia en la unidad del plan de Dios y en su sabiduría. Cada verdad es concurrente con todas las demás en base a la omnipresencia de Dios y su auto-presencia a través del Espíritu (1 Corintios 2:10).

Creatividad
Es menester recordar que Dios es el Creador. Nos puede sorprender con algo nuevo. No es un prisionero de su propia creación. Lo que dice en un momento determinado no es simplemente un reflejo mecánico de lo que ha dicho anteriormente. Dios habla en circunstancias nuevas. Su amor y su fidelidad son la garantía de que lo que dice será accesible a nosotros. Pero la accesibilidad de su palabra radica tanto en su presencia como persona como en la estabilidad del sentido de lo que ha dicho. El contenido y la presencia personal son, pues, aspectos complementarios de la comunicación de Dios – el uno no cancela o elimina a la otra.

Por eso en la comunicación de Dios, el importe del pasaje se indica por medio de sus partes y de su contexto y simultáneamente excede cualquier cálculo mecánico. Obtenemos acceso al importe de la comunicación de Dios a través del ejercicio de nuestras facultades racionales, por la creatividad del espíritu humano y por la superintendencia y el control del Espíritu Santo.

Hay algo de verdad en la vieja noción de la interpretación como arte y no como ciencia. En esta noción se expresa la realidad de que la interpretación supera la técnica mecánica. No es un procedimiento que podemos aplicar con precisión independiente de nuestro propio estado espiritual. En ese sentido, la ciencia tampoco es una simple técnica mecánica, sin embargo, nos desviaríamos del tema al tatar este asunto en mayor detalle.

Por eso podemos decir que los «saltos» interpretativos que vemos en la hermenéutica actual son producto de la creatividad.

Cuando dichos saltos conducen a conclusiones y aplicaciones que muestran un carácter bíblico, podemos decir que son el resultado de la obra creativa del Espíritu Santo quien dirige la creatividad del espíritu humano. Pero, como hemos advertido anteriormente, tales saltos no siempre conducen a conclusiones bíblicas.

Diversidad en el Cuerpo de Cristo
Por último, tenemos que tomar en cuenta la diversidad en el cuerpo de Cristo. Aunque el sentido de un pasaje bíblico sea único, las aplicaciones de ese pasaje son múltiples y diversas. Hay una diversidad de personas a quienes el pasaje se aplica y hay diversas circunstancias y ocasiones de la aplicación. María Misióloga tiene razón al afirmar que las aplicaciones de las Escrituras pueden variar de una cultura a otra.

Las aplicaciones pueden surgir de un solo texto o del conjunto de múltiples pasajes. Cuando un pasaje se conecta con una aplicación por medio de conexiones analógicas obvias y cercanas, podemos bien decir que dicha aplicación es una aplicación del texto. Por ejemplo, cuando digo que me rehúso a hacer trampas en la paga de los impuestos, estoy aplicando el pasaje «no hurtarás».

En otros casos, la aplicación proviene del conjunto de múltiples textos bíblicos. Por ejemplo, en mi hogar tengo que decidir cuántos automóviles necesitamos, si los he de comprar nuevos o usados, y qué tipo de automóvil me conviene más. Dios me guía en mi decisión por medio de su Palabra. Me da instrucción sobre el materialismo, sobre el uso del dinero, sobre la importancia de los motivos, sobre el uso de dones, sobre el cuidado de la familia, sobre el cuidado de los pobres, sobre la dependencia en Dios, sobre el valor del consejo del hermano, sobre la oración, etc. Todas estas verdades figuran en mi decisión en esa circunstancia específica. El mandamiento «no hurtarás» nos da dirección en cuanto a nuestra perspectiva sobre las posesiones materiales. Por eso, muchas de las decisiones que hacemos con respecto a las posesiones materiales son una aplicación de ese texto. Pero la aplicación requiere de creatividad, imaginación y visión en el entendimiento del propósito de Dios para mi vida y mis posesiones.

Una examinación más detenida, aun de un caso simple, como el de no hacer trampas en el pago de los impuestos revela que no es una aplicación trivial. Podemos desprender elementos contextuales de otros pasajes de la Biblia. Pasajes como Romanos 13:1-7, Mateo 22:15-22 y 1 Pedro 2:13-17 me enseñan que el gobierno tiene el derecho legítimo de grabar impuestos. Tales pasajes cobran mayor importancia cuando el gobierno utiliza estos fondos para hacer lo injusto, como promover el aborto. También me ayuda la reflexión en la verdad de Dios y mi responsabilidad de modelar su presencia en mi al decir la verdad.

Por eso es difícil encontrar un caso preciso en que hay una aplicación de un pasaje independiente sin considerar su contexto bíblico mayor. De hecho, en un sentido estricto diría yo que tal aplicación es imposible. Pues es imposible determinar siquiera el sentido básico de un texto sin colocarlo dentro de la totalidad de la verdad revelada de Dios. Por eso toda interpretación y toda aplicación involucra una interacción plena con múltiples dimensiones contextuales. Aun las aplicaciones de un texto que parecen ser simples y directas dependen de asociaciones con otros pasajes y, sobretodo, dependen del conocimiento de Dios. La aplicación depende de las relaciones contextuales, depende del importe y depende del amplio conjunto de verdades reveladas en la Biblia.

Al mismo tiempo, es difícil encontrar un caso de aplicación que no tiene su raíz en la aplicación de los diez mandamientos. Todo discurrir teológico es una aplicación del mandamiento: «no hablarás contra tu prójimo falso testimonio». Como bien ha señalado John Frame, cada mandamiento muestra una perspectiva hacia a Dios y hacia a su voluntad para nuestras vidas.[13] En realidad, toda nuestra vida es una aplicación de cada uno de los diez mandamientos.

Es inevitable que la interpretación sea diferente de persona a persona y de cultura a cultura. Dios habla a cada individuo a través de las Escrituras para que esa persona aplique su palabra en una multitud de situaciones particulares. Las aplicaciones difieren de una persona a otra y también de una situación a otra. El importe de la Palabra de Dios no se restringe a una persona o a una situación en la vida de la persona. El importe de su Palabra incluye el plan total de Dios para todo el curso de la historia. Al mismo tiempo, Dios distingue entre lo bueno y lo malo. Su Palabra indica lo que es justo y lo que es injusto. No todas las aplicaciones son legítimas. Pero todas las aplicaciones armonizan con el sentido de las Escrituras.

Hay que recordar la intimidad de Dios con el hombre. Un orador humano puede tener las destrezas adecuadas de poder captar y mantener el interés de todo su público, pero aun así no todos recibirán el mensaje de la misma manera. Las parábolas de Jesús nos presentan un caso similar en la comunicación de Dios con el hombre. Pero ahora vemos que cuando se trata de la aplicación detallada de la Palabra, la comunicación de Dios siempre funciona así. Distingue su efecto de entre múltiples aplicaciones hechas por una multitud de personas diferentes.

La unidad del ser de Dios es el fundamento irrefragable para la unidad de su verdad, la unidad de su propósito y la estabilidad del sentido de sus palabras cuando nos habla. Pero podemos afirmar además la realidad de la diversidad. La diversidad misteriosa trinitaria es el fundamento de la diversidad en el mundo, la diversidad en la historia y la diversidad de los propósitos particulares que Dios lleva a cabo en la historia. La diversidad del pueblo de Dios es una imagen de la riqueza del amor trinitario. La diversidad de aplicaciones de la palabra en la vida del creyente no contradice la unidad de Dios sino que está en armonía con su unidad.

Claro que algunos piensan que esto nos da una excusa para reafirmar la autonomía humana. Dirán: «puedo hacer lo que quiero pues mi conducta no tiene que ser igual a los demás». Hay que recordarles a estas personas de la distinción entre la aprobación y la desaprobación de Dios. He estado considerando las aplicaciones de las Escrituras en general pero lo que tengo en mente son las aplicaciones legítimas y aprobadas por Dios. Estas aplicaciones de las Escrituras se realizan en obediencia a Dios. No toda aplicación se realiza de esta manera. Tenemos que estar conscientes de las artimañas del diablo y de la posibilidad de nuestra propia autodecepción.

Cuando Dios descubre al hombre en su pecado y su necedad también lo hace a través de su Palabra. Por eso, aun las interpretaciones erróneas pecaminosas de la Biblia son «aplicaciones» en un sentido amplio. Serían aplicaciones negativas y no aplicaciones positivas. En este caso, la aplicación le trae juicio y condenación al pecador. La palabra se aplica como una espada de dos filos – trae destrucción y trae gracia. Hallamos de entre nuestra necedad la gracia no por nuestros propios méritos. Dios nos busca a nosotros antes de que podemos buscarle a él.

El Papel Positivo de la Erudición Bíblica
Me he esforzado por validar la intervención del Espíritu Santo en las interpretaciones bíblicas hechas por personas sin formación teológica académica. Pero quiero añadir que también afirmo el valor del estudio académico de la Biblia cuando dicho estudio se lleva a cabo para la gloria de Dios. El estudio académico le ayuda a la iglesia a refinar su entendimiento de las Escrituras. Esa fue la contribución más importante de la Reforma y puede ser una contribución hoy en día también.

Tenemos que evitar la tendencia de crear un cisma entre la creación y la redención, favoreciendo a una y despreciando a la otra. El Espíritu Santo juega un papel importante tanto en la creación como en la redención. Fue un instrumento en la creación (Génesis 1:2; 2:7). También es la fuente de todos los dones intelectuales y de las facultades racionales que provienen de la creación. Por eso, el Espíritu es la fuente principal del verdadero entendimiento de la redención (1 Corintios 2:8-16). Apreciar y atesorar al Espíritu es apreciar y atesorar sus dones tanto en la creación como en la redención. Estos dones incluyen las habilidades intelectuales, la humildad, el discernimiento espiritual y la habilidad de sobreponernos al engaño del diablo.

El erudito incrédulo se equivoca cuando eleva los dones intelectuales pero ignora el arrepentimiento, la humildad, el discernimiento espiritual y la transformación de la mente (Romanos 12:2). Pero el cristiano ordinario también se equivoca cuando eleva el arrepentimiento y el discernimiento espiritual pero ignora los dones intelectuales como un producto exclusivamente mundano. De hecho, son los dones de la enseñanza y la proclamación del evangelio que tienen un lugar especial en el proceso íntegro del crecimiento del cuerpo de Cristo (Efesios 4:16). Todos los dones son importantes y todos son esenciales en la conformación de un solo cuerpo como bien lo declara Pablo en Efesios 4:11-16.

NOTAS

1. Para mayores detalles consulte Vern S. Poythress, «Reforming Ontology and Logic in the Light of the Trinity: An Application of Van Til's Idea of Analogy», *Westminster Theological Journal* 57 (1995): 187-219.

2. Estas tres categorías – la clasificacional, la instanciacional y la asociacional – corresponden con las categorías de contraste, variación y distribución. He usado estas últimas en *Philosophy, Science and the Sovereignty of God* (Nutley NJ: Presbyterian and Reformed, 1976), 123 y en «A Framework for Discourse Analysis: The components of a Discourse from a Tagmemic viewpoint», *Semiotica* 38-3/4 (1982): 289-290. Las categorías anteriores se derivan de los tres modos propuestos por Kenneth Pike – el modo del rasgo, el modo de la manifestación y el modo de la distribución en su libro *Language in Relation to a Unified Theory of the Structure of Human Behavior* (The Hague/Paris: Mouton, 1967) 84-93. Ver también Kenneth L. Pike, *Linguistic Concepts: An Introduction to Tagmemics* (Lincoln: University of Nebraska Press, 1982) 41-65. Empleo aquí una nueva terminología con el fin de hacer más transparente mi intención y de enfatizar la base de las categorías en la revelación trinitaria de Juan 1:1. La nueva terminología, por lo tanto, expresa principalmente aspectos de Dios y analógicamente estos aspectos se extienden a la creación. Tiene la virtud de mostrar la generalidad de los términos de Pike pero se extienden más allá de la descripción lingüística.

3. Ver Frame, *Doctrine of the Knowledge of God*, 83, para más sobre el entretejido del significado y la aplicación. Frame propone una sinonimia en estos términos pero yo veo una distinción. Aunque divergimos en nuestro vocabulario, nuestras ideas son muy semejantes ya que acordamos en la circuncesión del significado y la aplicación y por lo tanto en su inseparabilidad.

4. Por ejemplo, E.D. Hirsch, *Validity in Interpretation*. Tales posiciones son comunes entre intérpretes evangélicos y filósofos analíticos. Para una breve argumentación a favor de la circuncesión del significado y la aplicación ver Frame, *Doctrine of the Knowledge of God*, 83-84, 97-98. Frame afirma provocativamente que el significado *es* aplicación, (p. 97) y propone que ambos términos son intercambiables (p. 83). Por mi parte, distingo los dos térmi-

nos pero mantengo su relación de perspectiva. No veo un desacuerdo sustancial aquí.

5. Ver Vern S. Poythress, «Divine Meaning of Scripture», *Westminster Theological Journal* 48 (1986): 241-79.

6. Frame, *Doctrine of the Knowledge of God*, contiene material valioso acerca de los peligros de introducir polaridades falsas entre la objetividad y la subjetividad.

7. Véase la discusión entre Oliverio Objetivista y Pedro Pietista. Pietista representa el polo que enfatiza la aplicación. Objetivista constituye un ejemplo de un énfasis en la objetividad gramático-histórico. Dorotea Doctrinalista y Fátima Factualista serían otros ejemplos.

8. Agustín, *Confesiones*.

9. Ibid, 7.10, 12.25

10. Ver Richard F. Lovelace, *Dynamics of Spiritual Life: An Evangelical Theology of Renewal* (Downers Grove: IVP, 1979), 262-69.

11. Agustín repite este punto a lo largo de su obra.

> Pero que ellos sostengan que Moisés no sintió lo que yo digo, sino lo que ellos dicen, no lo quiero ni lo amo; porque aunque así fuera, semejante temeridad no es hija de la ciencia, sino de la audacia; ni lo es de visión, sino de soberbia. Por eso, Señor, son terribles tus juicios, porque tu verdad no es mía ni de aquél o del de más allá, sino de todos nosotros, a cuya comunicación nos llama públicamente, advirtiéndonos terriblemente que no queramos poseerla privada, para no vernos de ella privados. Porque cualquiera que reclame para sí propio lo que tú propones para disfrute de todos, y quiera hacer suyo lo que es de todos, será repelido del bien común hacia lo que es suyo, esto es, de la verdad a la mentira. *Porque el que habla mentira, de lo que es suyo habla* (12.25)

12. Véase, por ejemplo, Michael Polanyi, *Personal Knowledge* (Chicago: University of Chicago Press, 1958); Stanley L. Jaki, *The Road of Science and the Ways to God* (Chicago: University of Chicago Press, 1980); Cornelius Van Til, *Christian-Theistic Evidences* (Nutley NJ: Presbyterian and Reformed, 1976); Vern Poythress, «Science as Allegory», *Journal of the American Scientific Affiliation* 35-2(1983): 65-71; Harry Van Der Laan, *A Christian Appreciation of Physical Science* (Hamilton, ON: Association for Reformed Scientific Studies, 1966); Thomas S. Kuhn, *La Estructura de las revoluciones científicas* (México: Fondo de Cultura Económica).

13. John M. Frame, «The Doctrine of the Christian Life», manuscrito inédito, Westminster Theological Seminary, Escondido California; Vern S. Poythress, *Symphonic Theology*, 32-34.

CAPÍTULO 7
El Significado Léxico

Hernando Hermenéuta:
Al discutir estos temas, tenemos que poner atención especial en los términos que utilizamos. ¿Sabemos exactamente a lo que nos referimos cuando usamos un término en particular? Esto cobra importancia especial cuando usamos términos teológicos. Por ejemplo, ¿qué queremos decir al usar la palabra «Dios»?

Fátima Factualista:
Las palabras tienen las definiciones que encontramos en el diccionario. No tienen más ni menos significado que eso.

Dorotea Doctrinalista:
No, tenemos que dejar que Dios se defina a sí mismo. Un diccionario no puede captar el espectro amplio de significado que Dios revela de sí mismo.

Laura Liturgista:
Bueno, es por medio de la adoración que podemos tener un encuentro con Dios.

Lo que hemos aprendido acerca del significado en general también lo podemos aplicar en el nivel del significado particular (o léxico) de las palabras.

En la totalidad del discurso de Juan 17 nos enfrentamos a un significado infinito. ¿Podemos decir que el mismo significado infinito se aplica a la palabra «gloria» en Juan 17:5? «Ahora pues, Padre, glorifícame tú al lado tuyo, con aquella gloria que tuve contigo antes de que el mundo fuese» (Juan 17:5). Hay una riqueza infinita de significado en este enunciado. Me parece que la misma riqueza la encontramos en la palabra suelta «gloria», ya que evoca el conocimiento infinito de la gloria pre-existente de Cristo. Entonces, los términos léxicos individuales nos confrontan con misterios semejantes a los que encontramos en la totalidad de Juan 17.

Las Palabras y los Nombres
¿En qué consisten las palabras y los nombres que usamos y cuál es su origen? El nombre de Dios lo identifica de forma exclusiva y absoluta. De la misma manera, Dios ha dado nombres a sus criaturas y a los distintos aspectos de su creación. Debemos, entonces, apreciar

a los nombres y a las palabras que se refieren a las criaturas de la misma manera en que apreciamos el nombre de Dios. Puesto que el nombre de Dios es trinitario (Mateo 28:19), esperamos que los nombres en la creación sean dependientes del Dios trino.

Digámoslo de otra manera: las palabras humanas tienen una dependencia ontológica en la Palabra eterna que se revela en Juan 1:1. Las palabras humanas existen según el patrón del Verbo eterno. Por eso, las palabras humanas contienen aspectos clasificacionales, instanciacionales y asociacionales.

Consideremos, por ejemplo, la palabra *camello*.

En primer lugar, la palabra *camello* tiene aspectos instanciacionales. Ocurre en múltiples instancias. Se puede decir de forma rápida o de forma lenta. Se puede utilizar para referirse a diferentes entidades dentro de la clase de camellos. Puede usarse el término camello para referirse al dromedario con una sola joroba o al bactriano con dos jorobas.

Aprendemos la palabra *camello* a través de la exposición a sus múltiples instancias en contextos definidos con asociaciones precisas. Puede ser que veamos fotos o dibujos de camellos. Puede ser que se nos describe verbalmente las características esenciales de esta especie animal. De cualquier manera, los retratos o las descripciones son instancias o instanciaciones que son necesarios en el aprendizaje de la palabra.

En muchas ocasiones, las particularidades matizan nuestro conocimiento posterior. Inmediatamente después de aprender el significado de la palabra *camello*, esa palabra ya quiere decir 'un animal como el que vi en la foto' o 'un animal con las características que se le atribuyeron en la descripción o definición.' Claro está que esa impresión puede modificarse a través de experiencias posteriores en donde llegamos a palpar, ver y oler a un camello. Sin embargo, estas experiencias posteriores constituyen más bien instanciaciones. Las instanciaciones posteriores modifican la impresión de la instanciación inicial. No hay ocasión en que una instanciación particular se suprima – siempre se construye una instanciación sobre otra.

En segundo lugar, la palabra *camello* tiene un aspecto clasificacional. Cada instancia o ocurrencia de la palabra *camello* pertenece a la clase de «camello». Hay una unidad que pertenece a todas las instanciaciones de la palabra. La palabra se reconoce en y a través de todas y cada una de sus instanciaciones.

Una expresión de esta unidad clasificacional es nuestra habilidad de reconocer y distinguir la palabra de otras palabras en español. Es distintivo en su pronunciación. Se distingue por una secuencia de sonidos [kameyo] y por una secuencia ortográfica c-a-m-e-ll-o. Estas secuencias se distinguen clara y categóricamente de otras secuencias admisibles en el idioma. La distinción de la palabra, además, no existe únicamente en su fonología y en su ortografía, sino que se distingue también en su significado. La palabra cubre toda instancia del mamífero del género *camelus* e incluye rasgos característicos que contrastan con otros tipos de animales. Hay contraste, por ejemplo, con otras palabras como *perro, gato* y *cerdo*. El contraste, entonces, es una parte íntegra del aspecto clasificacional de las palabras.

En tercer lugar, la palabra *camello* tiene un aspecto asociacional. La palabra aparece en múltiples contextos verbales distintos. Se usa en situaciones en las que se aclara el referente 'camello' – son contextos de comunicación humana en que hablamos, escuchamos y pensamos. Ocurre más precisamente en el contexto de la lengua y los hablantes del español. Cuando somos niños, aprendemos la palabra *camello* a través de una exposición a los contextos en que dicha palabra se usa.

Nuestra palabra *camello* presupone también la palabra de Dios que rige la creación del camello. La unidad de la palabra en todas sus instanciaciones se debe a la estabilidad y a la consistencia de Dios en sí mismo. La palabra de Dios concerniente al camello se caracteriza por su unidad por que Dios es uno. La palabra del hombre concerniente al camello se caracteriza por diversidad porque Dios, en su creatividad y su fecundidad, ordena la diversidad de instancias. Hay un contexto asociacional en las palabras humanas porque las palabras de Dios, todas y cada una de ellas, se asocian con el plan eterno de Dios en la unidad de su sabiduría.

Hay circuncesión en estos tres aspectos del significado. Cualquier ocurrencia de la palabra *camello* se identifica con una instancia de esta palabra y no de otra palabra. Cuando decimos 'camello' no nos referimos, por ejemplo, a un perro. Por eso, el aspecto instanciacional presupone el aspecto clasificacional. Igualmente, podemos hablar de la clase de camellos sólo si podemos identificar una instancia u ocurrencia particular de la palabra. Por lo tanto, el aspecto clasificacional también requiere del aspecto instanciacional.

En principio, podríamos realizar un análisis de este tipo con cualquier palabra de cualquier idioma humano. Toda palabra, en todo idioma, contiene un aspecto instanciacional, un aspecto clasificacional y un aspecto asociacional.[1] Esto se debe a que el lenguaje humano y las palabras humanas dependen del lenguaje de Dios. El habla de Dios es necesariamente un habla trinitario, trimodal y circunceso. El habla del hombre depende del habla de Dios. Debido a que conduce hacia al conocimiento de Dios, el habla del hombre es necesariamente trimodal y circunceso por analogía.

Se pueden observar efectos similares cuando nos fijamos no sólo en las palabras y la lengua, sino también en la creación misma.

Los camellos, junto con toda la creación, fueron creados a través de una operación trinitaria. El Padre es el Creador (1 Corintios 8:6), el Hijo es el Creador (1 Corintios 8:6; Juan 1:3; Colosenses 1:16) y el Espíritu también es Creador (Génesis 1:2 y también Salmos 104:30 en que la acción providencial analógica se relacional con la actividad creacional original de Dios). Y ¿qué relevancia tiene esto?

En primer lugar, de acuerdo al aspecto clasificacional, todos los camellos son camellos. En Génesis 1:24 leemos que se reproducen «según su género». Es por la fidelidad de Dios que todas las criaturas mantienen un patrón fijo establecido por la Palabra de Dios – el patrón específico del camello. Los camellos, por lo tanto, reflejan los rasgos de la fidelidad, la consistencia y la estabilidad de Dios así como lo indica Romanos 1:20. El Verbo divino es el mismo desde toda la eternidad (Juan 1:1). Por eso, de forma derivativa y analógica, los camellos son lo que son en conformidad constante por el patrón establecido por Dios en su palabra eterna.

En segundo lugar, de acuerdo al aspecto instanciacional, cada camello es particular. Cada uno es lo que es y no es otro. Pero cada uno es una instanciación de una clase mayor. No es simplemente un camello, sino que es el camello. Cada uno contiene en sí tanto la individualidad y la universalidad.

El Verbo es en sí mismo particular en relación a la categoría de Dios. De forma derivativa y analógica, pues, el Verbo envía su palabra a la tierra e identifica a cada criatura (Salmos 104:30; 147:15). Las criaturas existen y se sustentan en conformidad a la palabra por la que fueron creadas (Juan 1:3; Hebreos 1:3). Cada camello, entonces, demuestra el control de Dios sobre los detalles y cada uno refleja la creatividad de Dios a través de su singularidad.

En tercer lugar, de acuerdo al aspecto asociacional, todos los camellos existen a través de las asociaciones contextuales. Los camellos comen cierta comida, viven en formas particulares y son utilizados para propósitos específicos en el mundo. La asociación personal eterna del Verbo es el original en base al que todas las asociaciones de la creación se conforman. La existencia de un camello en asociación con el resto de la creación demuestra la presencia universal de Dios por medio de la cual sostiene todas las cosas (Colosenses 1:17).

Palabra y Pensamiento

Hasta ahora nos hemos enfocado en las palabras y en el habla verbal, pero no hemos considerado el pensamiento. ¿Podemos aplicar las mismas consideraciones al pensamiento que hemos aplicado al habla verbal?

En Dios hay una relación íntima entre el pensamiento y la palabra. Esto se demuestra en Isaías 46:10: «anuncio lo por venir desde el principio y desde la antigüedad lo que aún no era hecho; que digo: Mi consejo permanecerá y haré todo lo que quiero». Lo que Dios dice es lo que da a conocer a la humanidad. A la misma vez, lo que dice refleja su voluntad o su «consejo». Entonces, podemos deducir que la palabra de Dios constituye su pensamiento.

Podemos sacar la misma conclusión de un análisis de Juan 1:1. El Verbo de Dios es una expresión de su pensamiento. Esto es una analogía de la forma en que las palabras del hombre revelan sus pensamientos. En la relación cercana entre la palabra y el pensamiento de Dios, el pensamiento pertenece preeminentemente al Padre y la palabra pertenece principalmente al Hijo. En el nivel humano, podemos decir que la relación entre la palabra y el pensamiento es afín. Por eso, los mismos misterios fundamentales se nos presentan en palabra y en pensamiento. Si quisiéramos, podríamos analizar también los pensamientos, así como las palabras, en términos de su aspecto clasificacional, instanciacional y asociacional.

Tanto en la palabra como en el pensamiento, estamos frente a grandes misterios. En ambos casos, nos encontramos frente a un reflejo del carácter trinitario de Dios. En ningún caso, además, debemos confiar en nuestra propio entendimiento.

NOTAS

1. El desarrollo de estas verdades se observa además en el contexto lingüístico en la teoría tagmémica de Kenneth L. Pike. Noten el uso del modo de rasgo, modo de manifestación y el modo de distribución en su libro *Language in Relation to a Unified Theory of the Structure of Human Behavior* y su noción de contraste, variación y distribución en *Linguistic Concepts*, 39-63.

CAPÍTULO 8
La Comunicación

Hernando Hermenéuta:
 ¿Hay que tomar en cuenta la audiencia a la cual Dios dirigió los libros de la Biblia?

Pedro Pietista:
 Yo no veo porque. Dios nos habla hoy por medio de su Palabra. Eso es todo lo que tenemos que considerar.

Dorotea Doctrinalista:
 Tenemos que concentrarnos en lo que la Biblia nos dice a nosotros y no en lo que comunicó a una audiencia en una época remota. La audiencia es pecaminosa y susceptible al error. Sólo Dios es completamente confiable.

Carlos de la Transformación Cultural:
 Pero tenemos que hacer frente a la respuesta que Dios busca en su audiencia, a ser transformados y a transformar al mundo.

María Misióloga:
 Al aplicar la Biblia correctamente tenemos que tomar en cuenta todo el contexto cultural. Dios dio mandamientos particulares a los lectores del primer siglo y esos mandamientos estaban arraigados en el contexto del Imperio Romano. Pero en otros contextos culturales, la obediencia a la Palabra de Dios puede realizarse de distintas maneras.

Nos toca ahora ampliar el terreno de nuestra discusión para considerar el proceso comunicativo en su totalidad.

La comunicación a través del lenguaje humano consiste, por lo general, en un emisor y un receptor. Por eso, distinguimos entre el hablante, el discurso y el oyente. Si se trata de la comunicación escrita, distinguimos entre el autor, el texto y el lector.[1] ¿Cuál de estos elementos es imprescindible para la comunicación? En los círculos de la crítica literaria secular existe un debate intenso con respecto a esta pregunta. Diferentes teorías sostienen aproximaciones distintas con resultados totalmente opuestos. Algunos sugieren que es el lector que tiene la responsabilidad de crear de nuevo el significado del texto cada vez que se lee. Otros argumentan que la intención del autor es la norma para la interpretación. Aun otros sostienen que el texto mismo cobra una vida propia independiente del autor y el lector.[2]

Dios Habla

El habla del hombre es una imagen del habla de Dios. Por eso hay un arquetipo del triángulo del habla humano que consiste en el emisor, el mensaje y el receptor. Según Juan 1:1, el emisor original es Dios el Padre. Dios el Verbo, la segunda persona de la Trinidad, es el mensaje. Una interpretación analógica de Salmos 33:6 da a entender que el Espíritu Santo es como el aliento que lleva el Verbo a su receptor. Pero ¿quién es el receptor? Cuando Dios habla al hombre, el hombre es claramente el receptor y la humanidad es la audiencia. En el Nuevo Testamento, Dios promete enviar su Espíritu Santo a morar en los creyentes para que ellos puedan recibir apropiadamente su mensaje (1 Corintios 2:9-16).[3] El Espíritu Santo, pues, se encuentra junto al creyente al recibir el mensaje de Dios.

Es común que en la Biblia encontremos que el Espíritu es el emisor o el medio que permite a otro emitir la palabra de Dios (Hechos 1:16; Isaías 61:1). Pero ¿podemos también ver al Espíritu como el receptor del mensaje divino? En 1 Corintios 2:10 leemos: «pero Dios nos las reveló a nosotros por el Espíritu; porque el Espíritu todo lo escudriña, aun lo profundo de Dios». Por eso podemos decir que el Espíritu es el receptor del conocimiento, aun el conocimiento más profundo, de Dios. En Juan 16:13 vemos que esta función del Espíritu se revela más explícitamente. «Pero cuando venga el Espíritu de verdad, él os guiará a toda la verdad; porque no hablará por su propia cuenta, sino que hablará todo lo que oyere, y os hará saber las cosas que habrán de venir». El Espíritu escucha antes de hablar. Pero ¿qué es lo que escucha? Escucha la verdad de Dios – «porque tomará de lo mío y os lo hará saber» (v. 14). Estos textos bíblicos hablan de la comunicación de la verdad redentora. Describen la actuación de Dios dentro de la historia para nuestro beneficio. Pero la acción de Dios en la historia es una acción consistente con su carácter y su naturaleza. Por ello, podemos inferir por analogía que existe la atención eterna del Espíritu en que él escucha el mensaje de Dios desde la eternidad. En esta comunicación intratrinitaria, el Padre es el emisor, el Hijo es el mensaje y el Espíritu es el receptor. Esta comunicación trinitaria es el arquetipo en el cual se basa la comunicación humana.

Podemos concebir de esta comunicación trinitaria y su imagen en la comunicación humana a través del triángulo de la comunicación: la expresión, la información y la producción. La información indica que la comunicación produce o implica aseveraciones. Tiene contenido informacional. La expresión tiene que ver con el hecho de que el emisor expresa algo acerca de sí mismo al hablar. Expresan sus opiniones, sus sentimientos y sus valores. La producción señala que la comunicación tiene la función primaria de producir un efecto en el receptor. La comunicación persuade, entretiene, asombra o incita a la acción. La expresión es función del emisor. La información se asocia con el mensaje y la producción está conectada con el receptor. La comunicación de Dios contiene estas mismas tres funciones. El habla de Dios revela a su emisor – Dios el Padre. Revela el mensaje de Cristo «en quien están escondidos todos los tesoros de la sabiduría y del conocimiento» (Colosenses 2:3). Produce, además, a través del poder del Espíritu Santo quien es el aliento de la palabra de Dios, un efecto en sus oyentes.

```
              Expresión
                 /\
                /  \
               /    \
              /      \
             /        \
            /          \
           /_____\
     Información      Producción
```

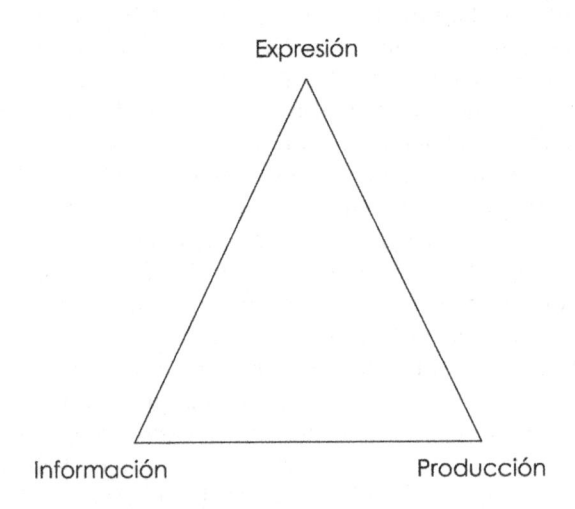

Figura 8.1 El Triángulo de la Comunicación

Hay circuncesión en las personas de la Trinidad. De forma análoga, hay circuncesión también en las funciones de la comunicación. La información expresa lo que cree el emisor y, por lo tanto, es una expresión de ese receptor. La expresión revela el carácter y la naturaleza del emisor y, por lo tanto, nos comunica alguna información acerca de él. La producción indica lo que quiere cumplir el emisor y, por lo tanto, incumbe también la información.

Debido a la circuncesión, el emisor, el mensaje y el receptor nos pueden proveer una perspectiva singular a la comunicación. El emisor es emisor porque emite información. Es emisor, además, porque la información que emite tiene un receptor. Por ello, la idea misma de un emisor tiene sentido únicamente en el contexto del acto comunicativo que incluye emisor, mensaje y receptor. Lo mismo se puede decir del mensaje y del receptor.[4]

Por eso, el emisor, el mensaje y el receptor no son siquiera posibles el uno sin el otro. El entendimiento de uno involucra el entendimiento de los otros dos. Además, el triángulo circunceso es entendible únicamente a través de la presencia (la circuncesión) de Dios quien es el arquetipo de la comunicación humana.

La mayor parte de las teorías modernas de la interpretación se enfocan en el emisor, en el discurso (o el mensaje) o en el receptor. Cuando la comunicación se realiza por el medio escrito, encontramos teorías enfocadas en el autor, el texto y el lector. Las contiendas entre estas posiciones teóricas son insignificantes, pues cada vértice del triángulo es importante. Se puede decir que todos tienen razón y también que todos están equivocados.

Por un lado cada aproximación contiene un elemento de verdad. El emisor, el mensaje y el receptor son todos parte del acto de la comunicación. Además, cualquiera de los tres aspectos puede constituir el punto de partida de la interpretación. Pero no se puede limitar la interpretación a una sola perspectiva. La circuncesión es lo que garantiza que ningún aspecto de la comunicación se pierda de vista, pero la circuncesión involucra un análisis que incluya los tres aspectos en su conjunto.

Por otro lado, cada aspecto puede distorsionar la verdad. Cuando nuestra relación con Dios es distorsionada, introducimos la idolatría en nuestra teoría de la interpretación. El autor, por su control absoluto del significado y la comunicación, se vuelve un dios. O bien, el texto, por su estabilidad, se hace un dios. O tal vez el lector, debido a su propia interpretación idiosincrática, puede volverse un dios. En cada caso, lo que vemos es una sustitución del Dios verdadero.

Autor, Texto y Lector
Pero consideremos en mayor detalle cómo pueden ser válidos los enfoques centrados en el autor, el texto o el lector.

Consideremos primero la interpretación centrada en el autor. Dios es el autor primario de la Biblia. Dios sabe lo que quiere decir y establece la norma absoluta de nuestra interpretación. El manejo de los medios de comunicación es imperfecto en manos de los autores humanos, pero Dios usa esos medios a la perfección. Expresa y logra todo lo que él desea expresar y lograr (cf. Isaías 46:10). Por lo tanto, una interpretación centrada en el autor es una interpretación centrada en Dios. Claramente, esta es una aproximación correcta en la interpretación bíblica.

Y ¿qué de una interpretación enfocada en el discurso? Lo que está escrito en la Biblia, el texto bíblico, es autoritativo (2 Timoteo 3:16, todas las Escrituras, *grafé*). La inspiración divina cubre el texto mismo y no simplemente el pensamiento que está detrás del texto. Por eso, un enfoque en el texto mismo es un enfoque en lo que Dios ha dicho. Pero, cabe aclarar que hay ciertos peligros en esta aproximación. Podemos, por ejemplo, mirar el texto fuera de su contexto como si el autor y la circunstancia no importara. En la ausencia de un contexto determinado, las palabras pueden llegar a cubrir una cantidad indeterminada de significados.

En tercer lugar, consideremos la interpretación enfocada en el lector. ¿Se puede decir que el efecto del texto en el lector es un enfoque suficiente para la interpretación? Tal enfoque presentaría varios problemas. El lector puede mal interpretar el texto y esto lo hemos visto en ocasiones innumerables a través de la historia (por ejemplo, Mateo 22:29; 15:1-9; 2 Pedro 3:16; 1 Timoteo 1:3-7; 2 Timoteo 2:23-26; 4:3-5). Si el lector es nuestro punto de referencia principal, la interpretación correcta es la que propone cada lector. ¿Cómo puede ser, pues, que un enfoque en el lector puede llegar a armonizar con la autoridad de las Escrituras?

La Interpretación Desviada de la Biblia como un Aspecto de la Guerra Espiritual

La armonía se puede ver de más de una manera. Primero, el Espíritu Santo está involucrado en el aspecto productivo de la comunicación, o sea, en la producción del efecto. El Espíritu interpreta la Palabra de Dios de manera infalible. Por eso, el Espíritu, como el lector divino, provee la norma de la autoridad. Debido a la infalibilidad de la interpretación del Espíritu, cualquier efecto del texto producido por el Espíritu armoniza con el propósito divino del texto. No todos los lectores de la Biblia la interpretan correctamente. Sin embargo, el Espíritu, como lector, siempre la interpreta con precisión. Su interpretación, pues, es la norma a la que todo lector humano debe aspirar y la que determina si la interpretación humana es correcta o no.

Podemos aproximarnos al asunto también desde la perspectiva de Jesús como el guerrero divino, el que lucha en contra del pecado y de la maldad. Cuando la maldad entra al mundo, Dios se recela en luchar en su contra. El Señor es el guerrero de la justicia y lucha en contra de la maldad por su propio nombre (Éxodo 15:3). El retrato cumbre del guerrero divino ocurre en Apocalipsis. Cristo aparece como el guerrero de Dios en Apocalipsis 19:11: «Entonces vi el cielo abierto; y he aquí un caballo blanco, y el que lo montaba se llamaba Fiel y Verdadero, y con justicia juzga y pelea». Los motivos bélicos se presentan a lo largo de todo el libro de Apocalipsis. Cristo ejerce el juico a través de su palabra, la cual se representa como una espada que sale de su boca (Apocalipsis 19:5; 1:16; Isaías 11:4; Efesios 6:17).

Por eso, la Palabra de Dios tiene tanto el efecto de juicio como el efecto de la salvación (2 Corintios 2:15-16). Dios pronuncia bendición a través de los profetas. Pero también pronuncia juicio y castigo a través de estos mismos profetas. Un aspecto del juicio es la ceguera y la falta de entendimiento.

> Y dijo: Anda y di a este pueblo:
> Oíd bien, y no entendáis;
> Ved por cierto, mas no comprendáis
>
> Engruesa el corazón de este pueblo
> Y agrava sus oídos
> Y ciega sus ojos, para que no vea con sus ojos
> Ni oiga con sus oídos, ni su corazón entienda
> Ni se convierta y haya para él sanidad (Isaías 6:9-10)

La enseñanza de Jesús a través de las parábolas tiene un efecto similar. Los que no creen en él no entienden (Marcos 4:1-20). Es el diseño de Dios, entonces, que algunos sean endurecidos y no entiendan mientras que otros entiendan y sean bendecidos.

En todas estas situaciones, Dios cumple sus propósitos: «así será mi palabra que sale de mi boca; no volverá a mí vacía, sino que hará lo que yo quiero, y será prosperada en aquello para que la envié» (Isaías 55:11). El plan de Dios es exhaustivo (Lamentaciones 3:37-38; Salmos 103:19; Efesios 1:11). El cumplimiento de su plan también es exhaustivo (Daniel 4:34-35; Isaías 46:9-10). Los efectos de su palabra, por lo tanto, están en armonía precisa con su plan.

Entonces, los defectos de los lectores de la Biblia son en realidad una manifestación del carácter de la comunicación de Dios. La diversidad y aun la contradicción entre las interpretaciones de distintos lectores de la Biblia son el cumplimiento del plan de Dios e ilustran la naturaleza de su comunicación. La diversidad, en todas sus dimensiones, demuestra quien es Dios, lo que él dice, y el poder que hay en su palabra. Tiene poder para salvar y poder para destruir. Tiene poder para iluminar y poder para cegar (Éxodo 4:11; Isaías 6:10; Romanos 11:7-10; Juan 9:39-41).

La guerra divina en contra del pecado es, pues, en última instancia una campaña trinitaria. Ya hemos ilustrado esta realidad. El efecto que tiene la palabra sobre el lector es un efecto dirigido por el Espíritu. Cristo es el guerrero divino. Y el guerrero ejecuta el plan exhaustivo de Dios el Padre.

NOTAS

1. Hay algunas diferencias entre la comunicación oral y la comunicación escrita, pero por ahora nos enfocaremos en lo que tienen en común.
2. Un excelente resumen crítico de las implicaciones para la interpretación bíblica se encuentra en Anthony C. Thiselton, *New Horizons in Hermeneutics: The Theory and Practice of Transforming Biblical Reading* (Grand Rapids: Zondervan, 1992).

La Interpretación Bíblica

3. Lo que encontramos en 1 Corintios 2:9-16 se aplica a Pablo y a otros autores inspirados. Pero lo que sigue en 1 Corintios 3:1-3 demuestra que Pablo espera que los corintios reconozcan su propia capacidad para entender. Su entendimiento depende de su espiritualidad – o sea, si aceptan en ellos mismos la operación docente del Espíritu tal y como se describe en 2:9-16.
4. Podemos entender el habla sólo si inferimos al hablante (si no hay un origen personal, lo que tenemos es solamente una colección abigarrada de sonidos o grafías). Al igual, el habla pierde su significado si no hay quien reciba el mensaje. Aun cuando hace falta el receptor humano, Dios es un receptor. Por último, el receptor tiene que recibir algo. Eso puede ser un sonido incoherente, pero el oyente es receptor únicamente cuando se trata de un sonido interpretable – un sonido que proviene de una fuente personal.
5. Mary Baker Eddy, *Science and Health with Key to the Scriptures* (Boston: Trustees under the Will of Mary Baker G. Eddy, c1934) 501-599.

CAPÍTULO 9
El Procedimiento de la Interpretación

Hernando Hermenéuta:
  ¿Será posible formular una lista de procedimientos para interpretar la Biblia?

Dorotea Doctrinalista:
  Eso sería muy útil, pero tendría que basarse exclusivamente en la misma Biblia.

Oliverio Objetivista:
  Es necesario una lista de procedimientos para ser objetivos en la interpretación y para eliminar los prejuicios subjetivos.

Pedro Pietista:
  Yo no estoy seguro de eso. ¿No creen que una lista de procedimientos pueda interferir con mi comunicación personal con el Señor?

Laura Liturgista:
  Estoy de acuerdo con Pedro. Al hablar de «procedimientos» ¿estamos limitando la lectura de la Biblia a una tarea netamente académica? O ¿se incluiría en la lista la adoración también?

María Misióloga:
  Yo percibo ventajas y desventajas en tener una lista de procedimientos. Seguramente tenemos que esforzarnos por no caer en los errores producidos por nuestra visión cultural. Pero hay que tener cuidado. Nuestro enfoque en el método y en el procedimiento puede revelar también un prejuicio cultural occidental. La idea de tener una técnica o procedimiento para producir la interpretación correcta parece ser natural en una sociedad industrializada en la que adoramos la técnica y la tecnología.

El patrón de emisor, mensaje y receptor nos provee un marco para desarrollar algunos principios específicos de la interpretación bíblica.

Primero, en una escala amplia, Dios (emisor) emite todo el canon de la Escritura (mensaje) a la totalidad de su pueblo (receptor) a lo largo de la historia de la humanidad.[1]

La interpretación de la Biblia involucra todos estos aspectos: Dios como el emisor, la Biblia como el mensaje, y su pueblo como el receptor. Debido a la circuncesión, podemos enfocarnos en los distintos tiempos en que ocurre este acto comunicativo: el tiempo original, cuando Dios entregó su palabra al pueblo; el tiempo intermedio, cuando Dios hizo que esa palabra se transmitiera de forma íntegra; y el tiempo actual, cuando Dios nos hace a nosotros receptores de su palabra.

Figura 9.1. La Comunicación Global de Dios

Estas tres perspectivas temporales se relación entre sí. Aun en el tiempo original, cuando Dios entregó su palabra en el canon de las Escrituras, emitió ese mensaje de forma que sirviera no sólo a sus receptores inmediatos sino también a los receptores de la posteridad. Al enfocarnos en el tiempo original en que Dios emitió su palabra, nos damos cuenta de que ese mensaje incluye una intención que supera el tiempo original y que se dirige a tiempos posteriores. La intención del mensaje de Dios, por lo tanto, abarca el tiempo inmediato, el tiempo intermedio y el tiempo futuro. Consideremos ahora la perspectiva opuesta. Cuando Dios nos habla hoy, su intención es que reconozcamos aquella parte de su plan que incluye el desarrollo histórico. Por eso, tenemos una responsabilidad al leer la Biblia de considerar la transmisión del mensaje en el pasado. Finalmente, desde la perspectiva intermedia, no podemos ignorar el proceso y el propósito del mensaje que se ha transmitido – un propósito que incluye tanto el origen como el objetivo, o sea el tiempo original y el tiempo posterior. Cada uno de los tres enfoques temporales, por lo tanto, incluye un reconocimiento tácito de los otros dos enfoques.

Podemos apreciar la importancia de estos tres enfoques temporales al considerar su arraigo en el carácter mismo de Dios.

La Presencia de Dios Hoy

Consideremos la perspectiva que se enfoca en la época actual y en el lector de hoy. Tal como él mismo prometió, Dios está activo y presente hoy (Mateo 28:18-20). Su presencia actual constituye la base de nuestro enfoque en su comunicación a los lectores de hoy.

La presencia de Dios se manifiesta a través de su palabra. Nos habla cuando leemos la Biblia. ¿Cómo es esto? Los manuscritos originales de la Biblia son la Palabra de Dios. Las copias y las traducciones de la Biblia son imperfectas pero constituyen la Palabra de Dios en la medida que expresen el mensaje del original. Lo mismo podemos decir acerca de la predicación, de la enseñanza y de cualquier otro medio por el cual se comunica la palabra de Dios. Cuando el cristiano ordinario llega a conocer la Biblia, comunica su contenido a los demás. Colosenses 3:16 dice: «La palabra de Cristo more en abundancia en vosotros, enseñándoos y exhortándoos unos a otros en toda sabiduría, cantando con gracia en vuestros corazones al Señor con salmos e himnos y cánticos espirituales». Aquí Pablo se dirige a cada uno de los cristianos en Coloso. «La palabra de Cristo» ha de morar «en abundancia» y con esa misma palabra se ha de enseñar y exhortar el uno al otro en «toda sabiduría». El predicador moderno y el cristiano actual no son infalibles. A la hora de intentar transmitir la palabra de Cristo es posible que esta palabra se inmiscuye con nociones humanas o aun con herejías. Pero los fragmentos de la verdad permanecen aun cuando hay desviaciones serias. Y cuando hay salud espiritual en la iglesia, la palabra mora con mayor consistencia. La palabra de Cristo está presente entre los cristianos cuando se enseñan y cuando se exhortan. Esto mismo ha dicho Dios: «Pondré mis leyes en sus corazones, y en sus mentes las escribiré» (Hebreos 10:16).

Nuestra falibilidad y nuestros fracasos obviamente contaminan la palabra. Pero la palabra no se aparta de nuestra presencia debido a la contaminación. La palabra de Dios no puede ser callada (2 Timoteo 2:9) pues el Espíritu Santo ha sido derramado en su iglesia. Las transformaciones modernas de la palabra, incluyendo las distintas traducciones, los comentarios y la predicación, constituyen una fuente para el encuentro genuino con Dios.[2] En la Confesión de Fe de Westminster se afirma esta verdad:

> Como estos idiomas originales (hebreo y griego) no se conocen por todo el pueblo de Dios, el cual tiene el derecho de poseer las Escrituras y gran interés de ellas, a las que según el mandamiento debe leer y escudriñar en el temor de Dios, por lo tanto la Biblia debe ser traducida a la lengua vulgar de toda nación a donde sea llevada, para que morando abundantemente la Palabra de Dios en todos, puedan adorar a Dios de una manera aceptable y para que por la paciencia y consolación de las Escrituras tengan esperanza (Capítulo 1, Apartado 8).

El catolicismo romano clásico teme la universalidad de la palabra porque le parece desordenada, no estructurada y dada a la herejía. De hecho, Dios en su amor hace obras asombrosas. El Verbo encarnado de Dios sufrió abuso y tortura durante los años del ministerio terrenal de Jesús. De igual manera, los maestros falsos de

La Interpretación Bíblica

hoy en día sujetan la palabra escrita de Dios al abuso y a la tortura. Y lo harán hasta el fin de los tiempos.

Pero uno de los propósitos de Pentecostés fue que Dios escribiera su palabra en nuestros corazones y que todos fuéramos profetas (Hechos 2:17-18). En Hechos 2, entonces, encontramos una apertura a varios niveles del ministerio profético. El primer nivel lo encontramos en los apóstoles mismos quienes emiten la palabra de Dios definitiva e infaliblemente. En el segundo nivel, encontramos el ministerio profético en la comisión de otros predicadores de la palabra quienes no son infalibles. El tercer nivel del ministerio profético lo constituyen los creyentes no ordenados quienes comunican la palabra de Dios (Hechos 11:20). Como hemos visto en Colosenses 3:16 y en Hebreos 10, la palabra de Cristo debe morar abundantemente en todo cristiano. Hemos de honrar y respetar a aquellos a quienes Dios ha apuntado como líderes y ancianos (Hebreos 13:7; 1 Tesalonicenses 5:12-13). Pero todos los cristianos, y no solamente los líderes, reciben el Espíritu Santo y todos tienen la palabra de Dios escrita en sus corazones (Hebreos 10:6). Tenemos que respetar la libertad que Cristo ha dado a su pueblo y tenemos que evitar el establecimiento de jerarquías paternalistas que sirven únicamente para restringir el acceso a la palabra de Dios.

Encontramos aquí una lección para los cristianos no carismáticos. El movimiento carismático, como todo movimiento en la iglesia, demuestra una serie de errores teológicos. Los críticos hacen bien en señalar estos errores. Sin embargo, hacen mal al ignorar las virtudes que resultan del énfasis carismático en la presencia del Espíritu Santo y en el sacerdocio de todos los creyentes.

La Veracidad de Dios

Consideremos ahora la perspectiva que parte del tiempo en que las palabras bíblicas originaron. Desde esta perspectiva, consideramos la veracidad y la santidad de Dios. La autoridad se encuentra en la Palabra de Dios y no en nuestras palabras. Esto nos sugiere la importancia de atender a lo que él ha dicho y a las circunstancias en que lo dijo. No toda palabra que dice provenir de Dios proviene de él (Jeremías 28). Dios nos llama a confiar en él y no en el hombre (Salmos 146:3). Su palabra reivindica su santidad al testificar en contra del hombre (Deuteronomio 31:26). En el Antiguo Testamento vemos la seducción de la religión falsa en la adoración de Moloc, de Baal y de Astoret. La corrupción del sacerdocio y la apariencia de los falsos profetas demuestran el efecto de la confusión teológica. En el Nuevo Testamento, los escribas, los fariseos y los herejes cristianos presentan el mismo peligro. Aun los cristianos genuinos pueden ser seducidos con la tentación de la falsa doctrina (1 Corintios 15; Gálatas 1:6; 3:1; 5:10).

Por eso, la santidad de Dios nos obliga a discernir la tradición humana a través de la examinación de su palabra. Dios es la norma y su palabra es la medida con la cual se comprueban los profetas (Deuteronomio 13:18; 1 Juan 4:1-3). Pero ¿cómo identificamos la palabra de Dios? La palabra, como hemos dicho, mora en los cristianos. ¿Cómo logramos un discernimiento mayor de lo que es y lo que no es su palabra? Necesitamos acceso a la palabra de Dios libre de las distorsiones del pecado. O sea, necesitamos un depósito de la palabra para testificar en contra (o bien a favor) de las personas. En otras palabras, necesitamos el canon de las Escrituras. El amor de Dios a su pueblo ha sido tan grande que a lo largo de la historia ha preservado para ellos su palabra como guía e instrucción. Declaró que Moisés sería su portavoz (Deuteronomio 5:22-23) y también declaró que nuevos portavoces podrían ser identificados a través del canon de las palabras de Moisés (Deuteronomio 18:17-22). La palabra de Dios no puede ser callada ni cortada y permanece fiel hasta el final de los tiempos (Juan 10:35).

El canon de las Escrituras ya está completo. Es la norma exclusiva por la que toda comunicación actual se mide. Pero no es únicamente una norma. El canon expresa, además, la plenitud infinita de lo que Dios nos comunica en la redención. En el canon el Espíritu desenvuelve la revelación plena de Jesucristo, aquel en quien «habita corporalmente toda la plenitud de la Deidad» (Colosenses 2:9). Pues, lo mismo nos dice el autor de Hebreos: «Dios, habiendo hablado muchas veces y de muchas maneras en otro tiempo a los padres por los profetas, en estos postreros días nos ha hablado por el Hijo, a quien constituyó heredero de todo, y por quien asimismo hizo el universo» (Hebreos 1:1-2).

Ahora bien, el hecho de que el canon se haya completado no quiere decir que nuestro conocimiento de la Biblia sea exhaustivo. Seguimos aprendiendo de la Biblia y seguimos aprendiendo también del mundo que Dios creó y que gobierna. Dios nos enseña de maneras ordinarias y extraordinarias. Pero el núcleo de la sabiduría es Cristo. Aquellos quienes buscan una revelación más allá de la Biblia cometen un grave error, pues les falta el amor por la persona que es revelada plenamente en las Escrituras. La falta de amor y la ceguera por el pecado limitan la habilidad de leer y comprender apropiadamente tanto la Biblia como la exposición de la misma.[3]

El modernismo rechaza la exclusividad apostólica y la definición cristocéntrica de la Biblia. Se diluye la palabra y se ajusta a lo que la cultura moderna indica que es aceptable. El catolicismo romano actual, la ortodoxia oriental y el pentecostalismo, en sus distintas esferas, demuestran la gama de actitudes ante la Biblia. Algunos dentro de estas corrientes teológicas estarían de acuerdo conmigo pero otros no. Ciertas tendencias dentro de estas corrientes

La Interpretación Bíblica

niegan, o bien en la teoría o bien en la práctica, la exclusividad de la autoridad bíblica. La enseñanza del Papa, la tradición de la iglesia o la voz actual del Espíritu pueden llegar a complementar la autoridad de la Palabra.

En principio, nuestro aprendizaje proviene de múltiples fuentes. Podemos aprender a través de la investigación científica o a través de la reflexión filosófica. Podemos aprender también de la historia y la tradición de la iglesia. Podemos aprender de los santos del pasado pues ellos también fueron iluminados por el Espíritu. También podemos aprender de nuestros hermanos y hermanas cristianas de hoy en día. Lo que tienen en común todas estas fuentes de conocimiento, sin embargo, es que son falibles. Por eso, tenemos que escudriñar las ideas modernas, la tradición y las voces espirituales (antiguas y modernas) por medio de la norma divina.

El Control de Dios

Consideremos, por último, la perspectiva que se enfoca en la transición desde la antigüedad al presente. Aquí nos enfocamos en el control de Dios. Dios está en control de la historia y ese control es la base de nuestro entendimiento de la relación entre el mundo antiguo y el mundo moderno. Para entender cabalmente cómo la venida de Cristo es el cumplimiento del Antiguo Testamento y a la vez supera ciertas prácticas del Antiguo Testamento, tenemos que entender el plan de Dios para la historia y la forma particular en que este plan se ha desenvuelto. El entendimiento del plan de Dios y de su control sobre la historia es esencial para nuestro análisis de la crítica textual - ¿en qué sentido podemos decir que las copias de manuscritos posteriores tienen una impresión del autógrafo divino dentro de un universo gobernado por Dios?

Actos Comunicativos Amplios y Específicos

Al aproximarnos a la Biblia, la vemos como un acto comunicativo amplio de Dios. Pero dentro de este acto comunicativo amplio encontramos un sin número de actos comunicativos específicos. Cada libro de la Biblia, cada párrafo e incluso cada versículo constituye un acto comunicativo distinto. Pero, como hemos de esperar, hay una coherencia y una circuncesión de estos actos específicos con respecto al acto comunicativo amplio que es la totalidad de las Escrituras.

Cada acto comunicativo específico tiene la misma estructura tripartita que ya hemos discutido. Se origina en un emisor, comunica un mensaje a través de un medio particular, y se dirige a un receptor. Examinemos esta estructura en base a un ejemplo específico: el libro de Miqueas.

Primero, el profeta Miqueas escribió el libro de Miqueas para sus lectores coetáneos, probablemente en los días de Ezequías o poco después (Miqueas 1:1).[4] El emisor (o autor) es Miqueas; el mensaje (o el texto) es el libro de Miqueas y el receptor (o lector) es el pueblo de Judá en la época de Ezequías. Sin embargo, tenemos que recordar que el autor primario es Dios y el autor secundario es Miqueas.

Segundo, el texto del libro de Miqueas ha sido copiado, traducido, predicado y estudiado en los tiempos modernos. Muchos escritores y predicadores buscan el significado del libro de Miqueas para ellos mismos y para sus tiempos. Dios, además, les da a ciertos individuos dones de enseñanza por medio del Espíritu Santo. De esa manera, Dios emite de nuevo el mensaje del libro de Miqueas a través de portavoces no inspirados.

Tercero, entre el tiempo que se escribió el libro de Miqueas y nuestros días, Dios ha provisto los medios para la transmisión de su mensaje – medios primarios como la copia y la traducción del texto y medios secundarios como la enseñanza y la predicación del texto. Dios alienta a su pueblo para que ellos puedan discernir la importancia del mensaje y para que lo puedan digerir, aplicar y preservar. Dios también actúa de manera providencial para preservar otra información acerca del mundo antiguo para que podamos llegar a un entendimiento más precisa y confiada del mensaje del libro de Miqueas.

Pensemos en el acto comunicativo como un arco. Podemos representar al acto comunicativo amplio de la Biblia con un arco mayor y los actos comunicativos específicos como arcos más pequeños incrustados en el arco mayor. El arco mayor tiene como emisor a Dios a través de su portavoz Miqueas y como receptor al pueblo de Dios de toda la historia. El autor se ubica en el tiempo de Miqueas, el mensaje recorre todos los tiempos y el receptor se ubica en nuestros tiempos actuales.

¿Qué representan los actos comunicativos específicos? El arco pequeño en el extremo izquierdo de la gráfica representa la comunicación entre Miqueas y sus coetáneos. El arco pequeño en el extremo derecho representa la comunicación multifacética entre los intérpretes actuales de Miqueas y el pueblo de Dios actual. Entre los dos extremos, encontramos una serie de arcos que representan la transmisión continua del mensaje de Miqueas a lo largo de la historia.

El Libro de Miqueas

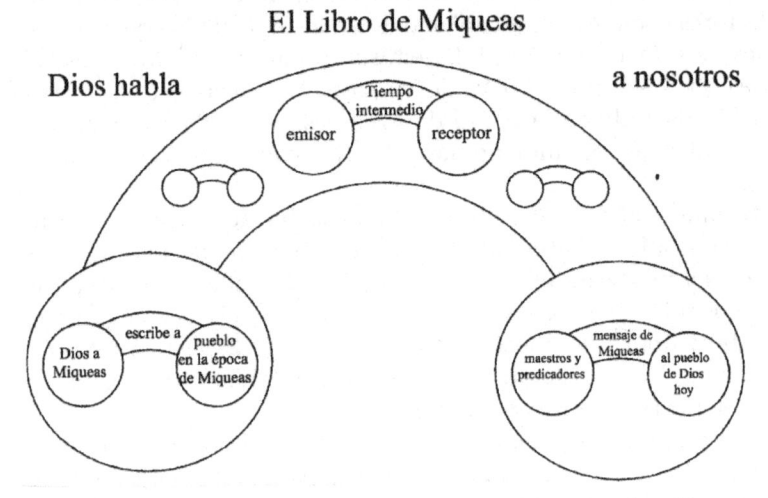

Dios habla   **a nosotros**

(Diagrama: emisor — Tiempo intermedio — receptor; Dios a Miqueas escribe a pueblo en la época de Miqueas; maestros y predicadores transmiten el mensaje de Miqueas al pueblo de Dios hoy)

Figura 9.2 La Comunicación de Dios en detalle

La Biblia misma describe este proceso general de transmisión.

> El estableció testimonio en Jacob, y puso ley en Israel, la cual mandó a nuestros padres que la notificasen a sus hijos; para que lo sepa la generación venidera, y los hijos que nacerán; y los que se levantarán lo cuenten a sus hijos, a fin de que pongan en Dios su confianza y no se olviden de las obras de Dios; que guarden sus mandamientos (Salmos 78:5-7).

> Lo que has oído de mi ante muchos testigos, esto encarga a hombres fieles que sean idóneos para enseñar también a otros (2 Timoteo 2:2)

Pasajes como estos nos presentan tácitamente la posibilidad de que el mensaje se puede corromper en el proceso de transmisión. Hay advertencias explícitas en las Escrituras sobre la corrupción de la palabra de Dios en Deuteronomio 31:27-29 y en las críticas de Jesús a las tradiciones perversas de los fariseos (Mateo 15:1-20; 23). Por eso es necesario mantener un enfoque siempre en el emisor y el mensaje original. Pero la aplicación del mensaje a nuestras propias circunstancias también es importante. En Salmos 78, el objetivo final del proceso de la transmisión es que el pueblo «guarde sus mandamientos» (Salmos 78:7).

El Procedimiento Hermenéutico Explícito

El arco comunicativo amplio en conjunto con los arcos específicos, sugiere el inicio de un procedimiento hermenéutico formal. Hay tres pasos fundamentales en la interpretación del texto bíblico. Cada paso trata en sucesión las tres perspectivas temporales representadas en el arco – el tiempo original de emisión del mensaje, el tiempo intermedio de transmisión del mensaje y el tiempo actual de recepción del mensaje. Podemos describir los pasos como sigue (utilizando el libro de Miqueas como ejemplo):

Paso 1: Entender lo que Dios dijo al receptor original del libro de Miqueas. Aprender sobre el profeta Miqueas, su mensaje y su audiencia.

Paso 2: Entender cómo Dios ha preservado el libro de Miqueas a través del período de desarrollo histórico y hasta la actualidad. Se incluye aquí no sólo un entendimiento de la transmisión histórica del texto sino también de lo que Dios ha dicho acerca del mensaje dentro de la Biblia y lo que Dios ha hecho en los acontecimientos históricos de la redención en la vida de Jesucristo y en el desarrollo de la iglesia en el Nuevo Testamento.

Paso 3: Entender el mensaje de Dios para nosotros hoy. Determinar cómo Dios ha utilizado el mensaje de Miqueas para moldear a la iglesia, a los maestros, a los predicadores y a nosotros mismos. Asesorar la situación cultural actual a la luz del mensaje bíblico. Responder a la voz de Dios: aplicar el mensaje a nosotros mismos, a nuestras circunstancias y a nuestro entorno comunitario, social y cultural.

Como ya hemos visto, si el paso 3 se realiza antes del paso 1, la iglesia pierde el fundamento del mensaje. Distorsiona el mensaje y lo reemplaza con un mensaje meramente humano. Por otro lado, si ignoramos el paso 3 desobedecemos a Dios y nuestra profesión de ser la Iglesia de Cristo se vuelve una farsa (Apocalipsis 3:1; Santiago 1:22; Mateo 7:24-27). Además, si no amamos a Dios (y el paso 3 es una muestra externa de ese amor), nuestra interpretación se contaminará por el pecado y no alcanzaremos a realizar plenamente el paso 1.

También tenemos que recordar que los pasos que hemos identificado no son, en la práctica, pasos aislados e independientes el uno del otro. Continuamente tenemos que regresar al mensaje original (paso 1) para evaluar y asesorar nuestras aplicaciones (paso 3). De la misma manera, continuamente tenemos que regresar a nuestra aplicación (paso 3) para purificar nuestras almas y mentes para el entendimiento del mensaje original (paso 1). Cada uno de estos ciclos apuntan a nuestro conocimiento del plan de Dios para toda la historia y a nuestro conocimiento de la revelación de ese plan en el canon completo de las Escrituras (paso 2). Pero no estamos solos en esta labor sino que Dios mismo nos da dirección a través del Espíritu Santo que nos guía.

De hecho, los aspectos expresivos, informativos y productivos son coherentes y circuncesos en nuestra interpretación. O sea, hay circuncesión en el enfoque en el autor, el enfoque en el texto y el enfoque en el lector. Por eso, no podemos ignorar ninguno de estos enfoques. Por ejemplo, cuando exploramos el significado original del texto (paso 1), somos nosotros quienes estamos realizando la investigación. Tenemos que enfrentarnos a nosotros mismos como personas que vivimos en la época moderna (paso 3). Además, nuestro estudio del pasado es ya de antemano un intento de reformar nuestros procesos cognitivos y, por lo tanto, es una forma de aplicación al presente. La interpretación bíblica enfocada en Dios siempre se realiza en la presencia de Dios e involucra, por consiguiente, una comunión real con él aun cuando nuestro enfoque es en el pasado.

Por otro lado, cualquier aplicación del mensaje bíblico al presente involucra la recepción de un mensaje eterno que afecta a toda la historia. Por eso, no podemos dispensar con un entendimiento global de la historia. La acción en el presente presupone el conocimiento del pasado. En el siguiente capítulo consideraremos esta circuncesión en mayor detalle.

Otras Subdivisiones
El estudio técnico y erudito de la Biblia a menudo se enfoca en una porción pequeña de la totalidad del mensaje de Dios. Esta porción pequeña puede enfocarse en sólo uno de los pasos mencionados más arriba. Para estos fines, podríamos subdividir los pasos mencionados de forma casi indefinida.

Por ejemplo, en el paso 1 podemos introducir una serie de pasos subordinados. Primero, con un enfoque expresivo, podemos analizar la vida y las circunstancias del autor. ¿Quién era Miqueas? ¿Cuál fue su trasfondo y cuáles eran sus características? Luego, con un enfoque informativo, podemos analizar el texto. ¿Qué palabras se incluyen en el texto? ¿En qué orden aparecen? ¿Qué significan? Seguido de esto, con un enfoque productivo, podemos analizar los lectores y sus circunstancias. ¿Qué sucedía en la época de Miqueas y en la sociedad en que vivía? ¿Cuál es el propósito del texto en su contexto determinado? Por último, podemos analizar la comunicación en su totalidad. ¿Qué hizo Dios con las palabras que le dio a Miqueas para esos lectores en aquel momento histórico?

Podemos analizar la interpretación moderna de las Escrituras de la misma forma. ¿Quién es el autor humano? ¿Cuáles son las palabras del texto y qué significan? ¿Cuál es la situación o circunstancia de su producción?[5] ¿Qué comunica Dios al lector a través de las palabras del autor? Supongamos que se quiere comunicar el mensaje de Dios, ya sea por medio de un sermón, un escrito teológico o una exhortación personal. Antes de comenzar a hablar o escribir, se intentará entender a la persona o personas a quienes se habla, el mensaje específico de Miqueas y nuestra capacidad, nuestras flaquezas y nuestro pecado como portavoces de Dios. Moldeamos las palabras para poder alcanzar a un público determinado de forma relevante y consistente con la situación particular.

La Obra de Dios en el Proceso
Como ya hemos dicho, el contexto amplio de la comunicación de Dios en la historia demuestra tres aspectos: el aspecto expresivo, el aspecto informativo y el aspecto productivo. El canon en su totalidad es el mensaje y esto representa el aspecto informativo. La totalidad de la historia dirigida y controlada por Dios representa el aspecto productivo. Y los profetas de Dios, los apóstoles, los predicadores y maestros representan el aspecto expresivo.

En un sentido más profundo, sin embargo, Cristo mismo es el arquetipo de los tres aspectos comunicativos. Consideremos primero el aspecto informativo. Cristo es el foco del contenido de las Escrituras. En él «están escondidos todos los tesoros de la sabiduría y del conocimiento» (Colosenses 2:3). Las Escrituras, que son el enunciado de la sabiduría de Dios, expresan sólo aquello que ya está cumplido en Cristo.

Consideremos también el aspecto productivo. El efecto o la aplicación suprema de la palabra de Dios yace en la vida terrenal de Jesucristo. Es el hecho supremo de la historia. Su encarnación, su vida, su muerte y su resurrección constituyen el eje motriz de la historia. También constituyen el núcleo histórico de la Biblia. En la providencia de Dios, todos los otros hechos, dentro y fuera de la Biblia, están organizados y se cumplen en Jesucristo (ver Lucas 24:44-49).

Consideremos, por último, el aspecto expresivo. Cristo es el mediador personal de todas las palabras de Dios. Todos los profetas son un retrato (o una prefiguración) de Cristo quien es el profeta supremo (Hechos 3:22-24). Todos los apóstoles actúan bajo la autoridad de Cristo y según el ímpetu del Espíritu. Como la segunda persona de la Trinidad, Jesucristo es también el autor de las Escrituras. Como Salvador, ha actuado en la redención para que nosotros pudiéramos oír la palabra de Dios y así escapar el salario justo del pecado que es la muerte (Deuteronomio 5:22-33). Cristo es, por lo tanto, el profeta arquetípico.

Por estas razones, la Biblia es cristocéntrica en varias formas. Tenemos que interpretar el libro de Miqueas en conformidad con los propósitos de Dios para el libro. Y al mismo tiempo, tenemos que recordar que sus propósitos se centran en lo que ha hecho Jesucristo.

El paso 2 de nuestro procedimiento hermenéutico puede subdividirse de manera que manifieste estos distintos contextos. Primero, intentamos entender el contexto de aquellos quienes transmiten la palabra de Dios, o sea, el pueblo de Dios en varias etapas históricas (el aspecto expresivo). Luego, intentamos entender el mensaje específico del libro de Miqueas (el aspecto informativo). Por último, intentamos entender las situaciones que han rodeado la transmisión del mensaje (el aspecto productivo).

Estos aspectos son estructuras impuestas por Dios de modo que la transmisión del mensaje no es libre ni es sujeto a los intereses variados de los hombres. La transmisión del mensaje de Dios representa una serie de sucesos históricos ordenada por Dios y enfocada en Cristo. Consideremos ahora los aspectos expresivos, informativos y productivos de la transmisión del mensaje.

Primero, consideremos el aspecto expresivo. Enfoquémonos en lo que les sucedió a aquellos que transmitieron las Escrituras. Por medio de Jesucristo, Dios mantuvo comunión con su pueblo a lo largo de la historia. En el día de Pentecostés, los transformó en el cuerpo de Cristo, o sea la iglesia, y les dio el Espíritu Santo – y es en este cuerpo que vive el Antiguo Testamento. Tenemos que entender lo que le sucedió al pueblo de Dios en la venida de Cristo y cómo toda la interpretación de la Biblia es ahora mediada por la presencia del Espíritu Santo quien nos moldea a la imagen de Cristo (2 Corintios 3:12-18).

Segundo, consideremos el aspecto informativo. Enfoquémonos en el mensaje transmitido por el pueblo. En los tiempos del Antiguo Testamento, Dios comisionó a sus portavoces a la imagen de Cristo para que ellos interpretaran las palabras previas de Dios y para que revelaran la mente de Dios. Cristo mismo es la cúspide de este mensaje. El es el Verbo eterno (Juan 1:1) y vino a hablar palabras de vida (Juan 6:63, 68). Después de su resurrección, los apóstoles proclamaron el evangelio cuyo contenido se centra en Cristo.

Por último, consideremos el aspecto productivo en conexión con los hechos de la historia. Enfoquémonos en los actos de Dios en la historia. Llevó a cabo la redención y cumplió sus promesas a través de la muerte y resurrección de Cristo. Todos los eventos del Antiguo Testamento apuntaban a la obra de Cristo y todo el Nuevo Testamento lo refleja y muestra sus implicaciones para el presente y para el porvenir. El propósito de Dios ha sido de «reunir todas las cosas en Cristo, en la dispensación del cumplimiento de los tiempos, así las que están en los cielos, como las que están en la tierra (Efesios 1:10).

La interpretación de Miqueas, por lo tanto, involucra una examinación de cómo Dios utilizó este mismo mensaje en la interpretación, la reflexión y la expansión de otros libros dentro del canon de las Escrituras (el aspecto informativo). También involucra una consideración de cómo el mensaje de Miqueas se cumplió en la historia posterior (el aspecto productivo). Por último, involucra un entendimiento del impacto que el libro ha tenido en sus lectores (el alcance personal).[6] Sobretodo, sin embargo, la interpretación adecuada del libro de Miqueas involucra un análisis de cómo ese mensaje se ha cumplido en Jesucristo. Cristo es la última palabra y es el cumplimiento cumbre de todas las verdades y las normas halladas en el libro de Miqueas. Cristo es el hecho final al que todas las promesas y todas las predicciones de Miqueas apuntan. Cristo es el mediador por excelencia y el profeta supremo al que el profeta Miqueas apuntaba.

El enfoque particular que encontramos en los pasos 1, 2 y 3 influyen en los tipos de preguntas que haremos frente al texto bíblico y la especie de respuesta que buscaremos.

En el paso 1, nos enfocamos en el origen del mensaje. Queremos entender el tema principal del libro o el pasaje bajo investigación. Pero podemos hacernos la pregunta de manera que nos prepara para avanzar a la aplicación. ¿Cómo es que el mensaje de Dios para su pueblo en la época de Miqueas encaja en el mensaje general de la Biblia? La respuesta a esta pregunta nos conduce principalmente a la exégesis bíblica y al sermón expositivo.

En el paso 2, nos enfocamos en la transmisión del mensaje. Queremos entender, no el tema principal de un libro o pasaje, sino la manera en que Dios usa este mensaje para desenvolver un plan mayor a través de la obra de Cristo y para comunicar un mensaje más completo a través del evangelio. Aun al considerar un pasaje breve, nos hacemos la pregunta ¿cómo es que este pasaje se encaja en el canon creciente de comunicación que llega por fin a la revelación de Cristo y los escritos del Nuevo Testamento? La respuesta a esta pregunta nos conduce a la teología bíblica y la reflexión sobre el desenvolvimiento histórico de la redención.

En el paso 3, nos enfocamos en la recepción del mensaje. Queremos entender la comunicación total de Dios para nosotros. Aun al considerar un pasaje breve, nos hacemos la pregunta ¿cómo ilumina este pasaje a los asuntos que me inquietan? ¿Qué enseña la Biblia acerca del pecado? ¿Acerca de Cristo? ¿Acerca de su segunda venida? ¿Acerca del matrimonio? ¿Acerca del uso de la lengua? ¿Acerca del crecimiento espiritual? La respuesta a estas preguntas nos conduce a la teología sistemática y a la reflexión sobre la devoción y la práctica cristiana.

La interpretación de cualquier pasaje de la Biblia es, por lo tanto, inagotable. La obediencia responsable ante Dios involucra amarle con todo nuestro corazón, con toda nuestra alma, con toda nuestra fuerza y con toda nuestra mente. Tal amor desea entender y obedecer toda la instrucción de Dios. Si hemos de entender esa instrucción plenamente, tenemos que relacionar todos los textos de la Biblia con todos los pasos anotados anteriormente. Es muy improbable que alcancemos entender todas las instrucciones de Dios por nuestra propia cuenta. Sin embargo, podemos valernos de los esfuerzos de aquellos que vinieron antes de nosotros. La iglesia labora en conjunto «hasta que todos lleguemos a la unidad de la fe y del conocimiento del Hijo de Dios, a un varón perfecto, a la medida de la estatura de la plenitud de Cristo» (Efesios 4:13).

Ahora podemos resumir los resultados de nuestra discusión al enumerar los pasos y los aspectos que hemos tratado.

Pasos en la Interpretación
Paso 1. Tiempo Original y su Contexto
    a. Entender la persona que actúa como portavoz de Dios (la perspectiva personal)
    b. Entender el texto en sí (la perspectiva normativa)
    c. Entender la circunstancia de la audiencia (la perspectiva situacional)
    d. Entender la totalidad del mensaje de Dios.

Paso 2. Transmisión y su Contexto
    a. Entender las personas que transmiten la palabra: portadores de tradiciones oficiales y, de manera más amplia, el pueblo de Dios
    b. Entender la transmisión del texto y de su mensaje (la perspectiva normativa). Aquí se incluye la crítica textual y la historia de la interpretación.
    c. Entender la situación de la transmisión. Entender de forma estrecha las preocupaciones de los escribas y de forma más amplia el plan de Dios para la historia.
    d. Entender el importe total del habla de Dios a toda la iglesia a través de las Escrituras.
        1. Entender con distintos enfoques
            i. Uso posterior del texto (enfoque exegético)
            ii. Su lugar en la revelación total (enfoque de teología bíblica)
            iii. Su lugar en la enseñanza mayor de la Biblia y la iglesia (enfoque de teología sistemática y teología práctica)
        2. Entender de forma cristocéntrica

i. ¿Cómo es que Cristo cumple el pasaje a través de su verdad, su sabiduría, su justicia y su santidad?
   ii. ¿Cómo es que Cristo cumple las promesas y las predicciones del pasaje?
   iii. ¿Cómo es que Cristo cumple con el aspecto personal de la comunicación (el profeta como mediador)

Paso 3. El Contexto Moderno
   a. Entender lo que Dios nos dice hoy a través del texto y su contexto más amplio en la teología bíblica y sistemática.
   b. Entender nuestra propia situación bajo el control de Dios.
   c. Entender nuestros dones y habilidades y los de nuestros oyentes.
   d. Entender el importe total del llamado de Dios a nosotros como portavoces de su mensaje.

En cada uno de los pasos mencionados anteriormente, he utilizado el apartado (d) para señalar la visión más sintética del proceso. En ese apartado, intentamos analizar el habla y la acción de Dios. Por eso, conocer a Dios, el autor principal, es parte de cada paso.

Este procedimiento es semejante al que se encontraría en cualquier libro de texto sobre hermenéutica y también en bosquejos de interpretación bíblica. Pero existe una diferencia sustancial en nuestro análisis. Los tres pasos que hemos enumerado surgen del enfoque comunicativo en el emisor, el mensaje y el receptor y se desprenden del triángulo de la comunicación con sus perspectivas expresivas, informativas y productivas. Estas perspectivas, por su parte, se fundamentan en el carácter trinitario de Dios. Hay circuncesión en las tres perspectivas – cada una se encuentra mutuamente involucrada en la otra. Debido a esto, los pasos enumerados también demuestran circuncesión. No es que el uno influye al otro, sino es más bien que el uno penetra en el otro. No se pueden separar ni en el tiempo, ni por su tema, ni en su conceptualización. Cada paso, entendido apropiadamente, involucra cada otro paso.

Pero aun así distinguimos los tres pasos. Los tres pasos distintivos pertenecen a un orden distintivo. El orden se desprende de un análisis del habla de Dios en el tiempo humano. Por ejemplo, Dios habla por medio de Miqueas en los tiempos de Ezequías (correlacionado con el paso 1), el mismo mensaje transmitido a través de la historia (paso 2) y el mensaje recibido en nuestro tiempo (paso 3).

Llamémosle a estos tres pasos de la interpretación la *perspectiva de la transmisión*. ¿Es esta la única aproximación a la interpretación bíblica?

NOTAS

1. ¿Quién es el receptor de la comunicación de Dios en la Biblia? La Biblia es un documento del pacto que representa la comunicación de Dios a sus siervos (ver Meredith G. Kline, *Structure*). En un sentido amplio, la Biblia es relevante para todo ser humano; pero a la vez hay un enfoque definido en los redimidos. La relación entre Dios y Adán y el pacto noético en Génesis 8:21-9:17 afectan a todo ser humano. Otros pactos bíblicos se enfocan exclusivamente en el pueblo de Dios – o sea, en el pueblo que Dios identifica en una relación de amor e intimidad. Estos pactos, sin embargo, tienen relevancia más amplia pues hacen mención del destino de las naciones (Génesis 12:3; Deuteronomio 4:6-8; Miqueas 4:1-3). Se espera que están fuera del pacto escuchan y lean el pacto. Esta lectura amplia es apropiada no sólo porque todos son responsables ante Dios como Creador y Consumador pero también porque los pactos redentores de Dios prometen que sus propósitos alcanzarán a todo pueblo, nación, tribu y lengua (Apocalipsis 5:9).
2. La Segunda Confesión Helvética dice: «Por eso hoy cuando se proclama la Palabra de Dios en la iglesia por el predicador, creemos que la misma Palabra de Dios es proclamada y recibida por los creyentes».
3. No quiere ocultar las preguntas complejas que surgen en torno al canon y su reconocimiento. Pero el tema es muy amplio para tratar en este libro. Recomiendo el libro de Ridderbos, *Redemptive History and the New Testament Scriptures*. Tampoco abordaremos aquí el asunto de la crítica textual.
4. Miqueas 1:1 señala que Miqueas profetizó durante los reinos de Jotam, Acaz y Ezequías. El registro escrito probablemente incluye profecías dirigidas a todos estos reyes. Por eso, el registro escrito es probablemente posterior a las profecías iniciales.

Muchos críticos atribuyen partes del libro a autores y copistas posteriores pero la evidencia es poca. No trataremos esos puntos en detalle aquí. Tomamos por sentado que el libro es unificado y que Miqueas es su autor.
5. Estos tres aspectos corresponden ampliamente a las perspectivas identificadas por Frame – la existencial, la normativa y la situacional. Ver Frame, *Doctrine of the Knowledge of God*.
6. Con respecto a las relaciones de perspectiva ver ibid., 62-75.

CAPÍTULO 10
Otras Perspectivas Hermenéuticas

Hernando Hermenéuta:
Allí está. Tres pasos. ¿Están todos satisfechos?

María Misióloga:
Y ¿todas las culturas se aproximarán a la interpretación de la misma manera? ¿No habremos pasado por alto algunas diferencias culturales importantes?

Abigail Afirmacionista:
Aun en nuestra propia cultura, no creo que todo cristiano se aproxime a la interpretación de la misma manera. ¿No será posible que el Espíritu Santo dote a diferentes personas con diferentes métodos de interpretación?

La comunicación de Dios se desplaza a través del tiempo. Pero debido a que Dios está presente con su pueblo en todo momento, esta forma de representar su comunicación no es exhaustiva. Continuemos con nuestro análisis del libro de Miqueas. Dios se comunicó con Miqueas. Esa comunicación puede verse como una manifestación de la presencia de Dios en el tiempo de Miqueas que se ha preservado para las siguientes generaciones o puede verse como una manifestación actual de la presencia de Dios para todo aquel que lee o escucha el mensaje que Dios entregó a Miqueas. Veamos, pues, cada una de estas dos perspectivas.

Una perspectiva alternativa: Dios habla a su pueblo de una vez por todas
Dios habló a su pueblo en el tiempo de Miqueas a través del profeta. Pero Dios es el Señor del tiempo. A diferencia de los seres humanos, Dios no limita su visión a los eventos o a las costumbres de un tiempo o una cultura. Aun los seres humanos pueden escribir libros o registrar eventos para lo posteridad. Pero el ser humano está limitado en su capacidad de prever las condiciones y los contextos de las generaciones futuras. Esta capacidad, claro está, es una imagen de la eternalidad de Dios, su dominio sobre el tiempo y su presencia que trasciende el tiempo. Por eso, Dios mismo tiene la capacidad de hablar para la posteridad de forma precisa y con una visión clara y concisa de sus contextos y condiciones. Tiene esa capacidad, sin duda. Pero ¿la usó al hablar al ser humano en el registro de la Biblia?

> Y estas cosas les acontecieron como ejemplo, y están escritas para amonestarnos a nosotros, a quienes han alcanzado los fines de los siglos. (1 Corintios 10:11)
>
> Porque las cosas que se escribieron antes, para nuestra enseñanza se escribieron, a fin de que por la paciencia y la consolación de las Escrituras, tengamos esperanza. (Romanos 15:4)
>
> Y cuando acabó Moisés de escribir las palabras de esta ley en un libro hasta concluirse, dio órdenes Moisés a los levitas que llevaban el arca del pacto de Jehová, diciendo: Tomad este libro de la ley, y ponedlo al lado del arca del pacto de Jehová vuestro Dios, y esté allí por testigo contra ti. Porque yo conozco tu rebelión, y tu dura cerviz; he aquí que aun viviendo yo con vosotros hoy, sois rebeldes a Jehová; ¿cuánto más después que yo haya muerto? (Deuteronomio 31:24-27).

Cuando Dios habla, su propósito es de incluir a la posteridad. Podemos aplicar esto al libro de Miqueas. Dios incluye en la audiencia a que se dirige en Miqueas a todas las futuras generaciones.

Según esta perspectiva, la tarea de la interpretación es simplemente la de reconocer que somos parte de la audiencia original y así identificarnos con la audiencia en el tiempo de Miqueas. Todo el proceso de la interpretación, pues, se colapsa en el paso 1. Pero el colapso es más aparente que real. Una vez que nos enfoquemos en la composición de la audiencia, todas las diferenciaciones en los pasos 2 y 3 se redescubrirán.

Pensemos primero en los autores humanos y los lectores a quienes se dirigieron. Un buen autor reconoce que hay diferencias entre sus lectores en términos del nivel de conocimiento que poseen y las perspectivas que adoptan. El buen autor, por lo tanto, puede deliberadamente incluir una gama amplia de material para así satisfacer las necesidades de múltiples tipos de lectores. Sabe que no toda material tendrá el mismo efecto sobre cada lector. Además, algunos buenos autores incluyen alusiones o formulaciones específicas que son sólo para un grupo pequeño de sus lectores. Conozco, por ejemplo, un orador cristiano que se esfuerza por dar tres mensajes cada vez que presenta una conferencia: un mensaje para el incrédulo, un mensaje para el cristiano ingenuo y un mensaje para el cristiano con conocimientos teológicos. De esa manera, pretende mantener el interés de cada grupo y a la vez edificarles según sus variadas necesidades.

De la misma manera, Dios puede proveer diferentes grados de plenitud de la verdad a diferentes porciones de su audiencia. Sabemos que Dios a veces hace esto. En la parábola del sembrador, Jesús revela a sus discípulos «el misterio del reino de Dios» mientras que a los demás se les oculta este misterio (Marcos 4:11-12).

Por eso, tenemos que estar preparados para diferenciar entre varios segmentos de la audiencia total. La diferenciación puede hacerse siguiendo a múltiples criterios como, por ejemplo, los dones intelectuales, la lealtad o el antagonismo ante Dios, la madurez espiritual, el estatus social, el género, las circunstancias históricas, etc. La absorción y apreciación más plena de Dios y su Palabra ocurre precisamente cuando los diferentes segmentos de la audiencia comparten impresiones, pericias y respuestas emocionales el uno con el otro. Y esto es la tarea fundamental de la iglesia según Efesios 4:11-16 y 1 Corintios 12.

Claro que una comunicación directa con un interlocutor en el pasado no es posible. Pero sí es posible proyectarnos al pasada para intentar anticipar lo que hubiera entendido la audiencia original. El lector antiguo no puede dar una respuesta nueva más allá de la respuesta preservada en el texto y en otra evidencia. Pero el proceso de la proyección imaginativa aun preserva similitudes importantes con la comunicación en el presente. ¿Cómo sabemos la manera específica en que una persona nos va a responder al presentarle el evangelio? Lo que hacemos es intentar ver las cosas desde la perspectiva de nuestro interlocutor. Ese proceso a menudo nos permite aprender lo que no aprenderíamos si nos limitáramos a nuestra propia experiencia individual.[1]

Permíteme expresar esta idea de forma teológica. La comunión de los santos en la iglesia incluye no sólo la comunión con aquellos santos que viven y que son contemporáneos con nosotros. Tampoco se limite únicamente a los santos que se congregan en nuestra iglesia local. La comunión de los santos incluye una comunión con cristianos alrededor del mundo y con cristianos de todas las edades. Nuestra comunión con otros cristianos, pues, trasciende los límites temporales.

Los apóstoles de Cristo son el mejor ejemplo de esta comunión. Cristo dio apóstoles a la iglesia para que ellos fueran los testigos definitivos y autoritarios de su vida y su resurrección (Hechos 1:21-22). Hoy en día, tenemos grandes evangelistas y líderes cristianos de renombre, pero no tenemos ya apóstoles. ¿Hemos perdido, entonces, uno de los aspectos necesarios para la vida de iglesia identificado en Efesios 4:11? De ninguna manera. Aunque los apóstoles no viven, su voz sigue impactando y contribuyendo a la vida de la iglesia por medio de sus escritos. Recibimos de los apóstoles la enseñanza fundacional cada vez que abrimos y estudiamos el Nuevo Testamento. Por lo tanto, los dones de entendimiento, de enseñanza y de ministerio que Dios le ha dado a los santos de épo-

La Interpretación Bíblica

cas pasadas están todavía a nuestro alcance. Sus dones nos han ayudado a edificar a la iglesia y a preservarla hasta hoy. Estos dones, además, sobreviven en el registro escrito de la historia de la iglesia.

El estudio bíblico actual tiene que incluir una comunión con los apóstoles. Ellos nos dejaron el fundamento indispensable, inspirado y autoritativo de nuestra fe. Pero el estudio bíblico actual, además, debería constituir un diálogo con los estudiantes de la Biblia de todas las épocas. Nuestro estudio bíblico incluye, por supuesto, los santos del Nuevo y del Antiguo Testamento. Pues hay un solo camino de salvación. Abraham es el ejemplo que alienta nuestra fe (Hebreos 11:18-19, 39-40; 12:1).

El arco hermenéutico y los tres pasos de la interpretación discutidas en el capítulo anterior se desplazan en el tiempo. Es de interés, por lo tanto, preguntar cómo la audiencia total de la Biblia se diferencia a través del tiempo. Hay muchas maneras en que el paso del tiempo y la situación actual influye en la interpretación. Veamos algunos de los casos más obvios.

Primero, observamos diferencias de situación. Existían diferencias culturales entre los hebreos del Antiguo Testamento y los judíos y griegos helénicos del Nuevo Testamento. También hay diferencias entre estas culturas y la nuestra. Además, el cumplimiento del plan redentor de Dios en la venida de Cristo produce una diferencia decisiva en la situación del mundo. La resurrección de Cristo es la primicia de la resurrección final y la restauración de la creación. Es cósmica en sus implicaciones. Una de las implicaciones es que, aunque el Israel mosaico tenía que observar las leyes de la alimentación, nosotros no estamos sujetos a esas leyes. Jesús ha redimido todos los alimentos (Marcos 7:19). De hecho, las implicaciones son profundas puesto que toda la ley no es solo cumplida sino también transformada por su expresión suprema en la justicia de Jesucristo.[2]

Segundo, observamos diferencias de carácter. En el día de Pentecostés, Cristo derramó su Espíritu prometido en la iglesia. Por eso, nuestra lectura actual del Antiguo Testamento es iluminada por el Espíritu Santo (2 Corintios 3:15-18) y por la ley escrita en los corazones de los creyentes (Hebreos 8:10). No hay duda de que el Espíritu Santo estaba en acción en los tiempos del Antiguo Testamento, pero no con la misma plenitud con que aparece en Pentecostés (comparar Deuteronomio 29:4 y 1 Juan 2:20-27). Ahora el Espíritu viene con el poder del Cristo resucitado y nos une con Cristo quien está sentado a la diestra de la Majestad en lo alto.

Tercero, observamos diferencias en el acceso a la Palabra de Dios. Hubo una revelación posterior al tiempo de Miqueas. Nosotros, a diferencia de los lectores en el tiempo de Miqueas, podemos comparar el libro de Miqueas con la revelación posterior. El importe total del pasaje depende del contexto literario y de la información contextual que provee el autor. Si el autor provee un contexto más amplio, el lector puede aprender más acerca del autor y así llegar a una comprensión más profunda de su texto. De la misma manera, los lectores de la Biblia logran un conocimiento más profundo de Dios a través de la revelación posterior. Además, esta revelación ilumina las promesas y las profecías que se entregaron en una forma menos específica.

Estas tres diferencias en la audiencia a que Dios se dirige sugieren que los pasos 2 y 3 de la perspectiva de la transmisión son aun parte del proceso total de la interpretación. Las diferencias de situación implican la legitimidad de enfocar a la audiencia moderna para la reflexión especial del paso 3. Las diferencias en acceso al canon sugieren que nos podemos hacer preguntas de la teología sistemática a partir de la totalidad del canon. Las diferencias de carácter que surgieron con la venida de Cristo y el derramamiento del Espíritu sugieren la necesidad de hacernos preguntas acerca del cumplimiento cristocéntrico de las Escrituras. Por eso, esta nueva perspectiva al habla de Dios incluye todos los aspectos enumerados en la perspectiva de la transmisión. En principio, incluye las preguntas centrales de cada uno de los tres pasos hermenéuticos. La diferencia mayor se encuentra en la secuencia de los pasos. En vez de considerar el habla de Dios como un proceso de transmisión a través del tiempo, compuesto de tres distintos actos de habla, se considera el habla de Dios como un acto de habla singular. Podríamos decir que esta perspectiva, a diferencia de la perspectiva de la transmisión, es una perspectiva en que *Dios habla de una vez por todas*.

Esta perspectiva presenta algunas ventajas. Primero, expresa con mayor énfasis que la perspectiva de la transmisión el hecho de que la intención de Dios al hablar es una intención unificada y coherente. La perspectiva de la transmisión, por otra parte, puede dar la impresión, equivocada a mi modo de ver, de que el habla de Dios es fragmentada en tres actos o etapas. Es una impresión equivocada porque la fragmentación es, en el fondo, un artefacto de la imagen. Dios, el Señor de toda la historia, mantiene la unidad de su Palabra por todos los tiempos.

Segundo, la perspectiva del habla de Dios *de una vez por todas* pone énfasis más directa en el contexto original del habla de Dios y en la autoridad de Dios en este contexto. La autoridad y el contexto del acto de habla se extiende más allá de su contexto original para cubrir a todas las lecturas posteriores.

Tercero, la perspectiva del habla de Dios *de una vez por todas* promueve una mayor apreciación del papel del Espíritu Santo en el entendimiento de la Palabra. El Espíritu Santo es el que nos une con

La Interpretación Bíblica

los creyentes de todas las épocas, es el que reparte los dones a los creyentes y es el que nos permite entrar en comunión, comunicación y vinculación espiritual con los santos del pasado a través del registro que han dejado atrás. Sin el aporte del Espíritu Santo lo único que tendríamos sería la tradición humana acerca de lo que Dios dijo en una época remota.

Cuarto, la perspectiva del habla de Dios *de una vez por todas* señala más explícitamente el proceso espiral de la interpretación. La interpretación es el crecimiento de todo el pueblo de Dios a través de una comunión compleja. La perspectiva de la transmisión, por otro lado, puede llevar a una visión más lineal en que el lector pasa de ignorancia a conocimiento a aplicación.

Pero la perspectiva del habla de Dios *de una vez por todas* también tiene ciertas desventajas. No debemos ignorar, por ejemplo, los cambios que ocurren en la recepción de la Palabra de Dios a través del tiempo. Podemos cometer el error de pensar que todo lo que dice la Biblia se aplica a nosotros de la misma manera que se aplicó a sus lectores originales. Esto conduciría al error de percibir el pacto mosaico como igual a y no inferior al nuevo pacto (Hebreos 8:7-13; 10:1). También nos conduciría al error de considerar que debemos aun guardar los requisitos de ese pacto como lo hicieron los israelitas. O bien, podríamos también hacer de esta perspectiva una caricatura en que Dios deja caer del cielo un libro. Nos puede conducir a pensar en Dios como alejado de la historia. Esta visión reduce la Biblia a un sistema de reglas éticas y de la teología proposicional sin tomar en cuenta la acción de Dios en la historia. Reduce el sistema de reglas y proposiciones, además, a una comunicación uniforme para toda la humanidad en todo tiempo. Claro que hay reglas éticas universales y claro que hay proposiciones eternas en la Biblia, pero no debemos por eso ignorar la acción de Dios en la historia cuya expresión máxima es la venida de Cristo y la diferencia decisiva que resultó de su nacimiento, su ministerio, su muerte y su resurrección.

Afortunadamente, no importa la perspectiva con que comencemos, la Biblia misma es capaz de corregir nuestros errores. La epístola a los Hebreos, por ejemplo, nos enseña acerca de la relación entre el Antiguo y el Nuevo Testamento. Nos demuestra que el Antiguo Testamento contiene lecciones importantes para hoy y nos señala que el nuevo pacto en Cristo ha superado la sombra del antiguo pacto.

Una Perspectiva Alternativa: Dios Habla Hoy

Podemos considerar otro modelo en que todo el proceso de la interpretación se enfoca en Dios hablando hoy. Comenzamos con la afirmación del Apóstol Pablo.

Mas ¿qué dice? Cerca de ti está la palabra, en tu boca y en tu corazón. Esta es la palabra de fe que predicamos: que si confesares con tu boca que Jesús es el Señor y creyeres en tu corazón que Dios le levantó de los muertos, serás salvo. (Romanos 10:6-9)

Pablo repudia la idea de que el evangelio sea limitado al judío o a una localidad única en Palestina. Sin duda que repudiaría también la idea de que se tuviera que retroceder en el tiempo para entender el evangelio. No es necesario que nos coloquemos al lado de Moisés en el Monte de Sinaí para escuchar la voz de Dios. Puesto que la Palabra de Dios ha sido registrada, tenemos acceso a ella. Pablo se enfoca específicamente en la palabra del evangelio. Es la Palabra de Dios y está al alcance de todos *hoy*.[3] La Palabra de Dios, además, está presente *en* todo aquel que cree: «Cerca de ti está la palabra, en tu boca y en tu corazón» (Romanos 10:8).

Esta palabra cercana pareciera superar toda noción del tiempo, pero en realidad es un llamado al crecimiento en Cristo y en el conocimiento de Dios según todas las dimensiones que hemos considerado anteriormente.

La palabra a la que se refiere Pablo es la palabra del evangelio, la palabra que involucra la proclamación y la confesión de que Cristo es el Señor y de que Dios lo resucitó de entre los muertos (Romanos 10:9). El Señorío de Jesucristo exige nuestra sumisión y nuestro servicio. Exige «que guarden todas las cosas que os he mandado» (Mateo 28:20). Aquí se destaca la idea de la autoridad de Jesús y de su palabra. Tenemos que preguntarnos constantemente si estamos en realidad obedeciendo a Cristo y a su palabra o si simplemente estamos proyectando una palabra imaginaria y luego obedeciendo esa proyección. Si a lo que obedecemos es a nosotros mismo (como es el caso con el imperativo categórico de Emanuel Kant) seguimos siendo dueños de nosotros mismos y además hacemos de nosotros mismos, y no de Jesucristo, el objeto de nuestra adoración.

La autoridad de Cristo nos obliga a reconocer la autoridad de la palabra revelada de Cristo, de las Escrituras. Además, el evangelio proclama que «Dios resucitó a Cristo de entre los muertos» y dicha proclamación demuestra la centralidad de la obra histórica de Dios. La Biblia proclama que Dios obró la salvación en las vidas de hombres y mujeres de carne y hueso en circunstancias y situaciones históricamente verificables. Cuando Dios nos habla con autoridad en la Biblia hoy, nos dice que su obra a través de la historia es importante y crucial. La comunión con el Cristo de hoy involucra comunión con el Cristo de ayer que cumplió el sacrificio por nosotros de una vez por todas.

Por eso, la comunicación de Dios en el presente nos exige hacer las distinciones temporales que ya hemos tratado en los otros dos modelos considerados. Dios mismo nos enseña acerca de cómo habla. Nos habla no sólo en el momento presente, pero también en el presente a través de un mensaje entregado, preservado, traducido y aplicado a lo largo de los tiempos. Debido a la plenitud de Dios que se encuentra en su comunicación actual, lo conocemos. Y conocer a Dios quiere decir conocerle como el Señor del tiempo, el Señor del espacio y el Señor de la historia. Oímos su palabra como la palabra que controla todos los tiempos, la palabra que se extiende a través de todos los tiempos. Su palabra contiene las texturas de la transmisión histórica cada vez que nos habla, ya sea ayer, hoy o mañana.

Consideremos un caso simple. Ahora mismo, en este instante Dios nos habla en el libro de Miqueas. Nos dice: «Palabra de Jehová que vino a Miqueas de Moreset en días de Jotam, Acaz y Ezequías, reyes de Judá; lo que vio sobre Samaria y Jerusalén» (Miqueas 1:1). Ahora mismo nos dice que la palabra registrada en el libro de Miqueas es su Palabra. Dios nos dirige la palabra ahora mismo a través del registro que se encuentra en las Escrituras (Romanos 15:4). Pero esa palabra tuvo su inicio en un momento anterior al momento en que la recibimos. En esencia, Dios nos presenta un texto que contiene el testimonio de su interacción con su pueblo en el pasado.

Este último modelo, que podríamos llamar *el modelo del tiempo presente*, tiene ventajas y desventajas frente a los otros dos modelos. Primero, tiene la virtud de enfatizar la presencia de Dios en su palabra, su intimidad con el lector de las Escrituras y, por ende, la necesidad de la aplicación de la Biblia a nuestras vidas.

Segundo, *el modelo del tiempo presente* enfatiza el reclamo universal e íntimo de la palabra de Dios y de Cristo en nuestras vidas. No es posible permanecer como un espectador externo ante las verdades expresadas en la Biblia. No se puede analizar la información objetivamente sin que tenga un impacto personal e íntimo.

Tercero, *el modelo del tiempo presente* enfatiza la centralidad del mensaje del evangelio. Este mensaje es el centro, el núcleo de todas las Escrituras aquí y ahora.

Cuarto, como *el modelo de una vez por todas*, *el modelo del tiempo presente* también pone de manifiesto la naturaleza espiral de la hermenéutica. El compromiso central con Cristo, el crecimiento en fuerza, profundidad y pureza, controla todo el proceso hermenéutico y es alimentado por la palabra que Dios habla.

Pero *el modelo del tiempo presente* también tiene algunas desventajas. Es susceptible a la perversión. Las corrientes de la teología existencial y de la neo-ortodoxia lo pueden reducir a un subjetivismo. Esta perspectiva propone que Dios no puede ser «objetivizado» sino que habla únicamente a través del encuentro personal. Este encuentro personal es un encuentro entre el yo y otro totalmente ajeno al yo. El ego trascendental de Kant se encuentra con Dios en una esfera noumenal inefable. Pero la teología existencial suprime la verdad bíblica acerca de la realidad de la Palabra de Dios aquí y ahora (Romanos 1:18). Jesucristo es el Señor. La neo-ortodoxia y el liberalismo evaden el hecho de que el señorío de Cristo impera sobre las normas, los hechos y los motivos personales de la ciencia moderna, la investigación histórica actual, la interpretación bíblica moderna, y los esfuerzos de sistematizar el pensamiento teológico moderno. Ahora bien, el hombre puede rebelar en contra del señorío de Cristo. Pero aun en su rebelión, permanecen sujetos a su juicio y a su castigo. El liberalismo ha fallado en su reconocimiento del señorío de Cristo. Y así, se ha vuelto cautivo de la filosofía moderna como el eje directriz primordial y se esquiva de la exigencia bíblica de someterse a la instrucción que proviene de la boca de Jesucristo.[4]

La Naturaleza de los Modelos Alternativos de la Interpretación
Cualquiera de los tres modelos considerados aquí es susceptible a la perversión. Pero si se utilizan con cuidado *el modelo de la transmisión, el modelo de una vez por todas,* y *el modelo del tiempo presente* son modelos de interpretación complementarios. *El modelo de una vez por todas* comienza con la autoridad de Dios y la entrega de la palabra de forma permanente, universal y normativa. La palabra de Dios tiene un contenido proposicional fijo y hace demandas éticas universales. *El modelo del tiempo presente* comienza con la presencia de Dios hoy. Se enfoca en el misterio de la conciencia humana que opera únicamente en el presente. *El modelo de la transmisión* comienza con la perspectiva de la comunicación de Dios desplazada a través de la historia. Se enfoca en el contexto externo e histórico de la palabra de Dios.

Cada modelo, entonces, enfatiza uno de los atributos de Dios. *El modelo de una vez por todas* enfatiza la verdad y la autoridad de Dios. *El modelo del tiempo presente* enfatiza la presencia de Dios y *el modelo de la transmisión* enfatiza el control de Dios. Como hemos de esperar, estos tres énfasis desembocan en una visión complementaria. Cada modelo, entendido apropiadamente, afirma y refuerza al otro. La ley (la verdad), la conciencia (la presencia) y la historia (la transmisión) se entretejen en una red compleja. Dios es uno en la multiplicidad de la riqueza de su ser. Por eso, la interpretación es también una dentro de la multiplicidad de la riqueza de su palabra.

La Interpretación Bíblica

En principio, entonces, los tres modelos deben conducir a un objetivo singular. Pero el pecado del hombre corrompe la interpretación y no siempre alcanzamos la potencia de cada modelo. Cada modelo se puede pervertir como ya hemos visto. Además, nuestros corazones están predispuestos a producir nuevos ídolos. Podemos hacer ídolos de la ley, de los hechos o de las personas. La ley, los hechos y las personas pertenecen a una armonía conjunta y cada una funciona para demostrar la verdad, el control y la presencia de Dios. Pero en manos del hacedor de ídolos se distorsionan. El racionalismo secular hace un ídolo de las normas de interpretación. El empirismo secular hace un ídolo de los hechos e interpreta todo según su efecto visible o palpable. El subjetivismo secular hace un ídolo de las personas e intenta someter toda interpretación al dominio de un sujeto humano autónomo.[5]

Los errores en las aproximaciones seculares son relativamente fáciles de identificar. Pero hay también formas más sutiles de estos errores. Y aun en estos errores sutiles surgen los mismos ídolos. Veamos, entonces, cómo cada uno de estos modelos de interpretación puede conducir a la idolatría.

El modelo de una vez por todas se asocia con un enfoque en la autoridad de Dios y en el origen de su habla. Puede, por lo tanto, ser distorsionado al hacerse un ídolo de las reglas. El racionalismo secular idolatra las reglas de interpretación y hace de la interpretación bíblica una ciencia objetiva. Otra forma más sutil del racionalismo aparece cuando el intérprete suprime el contexto histórico de la Biblia y la ve como una guía infalible de doctrina y una colección autoritativa de proposiciones acerca de Dios, el hombre y la salvación. No se aprecia la relación entre lo que Dios hizo en la Biblia y lo que ha hecho y está haciendo en la historia.

El carácter de nuestra respuesta personal a la Palabra puede verse influenciado por inclinaciones semejantes. Recordemos el caso de Dorotea Doctrinalista. El doctrinalista es el que cree que la doctrina correcta y ortodoxa es el núcleo del cristianismo. No negamos que la doctrina sana es absolutamente esencial para el crecimiento cristiano (Efesios 4:15). Pero el amor también es esencial. Los doctrinalistas corren el riesgo de distorsionar la Biblia al simplificar la multidimensionalidad de la comunicación divina. Tambien corren el riesgo de hincharse de orgullo en su ortodoxia. Esconden de sí mismos su temor a cambiar la actitud pomposa de su corazón. Se someten a un dogmatismo falso, a una sobre estimación de sí mismos y a un desprecio a aquellos que no están de acuerdo con ellos. Estas actitudes se justifican al decir que son un reflejo del celo por la verdad. Pero esta justificación no hace más que convertir sus actitudes en otro motivo de orgullo pecaminoso.

El modelo del tiempo presente se asocia con el enfoque en la presencia de Dios y la recepción de su mensaje hoy. Puede distorsionarse al hacer un ídolo del receptor humano. El subjetivismo secular hace un ídolo del oyente, el lector y el intérprete huhumano. Pero, otra vez, hay formas más sutiles de esta distorsión. Abigail Afirmacionista afirmó la perspectiva de todos los lectores. Al leer la Biblia, el cristiano intenta extraer el mensaje que Dios tiene para él en ese momento. La única pregunta válida en un estudio bíblico es: ¿qué significa el texto para ti? Todas las perspectivas, aun las perspectivas contradictorias, pueden ser consideradas válidas. Esta distorsión acepta todas las interpretaciones y así neutraliza la autoridad de Dios y su condenación de la interpretación pecaminosa de su palabra.

De la misma manera, algunos cristianos carismáticos hacen un ídolo de las emociones en el culto de adoración. El sentimiento subjetivo en el momento de adorar es lo más importante. No se intenta extenderse a los momentos de sabiduría del pasado bíblico ni tampoco se toma en cuenta la obra de Dios a través de los eruditos bíblicos y otros expositores de la Palabra. A pesar de la presencia de dones espirituales reales, la distorsión de hacer un ídolo de las emociones suprime estos dones al elevar su propia costumbre y comodidad.

Estas inclinaciones también pueden influir en la respuesta a la Biblia. Se vuelven pietistas, aquellos que piensan que la devoción personal y la oración son el núcleo del cristianismo.[6] Recordemos por un momento a Pedro Pietista. Claro está que la devoción, el compromiso y la comunión con Cristo son elementos esenciales en el crecimiento cristiano (Colosenses 2:6-7). Pero también lo son la exhortación y la represión en amor y verdad. Los pietistas corren el peligro de interpretar la Biblia únicamente en el plano de su propósito devocional y de esquivar el trabajo duro de luchar doctrinal y prácticamente para reconocer y exaltar el Señorío total de Jesús sobre nuestras mentes (Mateo 22:37).

Por último, *el modelo de la transmisión* se asocia con un enfoque en el control de Dios sobre el proceso total de la transmisión de su mensaje. Pero este modelo puede distorsionarse al hacer de los hechos (o más bien, la percepción de los hechos del intérprete) un ídolo. El empirismo secular es obviamente una aproximación interpretativa idólatra. Pero, como en las otras formas de idolatría, hay también manifestaciones más sutiles. Por ejemplo, existe la tendencia de volverse un historicista cristiano al usar los hechos de la distancia histórica y cultural entre los tiempos de la Biblia y nuestros días para minimizar la relevancia del mensaje de Dios. En esta perspectiva, sólo los principios amplios en la Biblia deben ser utilizados para proveer dirección espiritual. Es la situación actual, o nuestra percepción de esa situación, la que tiene prioridad en nuestra aplicación. Esta distorsión se reduce al pragmatismo y al secularismo.

Podemos ver entonces cómo los modelos hermenéuticas pueden ser distorsionados en direcciones doctrinalistas, emotivistas y pragmatistas. También es posible identificar varias combinaciones de estas distorsiones que rebajan aun más el mensaje de Dios.

La erudición bíblica y los dones intelectuales no nos protegen de estas distorsiones pecaminosas. De hecho, los intelectuales muchas veces utilizan su pericia para desarrollar las formas más sutiles de la interpretación distorsionada. Se inventan excusas sofisticadas y se crea la ilusión de huecos, fallas y errores en la interpretación ortodoxa. El orgullo en la creatividad intelectual, además, esquiva cualquier forma de crítica. El orgullo reclama la superioridad intelectual del intérprete frente a su crítico y reduce la crítica. El orgullo niega la validez de la crítica. El orgullo, por lo tanto, produce defensa y oculta la distorsión en las propuestas del intérprete. La idolatría intelectualista se refuta claramente en 1 Corintios 1:27-31 y 3:18-21.

Los maestros de la Biblia y de la teología parecen ser los más susceptibles a las tentaciones intelectualistas. Los maestros de la teología sistemática, por ejemplo, tienden hacia al doctrinalismo pues su enfoque es de derivar doctrina de la Biblia. Los maestros de la teología práctica y pastoral, por otro lado, tienden hacia al pragmatismo pues su enfoque es en la aplicación presente. Los maestros de la teología bíblica tienden hacia al historicismo pues su enfoque es en la distancia histórica entre varias situaciones.

No importa su especialidad de investigación, los que tienen una propensidad más racionalista o silogística tienden a favorecer el *modelo de una vez por todas*. Demuestran una inclinación doctrinalista. Los que tienen una propensidad hacia la diversidad en el pensamiento teológico moderno suelen ver muchos problemas y complejidades asociadas con el *modelo de la transmisión*. Esta complejidad los puede conducir a una postura de tolerancia, sensibilidad y civilidad pero los paraliza cuando se trate de condenar la doctrina falsa y de abogar por la doctrina sana. Es una forma sutil de historicismo que los ha cautivado. Por último, los que se enfocan en la confrontación entre la iglesia visible y la sociedad secular tienden a enfatizar modelos de crecimiento de iglesias, principios de administración, o teorías de consejería personal. En estos casos existe la tendencia de someterse a una forma sutil de pragmatismo.

Lo Explícito en la Hermenéutica

¿De qué nos sirven estos modelos de interpretación? Es obvio que cada uno nos puede alentar a estudiar algún aspecto de la comunicación de Dios que no habíamos estudiado antes. A través de cualquiera de estos modelos, podemos detectar áreas en nuestro pensamiento o en nuestra aplicación que no han sido tocadas por el poder de la Palabra de Dios. En medio de la diversidad de los dones de los varios miembros del cuerpo de Cristo, como lo explica Pablo en 1 Corintios 12, aceptamos gozosamente el aporte de aquellos cuyos dones les ha dado la perspicacia de enfocar algún área en particular.

Pero ningún método es una panacea. No existe un método que por sí solo garantiza la santificación. Cristo nos purifica a través de su palabra y del Espíritu (Efesios 5:26; 2 Tesalonicenses 2:13; 1 Pedro 1:3), pero no a través de un método hermenéutico. Podemos distorsionar la doctrina ortodoxa y convertirlo en un ídolo. Los doctrinalistas intercambian la confianza en Cristo y sus promesas por una confianza en el sistema doctrinal que han forjado. De la misma manera, se puede hacer del modelo hermenéutico apropiado un ídolo. Los intérpretes minuciosos intercambian la confianza en Cristo y sus promesas por su propio método interpretativo que asegura la interpretación correcta. Pero aún, algunos optan por poner su confianza en su propio entrenamiento, su propia educación y su propia pericia y así se someten al ídolo de su propio orgullo. El orgullo también les impide arrepentirse y pedir en humildad a Dios un intelecto y una habilidad hermenéutica redimida.

El racionalismo y el ideal científico surgió de la Ilustración. Estas tendencias nos tientan al imperar sobre nuestra interpretación y al hacerla transparente a la perspicacia intelectual exhaustiva. El racionalismo rechaza las intuiciones de lo carismático y la posibilidad de varios horizontes de significado en un texto. El racionalismo está teñido por la idolatría de la Ilustración, o sea, la adoración del yo trascendente. Nos conduce a la sobre confianza y a la arrogancia. Y el guerrero divino luchará ante ese orgullo (Proverbios 16:18; 11:2).

Pero hay también una verdad inversa que es que la totalidad del método hermenéutico se vuelve una herramienta tácita y subconsciente del hombre de Dios. Conocer a Dios es ya saber tácitamente el método apropiado de interpretación. La interpretación surge de la comunicación de Dios. Si conocemos a Dios, sabemos mucho acerca de cómo interactúa con el mundo aunque no lo podemos articular de forma precisa. Conocer al Señor de la historia quiere decir que entendemos la complejidad y la fidelidad de su presencia. Conocer a Dios promueve la sabiduría y produce la habilidad de servirle fielmente en cada área de nuestras vidas. Se puede desarrollar la habilidad hermenéutica sin necesariamente tener conocimiento de todos los pasos de la interpretación. Todos los pasos de interpretación se realizan sin tener conciencia que se hayan realizado.

Conocer a Cristo es conocer a aquel «en quien están escondidos todos los tesoros de la sabiduría y del conocimiento» (Colosenses 2:3). Conocer a Cristo es estar vinculado con los que también lo conocen y que lo han conocido a lo largo de la historia. Y de allí se desprende el beneficio del *modelo de una vez por todas*. Conocer a Cristo es comprender el propósito central de la historia (Efesios 1:10). Y de allí se desprende el beneficio del *modelo de la transmisión*. Conocer a Cristo es escucharle hablar (Juan 10:3-5, 27). Y de allí se desprende el beneficio del *modelo del tiempo presente*. Conocer a Cristo es estar lleno del Espíritu quien escribe la ley en nuestros corazones (2 Corintios 3:3). El Espíritu, además, es el Método primordial de la interpretación. Cuando estamos en comunión con Cristo, cuando tenemos la mente de Cristo es cuando podemos ser verdaderamente racionales. Tenemos la sabiduría de Cristo y por eso podemos aplicar su palabra a nuestra situación. Tenemos el amor de Cristo y por eso podemos tener una experiencia real con el Espíritu. Conocemos al Autor, conocemos su Palabra, y tenemos el poder de la resurrección que nos transforma por medio del Espíritu de Cristo.

Pero, aún así, nos falta crecer en ese conocimiento (Filipenses 3:10-14).

NOTAS

1. La posible fecundidad de una perspectiva desde la óptica de la segunda persona se trata en Poythress, *Symphonic Theology*.
2. Ver Vern S. Poythress, *Shadow of Christ*, 251-86.
3. Se recuerda la gran afirmación en 2 Corintios 6:2 – «ahora».
4. Ver Royce G. Gruenler, *Meaning and Understanding: The Philosophical Framework for Biblical Interpretación* (Grand Rapids: Zondervan, 1991) para mayor discusión sobre los fundamentos filosóficos de la neo-ortodoxia y otras vertientes de la teología modernista.
5. Ver Vern S. Poythress, «God's Lordship in Interpretation», *Westminster Theological Journal* 50/1 (1988): 37-39.
6. Históricamente los pietistas se dedicaban al amor, a las buenas obras y a las misiones. Sin embargo, las expresiones modernas del pietismo tienen horizontes más limitadas.

CAPITULO 11
Ejemplos y Analogía

Fátima Factualista:
Me inquieta esta conversación, pues nos hemos enfocado tanto en los principios de la interpretación. Todo es demasiado abstracto. Todo me parece que está en el aire. Hablemos mejor de ejemplos concretos.

Pedro Pietista:
A mi también me inquieta pues cuando generalizamos así dejamos a un lado el aspecto individual y singular de la comunión personal con el Señor.

María Misióloga:
Tal vez debemos considerar un ejemplo, un caso que surge dentro de un contexto cultural específico.

La resurrección de Cristo es el evento cúspide en la relación entre Dios y el hombre y por eso constituye un patrón para el entendimiento de los propósitos de Dios a lo largo de la historia. O sea, la resurrección es un *ejemplo*, una demostración crucial, a través del cual llegamos a comprender toda la historia. Dada la importancia de este ejemplo, he preferido considerarlo por separado.

El Papel de los Ejemplos
La Biblia nos enseña a través de ejemplos. El éxodo de Egipto es el ejemplo que Dios le da a Israel para que conozcan lo que significa que Dios los salve. Otros actos posteriores de redención son análogos al Éxodo. La creación de Adán y Eva es el ejemplo que usa Dios para enseñarnos que es nuestro creador. Los actos providenciales posteriores, por ejemplo nuestro nacimiento, son análogos a la creación original. Cristo mismo es el ejemplo de la vida justa y del destino de cada ser humano justo. Su resurrección es el ejemplo de la resurrección futura de todos los santos. La crucifixión es el ejemplo del salario justo del pecado, pues Cristo llevó el castigo del pecado por nosotros (1 Pedro 2:24).

Cuando hablo del ejemplo en la Biblia no me refiero a una de muchas instancias de una clase sino que me refiero al ejemplo *ejemplar* de esa clase. Cada ejemplo involucra sucesos históricos verdaderas en su textura detallada e irrepetible. Al mismo tiempo, estos eventos irrepetibles ponen el fundamento para todo lo demás – proveen el patrón general, repetible para toda la clase o serie de eventos. Un evento se vuelve el fundamento de todos los demás.

Por ejemplo, la creación de Adán es el fundamento de cada subsiguiente creación del ser humano. La muerte y resurrección de Cristo, al igual, es el fundamento de cada hecho subsiguiente de redención en el espacio y el tiempo. Puesto que el evento *ejemplar* es irrepetible, los eventos posteriores no son idénticos pero sí son análogos. Pero como todo evento posterior se asocia con el evento *ejemplar* de forma genuina, deducimos que la analogía es también genuina e importante.

Así es que la Biblia nos instruye con una combinación de generalización y particularización. La Biblia contiene proposiciones generales acerca de la verdad de la redención del hombre e incluye también el relato del éxodo, una instanciación particular de esa redención general. De la misma manera, encontramos en la Biblia la verdad general acerca de Dios como el único autor de la vida. También encontramos en la Biblia la particularización de esta verdad en la resurrección de Jesucristo. La verdad general se ejemplifica en la instancia particular. La instancia particular, por otra parte, cobra mayor significado debido a la verdad general que ejemplifica. La Biblia es más que una simple filosofía – un dogma descontextualizado. La Biblia anuncia los eventos históricos en la vida de Jesucristo. Revela las instancias particulares que son el fundamento de nuestra salvación. Puesto que Jesús es el Señor de todo, todos los eventos particulares en la vida de Jesucristo cobran significado universal en la vida de todo ser humano en todo tiempo. Puesto que Jesús es el Señor de todo, todas las generalidades acerca del mundo y su historia se sostienen en la vida de Jesucristo de Nazaret.

La vida terrenal de Jesús, además, es el ejemplo del carácter y la personalidad de Dios. La vida de Jesús es el ejemplo *ejemplar* más importante. Cristo es el centro de la Biblia (Lucas 24:44-49). Por lo tanto debemos poder extender la lista de ejemplos indefinidamente. Dentro del marco del Antiguo Testamento, el tabernáculo es el ejemplo de la morada de Dios con Israel. Moisés es el ejemplo de los profetas (Deuteronomio 18:18-22). David es el ejemplo del rey (cf. 1 Reyes 11:4). Salomón es el ejemplo del hombre sabio (1 Reyes 4:29-34). Abraham es el ejemplo de la fe (Génesis 15:6).

Cada uno de estos ejemplos es rico en su particularidad. Cada uno es único. Cada uno es diferente del otro en cierto sentido. Vemos esta singularidad especialmente en el caso de Cristo. Cristo es hombre y Cristo es Dios. Pero no es un hombre cualquiera. Es el hombre, el representante y la cabeza de la nueva humanidad (1 Corintios 15:45-49).

El Uso de la Analogía
Nos enfrentamos pues con una analogía, y no una identidad, entre Cristo y el resto de la humanidad. La resurrección es análogo a

nuestro nuevo nacimiento en el Espíritu pero no es idéntico (Colosenses 3:1). La resurrección de Cristo es análogo a, pero no idéntico a, la resurrección corporal futura de todos los santos (1 Tesalonicenses 4:13-18).

En cualquier analogía hay puntos de convergencia y puntos de divergencia. Cuando tratamos con ejemplos en la Biblia, las analogías están nítidamente estructuradas y son multifacéticas. No se limitan a un punto insignificante de convergencia. Por ello, encontramos numerosos casos de analogía plasmados a lo largo de la Biblia. Y cada analogía, así como el conjunto de analogías, demuestra numerosas divergencias.

¿Cómo determinamos, pues, el carácter y la extensión de una analogía? ¿Cómo podemos identificar los puntos de convergencia y los puntos de divergencia? ¿Hace falta una identificación explícita? Pero en el uso normal del lenguaje, la identificación explícita y exhaustiva de la analogía no ocurre a menudo. De hecho, no encontramos dicha identificación en la Biblia. Al contrario, al enfrentarnos con una analogía lo que hacemos es de aprehender su carácter general y luego le añadimos algún grado de detalle. Pero siempre hay detalles que permanecen ocultas. En la mayoría de los casos, nos contentamos con entender el carácter general de la analogía sin tener que indagar más.

Podemos hacer juicios acerca de la analogía porque tenemos un contexto. Por ejemplo, la Biblia contiene una cantidad enorme de enseñanza acerca de Dios. El contexto amplio de la enseñanza acerca de Dios nos provee el contexto que nos permite entender las analogías acerca de Dios. Por ejemplo, la analogía de Dios como el Gran Rey. Se confirma a lo largo de la Biblia que Dios hace demandas, tiene la autoridad legítima de hacerlas y tiene el poder para imperar sobre el universo. En estos puntos, Dios es semejante a un rey terrenal. Pero a diferencia de un rey terrenal, su poder es ilimitado, su dominio cubre el universo entero y su imperio es siempre justo. Tampoco se sujeta Dios a las limitaciones de un rey terrenal. Estas conclusiones nos parecen acertadas porque tenemos un marco contextual tanto acerca de Dios como acerca de los reyes terrenales.

En general, la analogía funciona precisamente porque tenemos un marco contextual dentro del cual aprehender sus implicaciones. Lo mismo ocurre cuando nos enfrentamos a una analogía en la Biblia. Aprehendemos sus implicaciones a través del conocimiento de su contexto y de su autor, o sea, de Dios mismo. Por eso nuestro conocimiento general de Dios influye de forma sutil en nuestra interpretación de la analogía. En muchos casos, es una influencia patente pero en otras es una influencia latente. Nuestro conocimiento general de Dios influye en las implicaciones que inferimos de una analogía y afecta a nuestro juicio acerca de las convergencias y divergencias incluidas en la analogía.

Por eso, el uso de la analogía tiene sentido únicamente dentro de un marco contextual. Tenemos que conocer a Dios y tenemos que conocer algo de su creación para entender las analogías bíblicas. Aunque toda analogía es parcial y abierta, confiamos en nuestro entendimiento de la analogía porque Dios conoce todas las cosas en su totalidad, porque nos hizo a su imagen y porque creó un mundo en que existen múltiples analogías ricas.

Un Triángulo de Atributos
Para entender la estructura de los ejemplos y las analogías, podemos emplear el triángulo de partición introducido en capítulos anteriores con sus aspectos clasificacionales, instanciacionales y asociacionales. Estos tres aspectos son analógicos. Se aplican en primera instancia al ejemplo, o sea, a Dios en su carácter trinitario. Se aplican de manera subordinada a la creación y a los aspectos de la creación.

Nuestro entendimiento de Dios es un entendimiento por *analogía*. Por ejemplo, ¿cómo entendemos el aspecto asociacional de la ontología de Dios, o sea, la comunión y la morada mutua en la Trinidad? Es un gran misterio. Pero tenemos una analogía en nuestra propia experiencia. Dios se place en tener comunión con nosotros a través de la obra de Cristo y del Espíritu Santo. Dios el Padre envía al Espíritu Santo para hacer morada en nuestros corazones (Romanos 8:9-11). A través del Espíritu, Cristo mora en nosotros (Romanos 8:10) y el Padre también mora en nosotros (Juan 14:23). Dios mora en el hombre. Dios mora en sí mismo de una manera análoga a su morada en nosotros. La morada de Dios en sí mismo es el arquetipo. La morada de Dios en el hombre es el ectipo. El arquetipo y el ectipo son análogos pero no idénticos (Juan 17:23).

La instanciación también refleja la analogía. El Verbo es eternamente la instanciación de Dios. Por analogía, sin embargo, el Verbo se hizo carne y se hizo una «instancia» de Dios en el tiempo y en el espacio (Juan 1:14). Entendemos la instanciación eterna a través de la analogía con una instanciación temporal.

El aspecto clasificacional también es analógico. Dios se revela como un Dios único. Su revelación demuestra su singularidad. La singularidad revelada se relaciona analógicamente en la singularidad que posee en sí mismo.

El uso de los ejemplos en la enseñanza de Dios también expresa los aspectos clasificacionales, instanciacionales y asociacionales. Primero, un ejemplo como el éxodo es un evento o una cosa particular. Así es una instanciación. Segundo, un ejemplo es una instanciación de un patrón general, una generalidad clasificacional. El éxodo es una instancia del patrón clasificacional de la redención. Tercero, un ejemplo tiene relaciones asociacionales con un contexto mayor por medio del cual llegamos a comprenderlo. El éxodo es un ejemplo del patrón de la redención que muestra múltiples ejemples de otras instancias. Al percibir su relación con otras instancias, llegamos a aprehender cómo el éxodo llega a ser un ejemplo para nosotros.

NOTAS
1. No concuerdo con la teoría ejemplar de la expiación. Cristo es, sin duda, nuestro ejemplo pero es mucho más. Es el sustituto penal exclusivo para el pecado.

CAPITULO 12
Historia

Hernando Hermenéuta:
 ¿Podemos tratar con ejemplos específicos? ¿Cómo es que los ejemplos cuadran con el mensaje íntegro?

Fátima Factualista:
 Casi la mitad de la Biblia consiste en historia y en relatos. Tenemos que entender la historia para entender la Biblia.

En la interpretación bíblica es imprescindible tener una visión histórica. Dios creó el mundo con una dimensión histórica. Los eventos magistrales en la redención de Dios se efectuaron en la historia. Además, la historia es el contexto para los pasos de la interpretación que se enumeraron en el *modelo de la transmisión*. El *modelo de una vez por todas* de la interpretación se enfoca en el habla original de Dios en su contexto original y por eso requiere también de un enfoque histórico.

Entonces, ¿qué es la historia? ¿Cómo tratamos con ella? La circuncesión de los tres pasos del *modelo de transmisión* requiere de una examinación del carácter de la historia. La circuncesión sugiere un momento puntual en el pasado, el punto original en que Dios habló y no puede aislarse rígidamente del presente. La circuncesión del *modelo de la transmisión* junto con el *modelo de una vez por todas* y el *modelo del tiempo presente* sugiere exactamente lo mismo. Además, los ejemplos nos muestran la conectividad compleja de la historia. ¿Cómo podemos llegar a un entendimiento comprehensivo y útil de la historia?

Recordemos nuestro punto de partida en el desarrollo del *modelo de la transmisión*. Comenzamos con la comunicación de Dios. El Padre habla a través del Verbo por medio del Espíritu. Cuando él habla, el Espíritu es el oyente. Podemos adoptar el mismo punto partida para entender la historia. El habla de Dios y la acción de Dios siempre van en conjunto. El habla de Dios, además, provee una perspectiva única de los eventos en la historia. La creación se llevó a cabo por medio del habla de Dios: «Y dijo Dios: Sea la luz y fue la luz» (Génesis 1:3). «Por la palabra de Jehová fueron hechos los cielos, y todo el ejército de ellos por el aliento de su boca» (Salmos 33:6). Todo lo que ha ocurrido en la historia, ha procedido de su palabra: «¿Quién será aquel que diga que sucedió algo que el Señor no mandó? ¿De la boca del Altísimo no sale lo malo y lo bueno?» (Lamentaciones 3:37-38, ver también Efesios 1:11).

Si la historia corresponde con los decretos verbales de Dios esperaríamos que los eventos de la historia demuestren una estructura semejante a lo que ya hemos visto con respecto al habla de Dios. Además, el ser humano, creado a la imagen de Dios, refleja los aspectos del carácter de Dios en formas muy particulares. Por eso, esperaríamos que la acción humana reflejaría las características de la acción divina. La acción divina incluye siempre el habla de Dios. Y, por esa misma razón, la acción humana, en su escala más amplia, debería mostrar un carácter de tipo lingüístico.[1]

La Unidad y la Diversidad en la Historia
Por ejemplo, según nuestra discusión anterior hay unidad y diversidad en el significado. Por analogía, podemos esperar que hay unidad y diversidad en el carácter de los eventos históricos. Hay una multiplicidad de verdades acerca de muchos temas que se sostienen en la unidad del plan de Dios. En este sentido, encontramos tanto unidad como diversidad en el plan de Dios. Esta unidad y diversidad incluye la verdad acerca de los eventos históricos. Podemos aplicar el triángulo de partición – o sea, los aspectos clasificacionales, instanciacionales y asociacionales.

Primero, según el aspecto clasificacional, cada evento histórico es clasificable. Pertenece a un evento de un tipo particular. Hay eventos de guerra, eventos de celebración, eventos agrícolas, eventos de nacimiento, de muerte, de matrimonio, etc. Entendemos los eventos del pasado, en parte, con respecto a los eventos presentes de nuestras vidas. Sabemos de la guerra, de la celebración y de la agricultura en nuestros propios tiempos. Puesto que los humanos han sido creados a la imagen de Dios, hay cierta consistencia en la naturaleza humana. Aunque hay culturas y tiempos diferentes, las diferencias son limitadas. Aunque hay tiempos y culturas diferentes, las diferencias no son totales. El elemento de constancia asegura la posibilidad de entender la vida en otros tiempos y otras culturas.

Consideremos ahora el aspecto instanciacional que permite la unidad de la historia. Un evento preciso, en el momento y el lugar exacto de su ocurrencia, nunca es idéntico con otro evento en todos sus detalles – pues, ocurre en otro tiempo y en otro lugar.

En tercer lugar, el aspecto asociacional muestra la coherencia de la historia. Los eventos históricos se interrelacionan de forma causal y su significado total depende de su integración en los eventos que constituyen el plan total de Dios en la historia (Efesios 1:11).

Los tres aspectos se sostienen entre sí. Hay circuncesión en ellos. Cada aspecto ofrece una perspectiva en la otra perspectiva; ningún aspecto se puede entender sin la comprensión y la inclusión de los otros.

Perspectivas de la Historia

Las perspectivas desde la óptica de la hermenéutica transmisional también son perspectivas en el entendimiento de la historia. Por eso tenemos al menos tres perspectivas distintas de cualquier evento histórico definido. Según el *modelo de una vez por todas*, cada evento se realiza con el fin de proveer el desarrollo y el significado del resto de la historia. El resto de la historia se vuelve una «audiencia» del evento que se realizó. El evento dialoga con y afecta todas las eras subsiguientes.

Segundo, podemos considerar el *modelo de la transmisión*. Según este modelo, la historia se desenvuelve en el tiempo y cada evento afecta al futuro inmediato. Este futuro inmediato afecta a tiempos sucesivos. La interacción, pues, se desplaza a lo largo del tiempo.

Tercero, según *el modelo del tiempo presente* el entendimiento comprehensivo de la historia ocurre en este momento, o sea, en la mediación presente del registro del pasado. El pasado es asequible únicamente a través del presente, a través de los registros que aun existen en el presente y a través de la memoria que aun perdura en el presente. La interpretación de la historia es, pues, una responsabilidad que enfrentamos en el presente.

Las aproximaciones seculares modernas a la historia rehúsan reconocer que Dios es el Señor de la historia. Por eso les resulta difícil reconocer o apreciar la circuncesión de las tres perspectivas. Proponen una versión parcial del *modelo de la transmisión* en que la historia está conectada únicamente a sus antecedentes y procedentes inmediatos. El plan y el propósito global de la historia se anula en la aproximación moderna a la historia. La Biblia, por otra parte, claramente identifica el final, la consumación de la historia recapitulando así aspectos inherentes de su inicio (Apocalipsis 22:1-5). La nueva creación es un nuevo paraíso, un renovado huerto del Edén. La resurrección de Cristo en el pasado constituye el fundamento de la futura resurrección espiritual del cristiano a la vida eterna en el presente (Colosenses 3:1). También constituye la base de la resurrección corporal de los santos en el futuro (1 Corintios 15:22-23, 49). Dicha perspectiva depende de nuestro conocimiento del único y sabio Dios que tiene un plan para la totalidad de la historia, un plan unificado que no fallará hasta que sea cumplido.

En otras palabras, los eventos de la historia están todos interrelacionados. No se trata de una relación en cadena en que un evento es afectado únicamente por el que le precede o el que le sigue, sino que se trata de un plan comprehensivo y absoluto para toda la historia. Cada evento particular es importante porque tiene su lugar en la totalidad y está conectado con esa misma totalidad. La resurrección de Cristo tiene un impacto no solamente para los apóstoles a quienes Jesús les apareció por primera vez, sino que también tiene un impacto en todos los que han sido unidos a Cristo por la fe. Experimentamos el poder de la resurrección debido a la resurrección histórica de Cristo (Filipenses 3:10). Los efectos de la resurrección, por lo tanto, no se limitan a una secuencia causal sino que nos tocan aun en el presente. Además, en un sentido el patrón de la resurrección se extiende no sólo al futuro sino que también afecta al pasado. Dios trató de antemano con los evento que estaban aun por acontecerse (Romanos 3:25). Su gracia y su perdón para su pueblo en el Antiguo Testamento se deben exclusivamente al sacrificio de Cristo que aun estaba por acontecer. Estableció el sacrificio de animales en el Antiguo Testamento para señalar el sacrificio venidero.

La perspectiva asociacional también es importante. Los patrones tipológicos recurren a lo largo de la historia. Dentro de la perspectiva bíblica, pues, la historia conlleva múltiples conexiones que permanecen ocultas en la aproximación moderna secular. Los historiadores modernos seculares afirman la singularidad de cada suceso histórico (la perspectiva instanciacional). Reconocen que cada evento puede clasificarse según un patrón más general (la perspectiva clasificacional). Pero fallan a la hora de apreciar la perspectiva asociacional. Echaremos, por lo tanto, un vistazo detallado a esta perspectiva.

Ya hemos considerado de forma general la muerte y la resurrección de Cristo – sucesos que constituyen el núcleo de la historia y que afectan a toda la historia. Pero consideremos cómo la perspectiva asociacional explica aun los detalles más pequeños del suceso histórico.

Un Ejemplo de 2 Reyes 14:5
En 2 Reyes 14:5 leemos: «Y cuando hubo afirmado en sus manos el reino, mató a los siervos que habían dado muerte al rey su padre». Este evento encuentra su significado en relación a otros eventos. Nuestra lectura del pasaje, por lo tanto, requiere de una comprensión de la relación entre diversos eventos. Este evento está relacionado con los eventos que lo preceden y también con los eventos que lo siguieron. El evento precedente al asesinato es la base judicial y emocional de la decisión de Amasías. El conocimiento de la ley mosaica por parte de Amasías también puede ser un factor en su decisión.[2] Y ¿qué de las consecuencias de la acción de Amasías? El narrador no identifica las consecuencias. Pero sabemos que las Escrituras indican que las acciones de Amasías fueron justas. Y de otros pasajes bíblicos se desprende que Dios bendice a los justos. Por lo tanto, la acción de Amasías puede ser una acción digna de ser bendecida por Dios.

Tanto de la Biblia como de la experiencia moderna se desprende que uno de los efectos del castigo del crimen es de inducir el

La Interpretación Bíblica

temor de volverlo a cometer (Deuteronomio 19:20). Al ver las acciones de Amasías, se espera que habría una mayor disposición a someterse a su autoridad por temor a ser asesinado.

Estos son, pues, algunas conexiones inmediatas. Pero también reconocemos ciertas conexiones remotas. Como en el lenguaje, así también en la historia, las conexiones se extienden en múltiples direcciones a través de numerosas dimensiones.

La acción de Amasías se asocia con otros casos en la historia en que un monarca castiga el atentado y el asesinato. Se asocia, además, con las maniobras políticas en que los dirigentes intentan incrementar su poder político. Se asocia con los intentos fracasados de dirigentes para mantener un control fallido. A través de 2 Reyes 14:6, se asocia con todas las sanciones penales de la ley mosaica. Todas estas instancias demuestran las formas en que se administra la justicia y el castigo justo.

Este evento se conecta con el vaivén de éxitos y fracasos en la historia israelita que se registran en 1 y 2 de Reyes. Vemos en este registro una sucesión de reyes israelitas – algunos buenos y otros malos – que culmina en el aberrante resultado del exilio. La acción individual de Amasías fue justa y su legado general es que fue un buen rey con algunas fallas (2 Reyes 14:3-4). Pero su vida termina en una derrota desastrosa (2 Reyes 14:11-14). Esta derrota es un presagio del exilio venidero. Podemos anotar también el paralelo entre la derrota inmediata y la derrota posterior. En 2 Reyes 14:13-14 se derrumba el muro y el pueblo es sometido al cautiverio. En 2 Reyes 25:1-21 vemos una derrota más intensa que culmina en la desolación del exilio. Entonces, la cuestión de la justicia verdadera permea la narrativa de 1 y 2 de Reyes. La acción de Amasías es justa y por un tiempo prorroga los asaltos al trono de David. Pero ¿es suficiente para detener el resultado mayor de la rebelión en contra de Dios? Ultimadamente no; la injusticia y el pecado afectan a Amasías mismo cuando se rehúsa a escuchar la advertencia de Joás (2 Reyes 14:9-11).

La horrible final de 1 y 2 de Reyes, la consecuencia desastrosa del exilio, exigen una respuesta. Los descendientes de David fracasaron y fueron salvos al final sólo por una obra de gracia (2 Reyes 25:27-30). A la larga, el trono de David tiene que ser re-establecida de una manera libre del atentado y libre de la corrupción del corazón humano. Y, por eso, en Isaías 9:5-7 leemos: «porque todo calzado que lleva el guerrero en el tumulto de la batalla, y todo manto revolcado en sangre, serán quemados, pasto del fuego. Porque un niño nos es nacido, hijo nos es dado y el principado sobre su hombros; y se llamará su nombre Admirable, Consejero, Dios Fuerte, Padre Eterno, Príncipe de Paz. Lo dilatado de su imperio y la paz no tendrán límite, sobre el trono de David y sobre su reino, disponiéndole y confirmándolo en juicio y en justicia desde ahora y para siempre. El celo de Jehová de los ejércitos hará esto».

Por eso la acción que encontramos en 14:5 se asocia tipológicamente con el reino de Cristo. Amasías destruyó a los asesinos de su padre, pero su acción fue una medida temporal. En la resurrección Cristo efectuó la destrucción final y estableció así su propia justicia libre de asesinatos y libre de la corrupción interna. «Se levantarán los reyes de la tierra, y príncipes consultarán unidos contra Jehová y contra su ungido» (Salmos 2:2). El homicidio de Cristo, el ungido, nos aparece como su victoria (Hechos 4:26-28). Pero Dios responde:

> El que mora en los cielos se reirá;
> El Señor se burlará de ellos.
> Luego hablará a ellos en su furor
> Y los turbará con su ira.
> Pero yo he puesto mi rey
> Sobre Sion, mi santo monte. (Salmos 2:4-6)

Cristo, en su oficio de rey, ejecuta la justicia perfecta: «sino que juzgará con justicia a los pobres y argüirá con equidad por los mansos de la tierra y herirá la tierra con la vara de su boca y con el espíritu de sus labios matará al impío. Y será la justicia cinto de sus lomos y la fidelidad ceñidor de su cintura» (Isaías 11:4-5).

En el reino de Cristo, los hijos del rey no reciben la culpabilidad del pecado de sus padres, o sea, los hijos pecaminosos de Adán. Después de acusar a sus oyentes de «matar al Autor de la vida» (Hechos 3:13-14), Pedro dice: «así que, arrepentíos y convertíos, para que sean borrados vuestros pecados; para que vengan de la presencia del Señor tiempos de refrigerio» (Hechos 3:19).

La conexión entre la acción de Amasías y la resurrección de Cristo no es accidental ni externo, sino que es real e interno. Amasías actuó con justicia. Actuó de acuerdo a la ley mosaica. Pero ¿de dónde viene esa justicia? La ley mosaica es un reflejo de la justicia de Dios. Y la justicia de Dios se manifiesta, en su demostración máxima, en la resurrección de Jesucristo que es su reivindicación legal y la nuestra también: «el cual fue entregado por nuestras transgresiones, y resucitado para nuestra justificación» (Romanos 4:25).

La misma conclusión se desprende cuando consideramos la bondad en vez de la justicia. Es bueno vivir bajo el imperio de un rey justo. Es una bendición (Proverbios 28:12; 29:2; Eclesiastés 10:17). Ya hemos visto que el castigo justo de los asesinos provee estabilidad al reino y es una manera de incrementar la paz y la prosperidad.

La Biblia enseña que todo lo bueno proviene de Dios (Hechos 14:17; Santiago 1:17). Dios manifiesta su bondad en el acto de Amasías. Esta bondad, además, cubre a aquellos que no la merecen pues son pecadores. Por eso, vemos en este texto no sólo la bondad de Dios sino también su misericordia. Dios muestra su misericordia a su pueblo a través de su control sobre la acción justa de Amasías. ¿Cómo es posible que Dios sea tan misericordioso como es justo? En su misericordia «pasa por alto» el pecado (Romanos 3:25), pero en su justicia lo castiga. La solución se halla en Cristo: «a quien Dios puso como propiciación por medio de la fe en su sangre para manifestar su justicia» (Romanos 3:25). Y por eso, «con la mira de manifestar en este tiempo su justicia, a fin de que él sea el justo, y el que justifica al que es de la fe de Jesús» (Romanos 3:26). La muerte y la resurrección de Cristo constituyen el fundamento de la misericordia aun en los tiempos del Antiguo Testamento. Es la base, pues, de la manifestación de la bondad y misericordia a través de Amasías.

Amasías, pues, es el mediador de la bondad y la justicia de Dios. Es un rey en el linaje de David – el linaje que Dios ha escogido para su rey mesiánico. Por eso, dentro de la providencia de Dios, la acción de Amasías se conecta con una acción mayor y climática que es la resurrección de Cristo.

Otros Tipos de Conexiones

Los eventos históricos también se conectan en la manera en que se manifiestan los atributos de Dios. Por ejemplo, Dios siempre es justo. Actúa en los eventos de la historia. Desde la perspectiva expresiva y desde la perspectiva de la presencia personal, vemos la demostración de la justicia de Dios en todo evento. Por eso, todos los eventos de la historia se insertan en el patrón universal de la justicia eterna de Dios.

De la misma manera, todos los eventos de la historia se insertan en el patrón universal de la redención de Dios. Dios libera, vence el mal, y opera en base a la sustitución y el perdón que se encuentra únicamente en Cristo. Dios da vida, obra en la propiciación y reconciliación y revela la sabiduría.

Todas estas descripciones de la redención son verdaderas. Pero la redención de Dios no es una fórmula. Cada descripción habla de la profundidad sabia de la obra de Dios. No podemos entender exhaustivamente la obra redentora de Dios en cada detalle. La sabiduría de Dios sobrepasa nuestro entendimiento y su acción en la historia también lo sobrepasa. El patrón de la historia, por lo tanto, no se puede reducir a una fórmula.

Dios ejercita su creatividad en la historia. Por lo tanto, cada evento histórico es singular. Los patrones históricos son multidimensionales y están entretejidos. Nunca llegaremos a una comprensión total del patrón de la historia. Pero sí debemos esforzarnos en encontrar el significado de ese patrón a través de las Escrituras. Podemos entender con mayor profundidad la acción de Dios. Y somos responsables, además, por interpretar la historia en conformidad con el plan soberano de Dios.

La Clasificación de las Conexiones

Aunque no es posible identificar todas las conexiones entre la historia y el plan y carácter de Dios, sí podemos hacer algunas clasificaciones simples. ¿Qué tipos de conexiones pueden existir entre un evento histórico y otro? Podemos organizar esta clasificación a través de un triángulo de perspectiva. Más específicamente, podemos proponer un triángulo de unidad, jerarquía y contexto.[3] Primero, cada evento histórico demuestra una unidad de rasgos identificables. Cada evento histórico es una unidad *coherente*. Pertenece a una clase particular de eventos. El castigo llevado a cabo por Amasías pertenece a la clase «el castigo de los asesinos». Segundo, cada evento histórico se inserta en un contexto mayor y está situado en la cultura. Pertenece a un *contexto* determinado. Tercero, cada evento es parte de una jerarquía en la progresión de la historia. Por ejemplo, el pronunciamiento de juicio de Amasías es un evento menor dentro de la progresión de los eventos históricos que tratan con los resultados del homicidio. El resultado del homicidio es una parte del reino de Amasías. El reino de Amasías es, además, un evento menor en la progresión de los reyes de Judá. Y los reyes de Judá constituyen un evento menor en la progresión de la historia de la encarnación de Cristo. La sucesión de eventos se organiza en una progresión jerárquica.

Tomemos de ejemplo la resurrección de Cristo. Es un evento único y singular en la historia. Pero de manera obvia, se conecta con otras instancias de la resurrección del cuerpo.[4] Por ejemplo, en 1 Reyes 17:17-24 leemos acerca de la resurrección del hijo de Sarepta, en 2 Reyes 4:18-37 leemos acerca de la resurrección del hijo de la sunamita, en Mateo 9:18-26 leemos acerca de la resurrección de la hija de Jairo y en Juan 11 leemos de la resurrección de Lázaro. Todas estas instancias pertenecen a la clase de «la resurrección corporal».

Otro tipo de conexión es la que se da por contigüidad o jerarquía. La resurrección de Jesucristo es un evento histórico. Todos los eventos de la vida de Cristo se pueden agrupar en constelaciones grandes o pequeñas. La resurrección es parte de una agrupación mayor que incluye la colocación de su cuerpo en la tumba y todos los sucesos que tomaron lugar después de su resurrección. Estos eventos, además, constituyen el desenlace de una narrativa mayor que incumbe toda la vida y ministerio terrenal de Jesús de Nazaret.

Y la vida terrenal de Jesús es parte de una narrativa mayor de la redención de Dios que comienza y termina en la eternidad.

La tercera perspectiva es la contextual. En esta perspectiva nos enfocamos en las conexiones metafóricas o analógicas entre la resurrección de Cristo y otros eventos históricos. Hay analogías de muchos tipos. Los sacrificios animales del Antiguo Testamento, por ejemplo, son una sombra de la purificación del pecado. El sacrificio de Isaac y su figurada resurrección también constituye una metáfora de la resurrección de Cristo (Hebreos 11:19). Cuando Noé fue liberado del diluvio y cuando se abrió el mar rojo, vemos una metáfora de la resurrección. La expulsión de Jonás del pez (Jonás 2:5-7) y la salida de Jeremías del cisterna (Jeremías 38) también son casos análogos a la resurrección.

Generalicemos esto un poco. Una unidad lingüística o un evento histórica sostiene una conexión con otras unidades a través de una identidad en uno o más rasgos o características. Pertenece a una clase del mismo tipo. En la terminología antigua de la lingüística se hablaba de las relaciones paradigmáticas. La perspectiva unitaria, por lo tanto, se relaciona con la perspectiva clasificacional. El arquetipo de la unidad es la unidad de Dios que también se asocia con Dios Padre.

Las unidades lingüísticas y los eventos históricos se agrupan en base a una contigüidad en el tiempo y en el espacio. La terminología lingüística antigua se refería a este tipo de relación en términos de una conectividad sintagmática o metonímica. El ejemplo perfecto de esta conectividad en el tiempo y el espacio es la encarnación de Cristo. La conexión por contigüidad, pues, resulta de la perspectiva instanciacional y se deriva de la persona de Dios Hijo.

Las unidades lingüísticas y los eventos históricos también se agrupan contextualmente en base a las relaciones metafóricas y analógicas. La presencia de la analogía permite ver una verdad o evento a través del lente de otras verdades o eventos por medio de su concurrencia teológica en el plan de Dios. La conexión por medio de la analogía, entonces, se desprende de la perspectiva asociacional y la persona de Dios Espíritu Santo.

Como ha sido de costumbre, los tres aspectos (unidad, jerarquía y contexto) son tres perspectivas de una misma realidad. Son correlativos y existen en circuncesión. Lo mismo es cierto para los tres tipos de conexiones: conexión por medio de rasgos comunes, conexión por medio de contigüidad y conexión por medio de analogía o asociación. Las unidades siempre ocurren en una jerarquía de las unidades mayores o menores en que están insertadas. Sus rasgos comprensibles son identificables únicamente a través de la jerarquía y el contexto. Y, claro, la jerarquía y el contexto están vacías de significado sin las unidades específicas que las constituyen. En fin, cada una involucra mutuamente a la otra.

Ahora ilustremos esta conexión con algunos ejemplos adicionales.

Los Sacrificios de Aarón en Levítico 9:8-11
Consideremos la descripción de los sacrificios de Aarón en Levítico 9:8-11. Primero, encontramos conexiones de clasificaciones elementales asociadas con el evento. Este evento particular es una instancia del sacrificio por el pecado. Se conecta con todas las demás instancias de los sacrificios de Aarón y, más ampliamente, con todas las instancias del sacrificio por el pecado. Todos los sacrificios por el pecado se conectan con el sacrificio animal descrito en Levítico 1-5 y con los sacrificios efectuados por los Patriarcas antes de los tiempos de Moisés. Estos diferentes tipos e instancias se relacionan de forma compleja a través de la similitud y la diferencia. Todos los sacrificios animales tienen ciertos aspectos en común (por ejemplo, nunca se comía la grasa ni la sangre del animal). Pero las ofrendas por el pecado tenían algunos aspectos distintivos. Por ejemplo, la sangre se colocaba en los cuernos del altar. La carne y la piel se quema al fuego fuera del campamento. La instancia particular de la ofrenda por el pecado registrada en Levítico 9:8-11 muestra la características que la distinguen de otras instancias.

Segundo, existen relaciones entre la parte y el todo, o sea, relaciones regidas por la jerarquía. El acto total de hacer una ofrenda por el pecado se conecta con varios aspectos subordinados dentro del acto. Por ejemplo, Aarón degüella el becerro, los hijos le traen la sangre, Aarón moja su dedo en la sangre, derrama el resto de la sangre al pie del altar, hace arder sobre el altar la grosura, lleva la carne fuera del campamento, etc. El acto total, pues, se puede reducir a una serie de actos menores. Al mismo tiempo, esta ofrenda particular se asocia con un acto mayor de expiación. La ofrenda del pecado se asocia con el holocausto (9:12-14), con la ofrenda del pueblo (9:15-21), con la bendición (9:22) y con la respuesta de Dios (9:23-24). En conjunto, estos actos constituyen el rito total de la consagración de Aarón y sus hijos (Levítico 8-9). El rito de consagración, además, se coloca dentro del ciclo mayor de eventos que afirman y honran la santidad de la presencia de Dios en medio de los israelitas (Éxodo 25-Levítico 27).

Muchas de las conexiones interesantes que encontramos en la Biblia surgen de las conexiones contextuales. Por ejemplo, el sacrificio animal se asocia con la creación, con la redención y con la consumación.[5]

Consideremos primero la creación. La institución del sacrificio animal depende de los elementos de la creación. Los animales son

La Interpretación Bíblica

parte de la creación de Dios. En el día sexto Dios creó a los animales y definió la existencia particular de cada tipo. El animal está sujeto a la palabra creativa de Dios concerniente a los animales. Además, Dios le dio dominio al hombre sobre los animales. Este dominio es una de las razones por la que es justo que el hombre tenga autoridad de ofrecer sacrificios animales.

La ofrenda del pecado, además, presupone la existencia del pecado. Debido a que no hubo pecado en la creación original, el significado preciso de la ofrenda del pecado no se manifiesta en la creación. Sin embargo, existen algunos elementos análogos. Adán, en su desobediencia, fue un representante de toda su descendencia (Romanos 5:12-21). Por analogía, pues, el sacrificio animal representa al adorador.

Consideremos también la consumación. La función imperfecta del sacrificio animal para purificar el pecado anticipa la purificación final y decisiva del pecado en la consumación. Dios quiso establecer una forma simbólica del juicio y la reconciliación a través de la ofrenda del pecado. Cumple con el juicio y la reconciliación en el último día.

La ofrenda del pecado se asocia de forma íntima con la redención, pues el pecado existe en el mundo sólo en el período entre la caída y la consumación. Los sacrificios animales, incluyendo la ofrenda del pecado, fueron instituidos por Dios para mostrar el sacrificio de Cristo (Hebreos 13:11-12).

La totalidad histórica de la redención ocurre entre la caída de Adán y la segunda venida de Cristo. En este lapso de tiempo, la ofrenda del pecado se asocia más obviamente con la crucifixión de Cristo (Hebreos 13:11-12). Pero también nos podemos preguntar cómo se relaciona con los principios del pecado y la redención en la caída, cómo se relaciona con el fin de la redención en la segunda venida, y cómo se relaciona con cualquier evento histórico intermedio.

La ofrenda del pecado se relaciona con la caída por medio del hecho que la caída introduce el pecado. La ofrenda del pecado es una ordenanza que responde al problema. Además, en la narrativa de la caída, la promesa de Dios (Génesis 3:15) y su demostración de gracia (3:21) prefiguran la venida de un eventual remedio para el problema del pecado. El nivel simbólico inicial involucra el uso de animales muertos (3:21) que se asocia con el uso posterior del animal en el sacrificio.

Pero ¿cómo se relaciona la ofrenda del pecado con la segunda venida? En la segunda venida, Cristo viene para aniquilar el pecado del mundo a través de una guerra triunfante. La aniquilación del pecado es análogo a la purificación simbólica del pecado efectuada por la ofrenda del pecado. Cuando Cristo regresa, todo el mundo será santificado y por lo tanto tiene que haber una destrucción total del pecado (Mateo 13:41-43).

Las ofrendas del pecado, por lo tanto, se conectan a individuos, a la comunidad y al cosmos. En primer lugar, los detalles técnicos de las ofrendas del pecado indican que hay diferentes tipos de ofrendas dadas por el sumo sacerdote, por la comunidad, por el líder y por el individuo (Levítico 4:1-35). En el día de su consagración, Aarón ofrece una ofrenda por sí mismo y otra para el pueblo (Levítico 9:8-11, 15). Pero la ofrenda dada por sí mismo se efectúa en el contexto de su oficio de sacerdote en representación del pueblo. Por eso, la ofrenda de Aarón es relevante, aunque sea indirectamente, para todo el pueblo. El animal representa a Aarón como una persona individual pero también viene a ser una representación de todo el pueblo.

Ahora consideren la instancia en que la ofrenda se da para todo el pueblo. Todavía es Aarón quien oficia la ofrenda y lo hace en función de su capacidad representativa. El estatus del sacerdote y el estatus del pueblo están unidos. El animal representa al pueblo en primera instancia. Pero también representa a Aarón de forma subordinada. Y debido a que es un animal íntegro, representa la integridad de la comunidad.

Cada tipo de ofrenda apunta al otro tipo y ambos son parte de una ofrenda mayor para responder al problema del pecado. El pecado es individual y es comunitario en sus efectos y en su expansión. Por eso, análogo a esta situación, el sacrificio final de Cristo purifica el cristiano, la iglesia y la comunidad de fe (Efesios 5:27).

Hasta ahora hemos considerado las conexiones entre la ofrenda del pecado, el individuo y la comunidad. ¿Qué conexión habrá entre la ofrenda del pecado y el cosmos? El sacrificio de Jesucristo es el fundamento de la renovación de todo el universo (Romanos 8:18-22). Los elementos infrahumanos del universo no son en sí pecaminosos pero han sido sujetados al pecado debido a la caída. El pecado los afecta y la redención también los afectará.

Las implicaciones cósmicas del sacrificio se incluyen tácitamente en algunas de las asociaciones de la ofrenda del pecado que encontramos en Levítico 9. Para verlas, debemos recordar que el tabernáculo se hizo según el patrón que Moisés recibió en el Monte Sinaí (Éxodo 25:9). Tanto el tabernáculo como el templo de Salomón eran imágenes de la morada celestial de Dios (1 Reyes 8:27, 32, 34, 36; Hebreos 8:5). La ofrenda del pecado era inmolada en la corte y su sangre se colocaba en los cuernos de uno de los altares. Este procedimiento debe tener un análogo celestial. De la misma manera, Cristo fue inmolado en la tierra pero ministra desde el santuario celestial (Hebreos 8:4; 9:11-14). Por medio de la sangre de la ofrenda del pecado del Antiguo Testamento, los adoradores y el tabernáculo eran purificados de la contaminación simbólica (Levítico 4:20, 26, 35; 16:16, 19-20; Hebreos 9:9-10, 13, 21-22). Por medio de la sangre de Jesucristo, los adoradores y el mundo son purificados (Hebreos 9:23; 10:14).

Conexiones Centrales y Conexiones Distantes

Hasta ahora nos hemos ocupado por enumerar varios tipos de conexiones. Pero vale la pena enfatizar la centralidad de la obra de Jesucristo. El Antiguo Testamento en su totalidad sirve para testificar de Cristo (Lucas 24:44-47).

Los sacrificios animales en particular apuntan hacia a Jesucristo (Hebreos 9:9-14). Es a través de los paralelos y las analogías con la obra de Cristo que lo logran (Hebreos 9:13-14). Antes de la muerte de Jesús eran canales por medio de los cuales los beneficios de la cruz llegaban a los fieles. Al mismo tiempo, sin embargo, eran insuficientes en sí mismos e imperfectos. Por eso testifican a algo mejor y más permanente que habría de venir (Hebreos 10:1-22). Dios estableció el sacrificio animal con este propósito (Hebreos 9:8-10). Por eso, en todo y por todo, Cristo es la *clave* para entender el significado que Dios le ha dado a estos sacrificios.

También podemos observar que a través de Cristo el evento particular registrado en Levítico 9:8-11 se relaciona de forma distante con múltiples eventos más. El sacrificio de Cristo, en su singularidad, forma el patrón que se manifiesta de múltiples maneras a lo largo de la historia. Dios nos liberó de una vez por todas en la resurrección de Cristo. Y por eso mismo el patrón de la liberación de Dios se repite a lo largo de la historia. Dios venció a la maldad de una vez por todas en la cruz del Calvario. Y por eso mismo el patrón de la guerra santa se repite a lo largo de la historia.

Ahora bien, la ofrenda del pecado del Antiguo Testamento es una sombra del patrón de la obra venidera de Cristo. Este patrón, además, se refleja a lo largo de la historia. Por eso, la ofrenda del pecado muestra un patrón que es evidente a lo largo de la historia.

La ofrenda del pecado se trata del perdón y de la cancelación de la retribución y el castigo. Todas las sustituciones penales, todo el perdón, toda la propiciación y toda la reconciliación a lo largo de la historia se reflejan en la obra de Jesús. La sustitución penal, el perdón, la propiciación y la reconciliación se cumplen de una vez por todas en el sacrificio de Cristo. Pero ese cumplimiento de una vez por todas es la misma fundación de nuestra propia sustitución, perdón, propiciación y reconciliación en el plano humano. El perdón de Cristo es la base de nuestro perdón a nuestros hermanos y a nuestros prójimos. En la medida que el ser humano se une con Cristo, recibe el perdón y la reconciliación con Dios. Debido a este perdón, somos capaces de perdonar los unos a los otros. Por eso, las relaciones humanas a lo largo de la historia demuestran correlaciones con la ofrenda del pecado, imitándola en un plano inferior.

La Analogía entre Eventos Históricos
La ofrenda de pecado en Levítico 9:8-11 es solamente un ejemplo de la analogía entre eventos históricos. Vimos en este ejemplo los tipos de conexiones que pueden existir entre varios eventos históricos. Pudiéramos haber escogido numerosos otros ejemplos, pero el ejemplo de la ofrenda del pecado nos permitió ciertas ventajas. La Epístola a los Hebreos hace explícito algunas de las conexiones especialmente las que tienen que ver con la obra de Jesucristo. La ofrenda del pecado también cobra importancia dentro del sistema del tabernáculo que, a su vez, sirve como una sombra de la obra redentora de Cristo. No todo evento registrado en la Biblia tiene una función idéntica ni cobra la misma importancia. Algunos eventos son más prominentes y otros tienen una función más directa sirviendo como sombras de lo que habría de venir.

Debido a que Cristo es central a la historia, todo evento histórico está conectado de alguna manera con su obra redentora. Las conexiones pueden ser más o menos obvias, más o menos perceptibles y más o menos detalladas. Podemos, incluso, ver conexiones entre la obra de Cristo y sus antítesis falsos – la redención falsa de religiones falsas. Hemos de esperar tales conexiones.

En primer lugar, las conexiones tienen que existir debido al carácter mismo de Dios. Dios tiene un solo plan para toda la historia y ese plan manifiesta la unidad de su sabiduría. Dios está presente y activo en todos los eventos. Todos los eventos de la historia, por lo tanto, manifiestan su deidad, «su eterno poder y deidad» (Romanos 1:20).

En segundo lugar, las conexiones existen debido a la redención. El pecado y sus resultados perversos, dondequiera que ocurran, requieren del mismo remedio. Y hay tan solo un remedio que es Jesucristo.

En tercer lugar, las conexiones existen debido a la presencia de las personas. Todo ser humano es creado a la imagen de Dios. Por eso, todos presentan ciertos patrones de acción. Representan a Dios y son la imagen del Hijo Eterno que es la imagen original (Colosenses 1:15).

Debido a la infinidad y la sabiduría eterna de Dios, las conexiones en su pensamiento son infinitamente ricas y ramificadas. La creación es finita, no infinita, pero aun así manifiesta la sabiduría de nuestro Dios infinito. Por eso, las conexiones entre eventos históricos son increíblemente ricas, repetidas y ramificadas.

Pero la riqueza no es caos. Algunas conexiones son más sobresalientes y más prominentes que otras. Por ejemplo, las ofrendas del pecado no tienen la misma conexión en cada uno de los cuatro evangelios – su relación primordial es con la crucifixión (Hebreos 13:11-12).

Estos tipos de conexiones también pueden ser clasificadas. Podemos distinguir varios tipos de conexiones entre sí y podemos ver los elementos de conexión en cada caso.

Por ejemplo, cuando comparamos una ofrenda del pecado con otras instancias de la misma ofrenda, sabemos que estamos comparando eventos de una misma clase. Hay similitudes claras y hay un uso común de varias partes del cuerpo del animal. Por otro lado, cuando comparamos la ofrenda del pecado con el sacrificio de Cristo, sabemos que el elemento de comparación es entre una sombra y una realidad. Es una comparación de lo insuficiente con lo suficiente y de lo preliminar con lo final. No hay, en este caso, una correspondencia nítida en cada paso de la secuencia. Y aun cuando nos topamos con una correspondencia detallada, la correspondencia pasa de una esfera de acción a otra, de animal a humano y de la tierra al cielo.

Un Ejemplo de la Guerra: 1 Samuel 13:5

Consideremos ahora el pasaje que se encuentra en 1 Samuel 13:5:

> Entonces los filisteos se juntaron para pelear contra Israel, treinta mil carros, seis mil hombres de a caballo, y pueblo numeroso como la arena que está a la orilla del mar; y subieron y acamparon en Micmas, al oriente de Bet-avén.

Esto texto corresponde con otros registros de guerra entre Israel y Filistia. En el Antiguo Testamento, Dios es un Dios de Guerra que trae victoria a Israel. O cuando Israel desobedece y le da la espalda a Dios, Dios los lleva a la derrota. El tema de la guerra santa de Dios, entonces, está detrás de la guerra humana.

El tema de los reyes también es importante. Dios nombró a Saúl como rey en respuesta al deseo del pueblo. En este pasaje vemos lo que hará Saúl en respuesta a la petición del pueblo que desea que su rey los lleve a la guerra. 1 Samuel se trata, en gran parte, con el tema de un rey justo y un rey injusto representados en David y Saúl respectivamente. Dios gana una victoria decisiva para Israel en la batalla entre David y Goliat (1 Samuel 17). Esta victoria representa la guerra escatológica de Dios en que Cristo vence a Satanás, tanto en la cruz como en el día postrero.

En 1 Samuel 13:5, los filisteos se avecinan de forma amenazante, probablemente en respuesta a los anteriores desafíos a su autoridad que se registran en los versículo 3-4. Sus movimientos desafían a Saúl y a sus ejércitos y los provocan a la batalla. ¿Qué hará Saúl? O mejor dicho ¿qué hará Dios a través de Saúl como parte de su propósito eterno? El éxito de Jonatán por medio de la fe inicia en una escala menor lo que Dios hará en el futuro para todo el mundo. Pero ¿encontraremos al hombre con la fe de Jonatán o con la inconsistencia de Saúl? David entonces aparece. El carácter parcial de los éxitos de David y también sus fallas morales posteriores nos hacen fijar la mirada en el rey mesiánico futuro de Isaías 11:1-9 y en la guerra que Dios mismo lidera en Isaías 27:1.

Entonces, por medio del tema de la guerra santa, el pasaje en 1 Samuel 13:5 se conecta con toda la historia de la redención. Estas conexiones no son las únicas ni las más prominentes, pero aun así existen.

Consideremos, pues, algunas de las maneras en que 1 Samuel 13:5 se conecta con otros pasajes. Primero, encontramos conexiones a través de rasgos comunes. El desafío filisteo se conecta con los otros desafíos que surgen de movimientos militares. Se conecta, en primera instancia, con otros eventos de conflicto entre Saúl y sus enemigos y, en segunda instancia, con el conflicto entre el pueblo de Dios y sus enemigos. Segundo, existe una relación de parte-todo (jerarquía). Este desafío podría ser analizado en segmentos más pequeños involucrando la asamblea, la marcha y el acampamiento. Podríamos ver los movimientos de los guerreros individuales. También hay unidades más amplias que se asocian con el versículo 5. El versículo 5 es parte de una unidad de movimiento-respuesta en 1 Samuel 13:5-10. Pero la respuesta eventualmente se aborta por la falta de fe de Saúl (versículo 9). La serie de eventos en 13:5-10 forma parte de un encuentro más extendido con los filisteos en 1 Samuel 13:2-14:26. Este encuentro extendido, por su parte, se inserta en el registro histórico de Samuel, Saúl y David en los libros de 1 y 2 Samuel. En tercer lugar, vemos conexiones contextuales. Tal como vimos con el sacrificio animal, aquí también podemos ver conexiones con la creación, la redención y la consumación. La acción militar de los filisteos presupone las habilidades humanas de organización, planificación, producción de armas y el dominio que Dios le otorgó al hombre en la creación. Pero, claro, el espíritu de conflicto contrasta con la situación de paz que hubo en el paraíso. La conexión con la consumación es también una de contraste. En la consumación hay paz eterna (Isaías 2:4). Las naciones redimidas se reúnen para honrar a Dios y para ser su pueblo y no para deshonrarle ni para hacer guerra en contra de él (Apocalipsis 21:26-27). La conexión con la redención puede dividirse en tres fases principales – la caída, la obra terrenal de Cristo y la segunda venida. La caída da origen al odio que conduce a la guerra y al homicidio (Génesis 4:8; 4:24; 6:4-5) y también da origen a la enemistad entre la simiente santa de la mujer y la simiente malvada de la serpiente (Génesis 3:15; 4:4-5; 6:9-11).

La raíz de la guerra santa se encuentra, pues, en la promesa de enemistad en Génesis 3:15. En la medida que aumenta la maldad, los malos se reúnen, se levantan en armas y hacen guerra. La asamblea culminante de los malvados toma lugar en la crucifixión (Hechos 4:25-26). En Apocalipsis 20:8, los malvados se reúnen por última vez para ser derrotados de una vez por todas.

Las conexiones son también individuales, corporativas y cósmicas. Primero, son corporativas. En 1 Samuel 13:5 el enfoque es en la contienda entre dos pueblos: los filisteos y los israelitas. Segundo, las conexiones son individuales. El conflicto se cristaliza en la lucha de dos individuos representativos: David y Goliat (1 Samuel 17). Antes de este encuentro decisivo, sin embargo, encontramos individuos representativos en Jonatán y Saúl cuya fe o falta de fe determina el resultado en el campo de batalla. Tercero, las conexiones son cósmicas. El significado cósmico del conflicto no lo vemos explícitamente. De hecho, lo encontramos únicamente en el trasfondo del texto. En el antiguo medio oriente la idea común era que los dioses participaban en las guerras. Cuando Israel entró en conflicto con los filisteos, este conflicto constituía una lucha entre Jehová, el Dios de Israel, y los dioses de los filisteos (noten, por ejemplo, el conflicto con Dagón en 1 Samuel 5 y la mención de los dioses en 1 Samuel 17:43). Por eso, el conflicto incluía una dimensión espiritual y una dimensión terrenal. Saúl reconoce la importancia de la ofrenda sacrificial en 13:9. Jonatán explícitamente clama a Jehová por protección en 14:6.

Un Ejemplo de Alabanza: Esdras 3:11
Consideremos otro ejemplo en Esdras 3:11.

> Y cantaban, alabando y dando gracias a Jehová, y diciendo: Porque él es bueno, porque para siempre es su misericordia sobre Israel. Y todo el pueblo aclamaba con gran júbilo, alabando a Jehová porque se echaban los cimientos de la casa de Jehová.

Esdras 3:11 ocurre en el contexto de la restauración de la alabanza en el templo como parte de un proceso mayor del regreso del cautiverio. La restauración de la alabanza y la liberación del cautiverio representan un motivo de gran gozo en que se inaugura el líder ungido (Isaías 45:1). Existe un paralelo aquí con la liberación de Egipto (Isaías 51:9-11). Los ídolos de Babilonia corresponden a los dioses de Egipto. Tal como ocurrió en Éxodo 15:17, la victoria de Dios resulta en la entrega de su herencia a su pueblo y en la construcción de un santuario. La alabanza es un aspecto de la celebración de la victoria. Además, las palabras precisas en el versículo 11 se asocian con las palabras de celebración de victoria en otras porciones de la Biblia (Salmos 118:136). Por eso, Esdras 3:11 evoca un elemento en un patrón mayor – en el patrón de la guerra divina, la victoria y la celebración.

Podríamos, por lo tanto, seguir el hilo de las conexiones de este pasaje con el tema de la guerra divina a lo largo de la Biblia. Pero en Esdras 3 indudablemente cobra mayor prominencia el tema de la adoración y el tema del templo como el lugar de la presencia de Dios. Veamos las conexiones de este pasaje con estos temas.

Esdras 3 enfatiza las conexiones con la ley de Moisés (versículo 2), y así se perfila una asociación con la construcción del tabernáculo. Tambien podríamos enumerar los textos que se relacionan con el establecimiento de la adoración en los tiempos de David y Salomón (1 Crónicas 16:34; 2 Crónicas 7:3).

Como ya es de costumbre, podemos clasificar tres diferentes tipos de conexiones. Primero, encontramos las conexiones de clasificación. La alabanza que encontramos en Esdras 3:11 es una instancia de un tipo particular de alabanza que ocurre a lo largo de la Biblia – algunas veces se describe de la mismísima manera. El canto, además, conecta el texto con el libro entero de los Salmos. Segundo, hay conexiones de la parte y el todo. La acción en el versículo 11 puede ser analizada y subdividida en varias partes incluyendo las estrofas individuales cantadas por los levitas, los gritos de júbilo del pueblo, y la acción precedente de poner el fundamento del templo. El versículo 11 hace mención de las acciones que encajan en ese cuadro mayor: el cuadro de la reconstrucción del templo en Esdras 3; el vaivén en el progreso de la restauración en Esdras 3-6; la historia de la restauración en todo el libro de Esdras. Tercero, hay conexiones contextuales. Esdras 3:11 se conecta con otras instancias de la celebración del triunfo, la victoria y la presencia de Dios.

La alabanza en Esdras 3:11 se relaciona además con la creación. Claro que en la creación Dios le dio al hombre la capacidad de apreciarle, de alabarle y de honrarle. Pero hay otras conexiones. En la creación del mundo, Dios creó una casa macrocósmica en la que habría de morar (Salmos 104:1-3; Amos 9:6; Job 38:4-6). Los ángeles cantaban alabanzas a Dios (Job 38:7) y Dios, en un sentido, «alabó» la hechura de su propia mano diciendo que era muy bueno. Esdras 3:11 también se conecta con la consumación. La consumación incluye la construcción de un nuevo templo, un Nuevo Jerusalén y la alabanza a Dios se perfeccionará en ese nuevo templo (Apocalipsis 19:5-8; 21:1-22:5). Por último, la alabanza en Esdras se relaciona a la obra redentora de Cristo en la tierra. A través de la resurrección de Cristo y el derramamiento del Espíritu Santo, Cristo construye el nuevo templo, la iglesia (Mateo 16:18; 1 Corintios 3:10-17). Cristo mismo alaba al Padre y la iglesia se une a él en alabarle (Hebreos 2:12; Romanos 15:5-13). Dentro de la extensión histórica total de la redención, podemos distinguir varias etapas. Por ejemplo, podemos preguntarnos qué sucede después de la caída, en el momento de la crucifixión, y en la batalla final en la segunda venida.

La caída es un distanciamiento de Dios y una negación de la gratitud que él merece. En vez de darle gracias por la sobreabundancia del huerto, Adán y Eva comieron del fruto del árbol prohibido. Fueron expulsados del Huerto de Edén, el santuario original (cf. Ezequiel 28:13-14). En Génesis 4:26, sin embargo, vemos los inicios de una restauración de la alabanza aunque fuera una manifestación muy pequeña. Igualmente, la restauración en Esdras era pequeña (Esdras 3:12). La batalla final en la segunda venida pone de manifiesto la alabanza por la liberación de un remanente fiel ante un mundo infiel y hostil (Apocalipsis 7:9-12; 19:1-4). En Apocalipsis encontramos un llamado a los fieles a perseverar en la verdadera adoración de Dios aun en medio de la oposición impresionante (Apocalipsis 3:8; 13:5-10).

La Agrupación de la Acción Divina

En los ejemplos citados más arriba hemos tratado la progresión de la caída hasta la segunda venida de manera superficial y esquemática. Hemos identificado tres focos principales: la caída, la muerte y resurrección de Cristo y la segunda venida. No hay duda que estos tres focos son esenciales en nuestro entendimiento de la historia en su totalidad. Pero la Biblia nos dice mucho más acerca de lo que sucedió entre estos tres eventos. También hay millares de acontecimientos que no han sido registrados en la Biblia.

Pero no debemos imaginarnos a una serie de eventos estáticos entre estos tres focos. Tampoco debemos imaginarnos una progresión lenta hasta llegar a su culminación. Al contrario, las acciones de Dios están siempre ligadas a la redención y se agrupan en unidades mayores de significado. Existen etapas o épocas cruciales en la historia de la redención: el diluvio de Génesis, la era de los patriarcas Abraham, Isaac, Jacob y José; la época de la esclavitud en Egipto y su liberación poderosa; la era de David y Salomón; la época de la destrucción de Jerusalén; y el tiempo de la restauración. Las conexiones temáticas y contextuales que hemos estudiado pueden parecernos más fuertes al analizar los grandes actos de la redención y en especial el éxodo.

Pero aun en la vida terrenal de Jesús encontramos varios apartados de tiempo con textura diferente: el tiempo antes de Juan el Bautista, el ministerio público de Jesús incluyendo la sanidad, la enseñanza y el exorcismo, la jornada a Jerusalén, los últimos días, la crucifixión, la resurrección y la asunción. En Hechos vemos además una expansión desde Jerusalén y Judea a Samaria y hasta lo último de la tierra (Hechos 1:8).

Al percatarnos de las conexiones históricas no hacemos caso omiso de estas diferencias en textura. Nos esforzamos por entender la singularidad de cada evento así como las similitudes en una agrupación de eventos. Las conexiones no aminoran la singularidad sino que hay compatibilidad entre lo singular y lo plural en la historia de la redención.

He intentado ilustrar las conexiones en la historia a través de una serie de eventos, aparentemente insignificantes, en el relato bíblico. Debe quedar claro que las conexiones son aun más importantes cuando se trata de los eventos más significativos y sobresalientes de la Biblia. La creación, el éxodo, la restauración del cautiverio babilónico, la redención en Cristo y la consumación final están todos entretejidos de una forma maravillosa en las profecías de Isaías 40-66. El tabernáculo, el sacrificio y la redención se entretejen en un tejido asombroso en Hebreos. Las imágenes de todo el Antiguo Testamento reaparecen de forma brillante en el Apocalipsis. En base a estas conexiones, los estudios de la teología bíblica nos han intentado demostrar la riqueza de estas conexiones. Algunas obras que siguen esta vertiente del quehacer teológico disponibles en español incluyen *El Misterio Revelado* por Edmund Clowney (Colombia, Ediciones Poeima, 2014), *Teología del Nuevo Testamento* por George Eldon Ladd (Terrasa, Editorial Clie, 2002), y *La Venida del Reino* (2 volúmenes) por Herman Ridderbos (San José, Editorial CLIR, 2014).

La Interpretación Gramático-Histórica
Hay una rica y profunda conexión entre los distintos eventos históricos registrados en la Biblia. ¿Cómo podemos aprovechar estas conexiones en nuestra interpretación de la Biblia?

La interpretación bíblica involucra una faceta lingüística, enfocada en el lenguaje bíblico, y una faceta histórica, enfocada en los eventos registrados y en su contexto. El modelo de interpretación *de una vez por todas* nos señala que la autoridad y la santidad de la Biblia exigen que nos enfoquemos en el contexto original del habla de Dios – tanto en su dimensión lingüística como en su dimensión histórica. Por eso a menudo hablamos de una interpretación gramático-histórica. La interpretación gramático-histórica se enfoca en el contexto original. Pero como hemos visto en nuestras reflexiones, hay circuncesión en el registro total del habla de Dios. Esta circuncesión abarca el momento inicial de enunciación, la transmisión de mensajes posteriores, la recepción actual y el significado de los eventos en el plan total de Dios. Por eso, un entendimiento apropiado de la interpretación gramático-histórica requiere de una perspectiva que tome en cuenta la totalidad de la palabra de Dios y la totalidad de la experiencia de esa palabra que desemboca en el conocimiento de Dios y en la transformación a la imagen de Cristo (2 Corintios 3:18). Hay circuncesión entre el aspecto gramatical del contexto lingüístico y el habla de Dios a lo largo de la historia. Hay circuncesión, también, entre la acción histórica de Dios y la acción de Dios que trasciende la historia. Nuestro entendimiento de ambos aspectos se va transformando progresivamente tanto a nivel personal en nuestro caminar diario con Cristo como a nivel corporal en la historia de la iglesia.

Pero la mayoría de los intérpretes no comparten esta visión de la interpretación gramático-histórica. Al contrario, la tendencia actual es de polarizar la interpretación. El análisis gramatical sirve para aislar los hechos de los idiomas bíblicos y significados que estos idiomas conllevan. Reduce el lenguaje a un sistema mecánico. El análisis histórico, polo opuesto, sirve para aislar los eventos históricos dentro de su contexto inmediato en el tiempo y el espacio. Se excluye de forma tajante cualquier consideración del propósito divino porque esta consideración adultera el significado histórico del evento. Pero el aislamiento puro es una fantasía. Lo cierto es que el intento de aislar los significados lingüísticos y los eventos históricos producen una interpretación distorsionada.

Pero la escena moderna nos presenta con otras alternativas. Algunos eruditos que adoptan la Nueva Crítica o la Teoría de la Recepción rechazan la interpretación gramático-histórica.[7] Algunos proponentes de la Teología de la Liberación también critican la interpretación gramático-histórico por su tendencia de borrar el significado político y social al que nos puede conducir la Palabra de Dios. Otros dicen que adoptan la interpretación gramático-histórica pero lo definen de una forma radicalmente diferentemente a lo que hemos considerado. ¿Cómo hemos de navegar tantos métodos distintos de interpretación?

Hasta ahora nos hemos enfocado en desarrollar una aproximación a la interpretación basada en lo que Biblia enseña acerca de sí misma y acerca de Dios. Tal enfoque es imprescindible. Pero eventualmente tendremos que hacer frente a las tendencias modernas en la interpretación. Necesitamos tener una visión de los desacuerdos que existen en la interpretación bíblica para así poderlas identificar. En particular, es de suma importancia que entendamos los puntos principales en que nuestra aproximación a la interpretación bíblica enfocada en Dios difiere de las alternativas modernas – algunas de ellas adoptadas por intérpretes evangélicos.

Las diferencias básicas en la interpretación tienen su raíz en la guerra espiritual, así que para comenzar a perfilar las diferentes aproximaciones a la interpretación iniciaremos nuestra discusión con una consideración de la guerra espiritual tal como se nos presenta en el Apocalipsis.

NOTAS

1. El libro de Kenneth Pike demuestra que la conducta comunicativa verbal es una subdivisión de la conducta humana general. La comunicación humana en la legua y otras formas de conducta humana comparten varios rasgos comunes que ilustra maravillosamente en su libro. La disciplina de la semiótica también busca arrojar luz sobre la analogía entre el lenguaje humano y otras formas de acción humana. La estructura de acción común se deriva de la unidad de Dios y la unidad de sus acciones al hablar.

2. 2 Reyes 14:6 es una contribución importante pero no contiene una discusión completa. Tenemos que reconocer que había una clara estipulación de pena de muerte para el homicidio premeditado (Números 35:30-34) y los reyes y jueces tenían que observar la ley de Moisés (Deuteronomio 17:18-20). No podían abrogar el castigo justo de un crimen simplemente para hacerse ver misericordioso (Deuteronomio 19:11-13).

3. Este triángulo se desarrolló primero en el contexto del análisis lingüístico. Unidad, jerarquía y contexto se explican en Poythress, «Framework», 277-98 y están íntimamente conectadas a las categorías de Kenneth Pike: modo de rasgo, modo de manifestación y modo de distribución. Ver también Pike, *Linguistic Concepts;* Kenneth L. Pike and Evelyn G. Pike, *Grammatical Analysis* (Dallas: Summer Institute of Linguistics, 1977), 1-4.

4. No quiero ignorar el punto que el cuerpo resucitado es transfigurado según 1 Corintios 15:35-37.

5. Para un análisis semejante de las conexiones al tabernáculo, ver Poythress, *Shadow*, pp. 96-97.

6. Los estudiantes de los triángulos notarán en los tres párrafos subsiguientes una aplicación del triángulo de significado, de control y de presencia.

7. Para un análisis de las teorías modernas, ver Thiselton, *New Horizons*.

CAPITULO 13
La Falsedad de los Ídolos

Dorotea Doctrinalista:
Saben que la Biblia habla de la sabiduría y de la iluminación de la mente. En la Biblia encontramos advertencias acerca del poder del pecado para corromper el entendimiento y para entenebrecer a la mente. Creo que nuestros desacuerdos no son simplemente diferencias de opinión. Nuestros desacuerdos surgen de corrupciones pecaminosas que aun mantenemos.

Abigail Afirmacionista:
No creo que hay que ser tan pesimista, Dorotea. Dios ha prometido que su Espíritu nos guiará.

Pedro Pietista:
Sí, pero la guía acertada sólo se puede dar en un corazón puro. Dios nos tiene que purificar y nosotros tenemos que responder purificándonos. Valdría la pena examinarnos a nosotros mismos e intentar descubrir los pecados ocultos descritos en Salmos 19:12.

María Misióloga:
Pero hay algunos pecados que son características culturales. No es posible que toda una cultura sea negada acceso al mensaje de Dios. Por ejemplo, en los Estados Unidos existe una aversión al sufrimiento. Y por eso tendemos a ignorar o desenfatizar las porciones de la Biblia que dicen que el cristiano está llamado a sufrir.

Carlos de la Transformación Cultural:
También está la cuestión del pecado institucionalizado. La verdad es que estamos en una guerra espiritual de dimensiones cósmicas.

El tema central del Apocalipsis, desde el capítulo 6 hasta el capítulo 20, es la guerra santa.[1] Satanás y sus huestes hacen guerra en contra de Dios. «Pelearán contra el Cordero, y el Cordero los vencerá, porque él es Señor de señores y Rey de reyes; y los que están con él son llamados y elegidos y fieles» (Apocalipsis 17:14).

Los Soldados
Según el libro de Apocalipsis, el teatro de la guerra santa, de la batalla cósmica de dimensiones superhumanas es la tierra. Dios está en guerra contra Satanás y Satanás combate con Dios. Los seres humanos están envueltos en el combate. De Dios reciben su gracia y su juicio. De Satanás reciben la decepción y el dominio. Dios y Satanás

constituyen una antítesis moral. Pero la ironía es que Satanás y sus huestes también dependen de Dios. Dios no solamente predice el curso entero de la batalla, pero también asegura la derrota inevitable y total de Satanás. Además, el libro de Apocalipsis nos demuestra que Satanás y sus huestes obran por medio de la falsedad. En el fondo, lo único que pueden hacer es generar versiones falsas de la verdadera gloria de Dios.

Otros comentaristas han reconocido que la fuerzas satánicas en Apocalipsis falsifican la Trinidad.[2] Satanás se presenta como una copia falsa de Dios Padre. La Bestia, cierta especie de pseudo-encarncación de Satanás, es una copia falsa de Jesucristo (comparar Apocalipsis 13:1-10 con Apocalipsis 19:11-21). El Profeta Falso es una copia falsa del Espíritu Santo. A través de sus señales deceptivas, el Profeta Falso promueve la adoración de la Bestia. Actúa de una forma análoga al Espíritu Santo quien obra milagros en el Libro de los Hechos para promover la adoración de Jesucristo. Babilonia la Grande es una copia falsa de la iglesia, la novia de Cristo.

La Bestia es una copia falsa y una distorsión significativa de Jesucristo. Hay una resurrección falsa expresada en una herida mortal que es sanada (13:3). El carácter milagroso de su sanidad genera asombro y aumenta los seguidores de la Bestia así como la resurrección milagrosa de Cristo aumentó sus seguidores. La Bestia tiene diez coronas (13:1) paralelas a las muchas coronas de Cristo (19:12). El Dragón le da poder a la Bestia «Y la bestia que ve era semejante a un leopardo, y sus pies como de oso, y su boca como boca de león. Y el dragón le dio su poder y su trono, y grande autoridad» (13:2) así como el Padre le da al Hijo su autoridad (Juan 5:22-27). La adoración del Dragón y de la Bestia son inseparables (Apocalipsis 13:4) de la misma forma que la adoración del Padre y del Hijo es uno (Juan 5:23). La Bestia reclama la lealtad universal de todas las naciones (Apocalipsis 13:7) así como Cristo es el Señor sobre todas las naciones (7:9-10).

Los primeros versículos de Apocalipsis 13, en que se introduce la Bestia, demuestran una parodia de la creación. Satanás se detiene en la orilla del mar y llama desde las profundidades una Bestia a su propia imagen, con siete cabezas y diez cuernos correspondientes a las cabezas y los cuernos del Dragón (12:3). Así como el Hijo es la imagen del Padre, la Bestia es la imagen del Dragón. Además, la imagen del mar alude al tiempo en que Dios ordenó la creación cuando las aguas cubrían toda la tierra (Génesis 1:2). Por eso, el Dragón es un creador falso, distorsionando la actividad creativa de Dios Padre.

En la falsedad yace tanto peligro como esperanza. El peligro es que la falsedad puede ser confundida con la verdad. La idolatría, o sea la adoración falsa, es lo suficientemente cercano a la verdad como para atraer y atrapar al adorador. La esperanza, sin embargo, se desprende del hecho de que la falsedad expresa la dependencia y el fracaso final de la maldad. Satanás no es un segundo creador, es simplemente una réplica falsa del único y verdadero Creador. Sus imitaciones son horribles. ¿Será posible que alguien siga a Satanás cuando vea su verdadera naturaleza horrorosa?

La Raíz del Asunto: La Idolatría

Según el libro de Apocalipsis, la raíz de toda nuestra existencia es el asunto de la adoración verdadera y la adoración falsa. ¿Adoramos a Dios o adoramos a Satanás? ¿Servimos a Cristo o servimos a la Bestia? ¿Pertenecemos a la novia de Cristo o a la ramera de Babilonia?

Pero antes de formular conclusiones, vamos primero a considerar lo que el Apocalipsis le dice a sus lectores originales, o sea, a los cristianos de las siete iglesias de Asia (1:4).

¿Cuáles eran los asuntos apremiantes que enfrentaban estas siete iglesias? ¿Qué instrucción les ofreció la enseñanza en el libro de Apocalipsis? En su contexto original del siglo I,[3] la Bestia representaba el Imperio Romano en todo su paganismo y su exceso. La adoración de la Bestia representaba la expectativa del gobierno de Roma que exigía a todos sus súbditos a participar en el culto al emperador. Al participar en este culto, los romanos demostraban la lealtad y la sumisión política. Para el politeísta, tal exigencia no presentaba problema alguno. Los judíos eran vistos como la excepción por el Imperio debido a su monoteísmo. Pero en la medida que el cristianismo se fue divergiendo del judaísmo, los cristianos se encontraban en peligro de una intensa persecución ya que su compromiso con Cristo era visto en el Imperio como deslealtad al emperador.

El Falso Profeta seguramente era una representación de los sacerdotes del culto imperial o tal vez de aquellos quienes los apoyaban. Babilonia la Grande representaba al mundo en su fuerza económica y en su desenfreno y lujuria. Babilonia era Roma. Pero las seducciones de Roma se reflejaban también en las ciudades donde se ubicaban las siete iglesias.

En efecto, las tentaciones de la idolatría se manifestaban de dos formas: como brutalidad y como seducción. Por un lado, la Bestia amenazaba con muerte si no se le adoraba. La adoración del emperador involucraba una amenaza: alábalo o muere. Por otro lado, Babilonia la Grande prometía placeres al que decidiera seguirla. El sumarse a la vida pagana de la ciudad, entonces, resultaba muy atractivo. El bienestar económico y social parecía demandar la participación en la vida social infestada de idolatría en que las rameras se ofrecían en cada esquina de la ciudad. Había dos opciones en

Roma: tener poder o carecer de poder, tener placer o sufrir, tener riquezas o ser pobre.

El siglo primero nos ofrece un ejemplo particular de un patrón más amplio. La guerra espiritual está en pie. No hay neutralidad. O se sirve a Dios o se sirve a los ídolos. O se adora a Dios o se adora a los ídolos.

No ha de sorprender que podamos generalizar este patrón más allá del primer siglo. Pues, Satanás siempre ha sido, es y será un impostor. «El mismo Satanás se disfraza como ángel de luz» (2 Corintios 11:14). La verdad es que no tiene otra opción. No es creador y por eso lo único que puede ser es un imitador, un impostor de la majestad, la gloria y el poder de Dios. Puesto que Dios siempre es el mismo, las maniobras de Satanás siempre son también las mismas. En consonancia con la aproximación idealista al Apocalipsis, es posible generalizar y aplicar el Apocalipsis hoy. De hecho, el mismo autor demanda tal aplicación: «El que tiene oído, oiga lo que el Espíritu dice a las iglesias» (Apocalipsis 2:7).

En la época actual las manifestaciones más obvias y directas de la Bestia se encuentran en los gobiernos opresores en todo el mundo. Los gobiernos opresores hacen afirmaciones que son casi idólatras. En el apogeo de los gobiernos comunistas, se esperaba una lealtad total por parte de todos los ciudadanos bajo el régimen. Ofrecían una ideología falsa con su propia filosofía de la historia (el materialismo dialéctico), con su propia visión del pecado (la injusticia económica), con su propia versión de la esperanza final (la utopía de una sociedad comunista del futuro), con sus propias escrituras autoritativas (el Libro Rojo de Mao), y con su propia sociedad eclesiástica (el Partido Comunista).

Pero gobiernos opresores de derecha también existen. Arabia Saudita, por ejemplo, prescribe la pena muerte para los que se conviertan del Islam al Cristianismo.

Babilonia la Grande, la ramera, también se manifiesta en nuestros días. Las grandes urbes del occidente ofrecen un sinnúmero de placeres en el anonimato. No se habla ni del bien ni del mal. Además, el consumismo hace de nuestro amor al dinero un ídolo. Adoramos no sólo al dinero sino también a los placeres que el dinero puede comprar. Y por si fuera poco, la fascinación incesante en el occidente con la sexualidad promueve el mensaje sutil que el sexo (heterosexual u homosexual) sirve únicamente para el placer, el placer máximo en una sociedad hedonista.

Las lecciones que vemos en Apocalipsis, además, son parecidas a las conclusiones de los sociólogos modernos. La idolatría está *institucionalizada*. Involucra a hombres y a mujeres individuales pero va más allá. La idolatría se arraiga en las mismas estructuras sociales, en todo lo que está en nuestro entorno y en la forma de pensar.

Esta fue la misma situación que enfrentaban los cristianos en el Asia Menor del siglo primero.

Se dice que la secularización nos ha librado del poder de las religiones y que, por lo tanto, nos ha librado de la idolatría. Pero como bien han dicho Jacques Ellul y Herbert Schlossberg, la verdad es que la secularización nos ha librado de ídolos físicos pero nos ha entregado en su lugar ídolos más sutiles.[4] Nos entregamos sin reservas a las técnicas y al poder del estado, al progreso, a la revolución, al sexo y al dinero. Los demonios actuales podrían ser peores que los antiguos (Mateo 12:43-45). Y la nueva idolatría se expande en la sutileza de las instituciones. Las instituciones de poder consisten en el gobierno civil, la industria, las instituciones financieras. Pero también consisten en la empresa del conocimiento que podría ser la institución más poderosa de todas – los medios de comunicación masiva, la promoción de productos, la propaganda política y las instituciones educativas. El Falso Profeta está en acción. Estas instituciones se dedican a proclamar el mensaje que es afirmado por nuestros amigos y nuestros vecinos. Es demasiado común que nuestros amigos, vecinos, aun nuestros familiares, obedezcan más a la regla de las instituciones falsas que a la voz de Dios.

La Idolatría Sutil
Las expresiones más obvias de la idolatría incluyen la adoración de un emperador o de la unión sexual como se dio en la prostitución del templo antiguo. Pero, como ya hemos visto, existen formas más sutiles de la idolatría. El comunismo es oficialmente ateo pero sin embargo exige un compromiso totalitario con el estado. Tal compromiso tiene un carácter netamente religioso. La urbe metropolitana actual es oficialmente secular pero nos seduce a comprometernos finalmente con el placer y la auto-realización.

El libro de Apocalipsis nos sintoniza con este tipo de idolatría y por eso la podemos detectar en múltiples manifestaciones. Los estados modernos democráticos rechazan los reclamos totalitarios del comunismo. Pero aun así, su poder se vuelve idólatra. Cuando los problemas se vuelven severos, acuden al poderío del estado para la respuesta, para la liberación. A pesar de los múltiples fracasos de las burocracias gubernamentales, los estados aun mantienen para muchos un carácter mesiánico. Problemas económicos, sanitarios y raciales pasan a ser la prerrogativa del gobierno estatal. ¿Quién como el estado con su inmensa poder? «¿Quién como la bestia?» (Apocalipsis 13:4).

Asimismo los promotores del mercado moderno se burlarían del antiguo culto al sexo y las orgías religiosas. Pero las imágenes que se usan en la promoción actual sugieren tácitamente que si se utiliza el producto, se encontrará satisfacción sexual.

De hecho, la Bestia y Babilonia la Grande son símbolos universales. Hablan de la tentación del poder, de la riqueza y del placer. ¿Quién no ha sido atrapado? Las formas sutiles de la idolatría se entrometen en la vida de los cristianos. Pensábamos que las habíamos dejado atrás cuando entregamos nuestras vidas al Señor. Pero luego nos damos cuenta de la persistencia de los mismos ídolos. Pensábamos, por ejemplo, que al dar nuestros diezmos y ofrendas nos habíamos escapado de la codicia del dinero. Sin embargo, luego nos damos cuenta que si bien damos el diez por ciento a Dios reclamamos el noventa por ciento para nosotros mismos. Pensábamos que al seguir los diez mandamientos nos habíamos desposado de la lujuria del placer. Sin embargo, luego nos damos cuenta que aun buscamos nuestro propio bienestar a costo de los demás.

El pecado está, pues, arraigado en nosotros, enredado en nuestros corazones. ¿Quién nos librará de su yugo?

Los monjes proponían una solución radical: la renunciación total. ¿El voto de obediencia resuelve el problema del poder? ¿El voto de pobreza resuelve el problema de la riqueza? ¿El voto del celibato resuelve el problema del placer? La respuesta es que no. El pecado y la idolatría son mucho más sutiles. Al extinguirse en un nivel, aparecen en otro. Nuestra santificación se encuentra, no en votos, sino en la muerte y la resurrección de Jesucristo.

> Pues si habéis muerto con Cristo en cuanto a los rudimentos del mundo, ¿por qué, como si vivieses en el mundo, os sometéis a preceptos tales como: No manejes, ni gustes, ni aun toques (en conformidad a mandamientos y doctrinas de hombres), cosas que todas se destruyen con el uso? Tales cosas tienen a la verdad cierta reputación de sabiduría en culto voluntario, en humildad y en duro trato del cuerpo; pero no tienen valor alguno contra los apetitos de la carne. (Colosenses 2:20-23)

No debemos, en la práctica, ni aprobar ni desaprobar del método monástico. A lo largo de los siglos, muchos monjes mostraron una gran confianza en Jesús. De cierta forma, sus votos expresaban la devoción genuina a Cristo. Sus labores contribuyeron a la piedad, al conocimiento y al servicio caritativo para la sociedad para la gloria de Dios. Pero los votos y las obras estaban inevitablemente contaminadas con los problemas indicados en Colosenses 2:20-23. Sus motivaciones estaban teñidas, tal como las nuestras están teñidas.

Podríamos pensar que los monjes eran extremistas, pero nosotros también tendemos a ir a los extremos. Abogamos por un pacifismo que renuncia totalmente cualquier tipo de poder y confrontación. Caemos en el legalismo al adoptar un estilo de vida «simple y sencillo» o cuando desdeñamos las relaciones sexuales dentro del pacto matrimonial.

Pero la verdad es que en el occidente nuestra tendencia predominante es de hacer falsos compromisos y no falsas renuncias. Nos sumamos al baile religioso de cada domingo por nuestro propio bienestar y para recibir alguna instrucción en cómo evitar el sufrimiento. El resto de la semana vivimos como todos los demás pero con un módico de superficialidad cristiana para poder sentirnos superiores a nuestros prójimos.

Tanto los cristianos como los incrédulos caen en la decepción no sólo de las falsas promesas del placer propio sino también de las falsas promesas de salvación. Las ideologías nos ofrecen su propia versión de una salvación falsa. El marxismo nos promete la liberación económica al redistribuir los bienes de forma equitativa según las necesidades. No podemos vencer nuestro propio deseo por riquezas y por eso ponemos nuestra esperanza en el sistema marxista para liberarnos.

El feminismo pretende liberarnos de las agonías de la confusión sexual y la lujuria. No podemos controlar nuestras pasiones desenfrenadas, nuestra confusión y nuestra vergüenza, así que el feminismo nos liberará a través de la renovación de las relaciones interpersonales en la sociedad. En una de las múltiples variedades del feminismo, la sexualidad no es más que una configuración biológica de drenaje. Si logramos superar las distorsiones del pasado, encontraremos que todos, hombre y mujer, somos idénticos. Otras variedades del feminismo proponen que la liberación viene cuando dejamos que cada quien haga lo que mejor le parezca sin estereotipos y sin juicio.

Anhelamos la liberación. Sabemos, aunque muy pocas veces lo admitimos, que no estamos bien y que existe en nuestro ser una distorsión, un enredo, una pobreza y una frustración. Queremos alivio. Y si el camino de Cristo es demasiado doloroso, demasiado humillante, demasiado increíble, demasiado lento, entonces buscaremos alternativas. Las alternativas son métodos o caminos a la salvación, a una salvación falsa. En fin, son ídolos.

Las manifestaciones de la Bestia y la Ramera se nos presentan no sólo en instituciones sociales sino también en los anhelos individuales y los temores psicológicos. En la polaridad negativa, el temor nos impulsa. En la positiva, la lujuria nos impulsa. Por un lado, la Bestia representa la tentación de adorar a los ídolos mediante el temor. Tememos el dolor, la humillación, el castigo y las opiniones negativas de los demás. El temor nos motiva a dar la espalda a Dios y a adorar todo aquello que tememos. Por otro lado, la Ramera representa la tentación de adorar a los ídolos que nos seducen y que nos prometen placer. La lujuria nos motiva a dar la espalda a Dios y a adorar a todo aquello que promete darnos placer y satisfacción. El temor y la lujuria difieren, tienen textura distinta, para cada persona. Por eso, cada persona experimenta la idolatría de forma singular. Pero aun así, todos luchamos con estos gemelos de la tentación – el temor y la lujuria, la Bestia y la Ramera. Dios nos manda a rechazar estas idolatrías y a considerar el temor verdadero, el temor de Dios, y el anhelo verdadero, el anhelo del deleite de la presencia de Dios (Apocalipsis 22:1-5).

En resumen, la idolatría y la visión de la adoración verdadera presentadas en Apocalipsis manifiestan dimensiones corporativas e individuales, dimensiones obvias y sutiles. En su comentario a Isaías 13, Oecolampadius identifica ambas dimensiones. Acerca de la dimensión corporativa, dice: «Cuando Roma [una manifestación corporativa de Babilonia] pone fin a su tiranía, los cristianos regocijarán con corazones contentos». Acerca de la dimensión individual: «Por medio de él [Cristo] conquistamos cada día a la Babilonia que está dentro de nosotros».[5]

Debemos anotar que la idolatría tiene además una dimensión histórica. La idolatría surge en el nexo entre el desarrollo histórico y juico. La Jerusalén apóstata fue destruida en 70 dC. El paganismo oficial de Roma vio su fin con la conversión de Constantino, pero la corrupción del cristianismo no fue destruida hasta que la capital imperial se trasladó a Bizancio (330 dC) y hasta que Roma fue saqueada en 410 dC. Podríamos mencionar un sinnúmero de ejemplos adicionales en que los eventos de la historia pusieron fin a la idolatría.

Pero el evento histórico más importante es la muerte y resurrección de Jesucristo junto con su segunda venida en el futuro.[6] Entre estos dos eventos encontramos las sombras de los dos grandes juicios. Por medio de estos dos eventos Dios rompe el poder de la idolatría. El Espíritu Santo nos acerca a Cristo y aplica su obra a nosotros. Morimos y recibimos la resurrección de él (Colosenses 2:20-3:4; 2 Corintios 4:10-12; Filipenses 3:10-11). Por medio de la comunión con Cristo, Dios nos transforma. Nos transforma en nuestra individualidad, en nuestras familias, en nuestras iglesias, en nuestras comunidades y también en nuestras instituciones.

La Decepción y la Ceguera
Regresemos al punto central: la idolatría corrompe nuestra comprensión de Dios, a veces de forma patente y otras veces de forma latente. Pero de cualquier forma, la idolatría decepciona y ciega al que la practica. Los idólatros fingen que realmente están adorando a Dios. Adoran a lo que les parece que merece su adoración. Los idólatros se ciegan y no pueden ver la necedad de su acción. Como vemos en Salmos 115:4-8, los ídolos tiene bocas que no hablan y ojos que no ven. Además, los ídolos provocan la ceguera y la mudez en

sus adoradores: «semejantes a ellos son los que los hacen, y cualquiera que confía en ellos» (Salmos 115:8).

Pero la ceguera nunca es una ausencia inocente de conocimiento. La ceguera es una decepción. Conocemos el dios falso, el sustituto inauténtico, porque es una distorsión del Dios verdadero. El dios falso atrae únicamente porque imita a Dios. Amamos a los dioses falsos precisamente porque tenemos una dependencia esencial en el Dios verdadero. La alternativa a la adoración a Dios no es que no adoramos. La alternativa es la adoración a un dios falso, a un sustituto. Y el sustituto tiene que dar una ilusión de la satisfacción de nuestro anhelo de Dios.

Además, los dioses falsos dependen del acto de falsificación. La identidad de la Bestia reside en su falsificación del poder y de la resurrección de Cristo (Apocalipsis 13:3). Su carácter bestial proclama su inferioridad a Cristo. El hombre, siendo criatura, sabe como adorar a Dios. Y demuestra ese conocimiento al adorar a la Bestia, un dios falso. En su naturaleza caída, el hombre prefiere lo falso por encima de lo verdadero. Por eso, no nos escapamos de Dios siquiera en la idolatría. Al contrario, demostramos nuestra culpabilidad y nuestro fracaso al no adorar al Creador original. Conocemos a Dios pero lo distorsionamos y lo suprimimos (Romanos 1:18-32).

Pero debemos señalar que la idolatría no siempre se percibe como un acto explícito de adoración. La naturaleza de la idolatría reside en la decepción y la confusión. Confundimos a Dios con los ídolos. Se entenebrece el pensamiento y la acción. Por eso servimos al ídolo, pues no sabemos lo que hacemos. Esto es más obvio en el secularismo actual – los ídolos son sutiles, son casi imperceptibles y la adoración suele ser tácita.[7] La idolatría corrompe el pensamiento y esa corrupción nos roba de la habilidad de reconocerla.

La idolatría, por lo tanto, tiene un impacto directo en la interpretación bíblica. ¿Cómo? Dios nos habla por medio de la Biblia. Pero si no conocemos a Dios, si lo reemplazamos por un ídolo, entonces tendremos hacia a la distorsión de su palabra. Nuestra interpretación cambia porque nuestra percepción del autor ha cambiado. Pero esto no quiere decir que la interpretación se vuelve incoherente. El dios falso se asemeja al Dios verdadero. Por eso, la interpretación bíblica idólatra se asemeja a la interpretación bíblica verdadera. En la práctica interpretativa notamos que lo verdadero y lo falso se entretejen de tal manera que sólo Dios los puede separar con precisión.

Entonces la ceguera de la idolatría incluye una ceguera interpretativa. El crecimiento en el conocimiento de Dios, por otro lado, incluye un crecimiento en las destrezas de la interpretación bíblica.

NOTAS

1. De hecho, la guerra espiritual no se limita únicamente a los capítulos 6-20. Los capítulos 2-3 presentan asuntos de guerra espiritual en términos menos simbólicos. Capítulos 4-5 nos presentan a Dios que controla la batalla. Apocalipsis 21:1-22:5 registra el triunfo final de Dios, el término victorioso de la guerra santa. Las exhortaciones finales en 22:6-21 refuerzan el grito de guerra. Por ello, todo el libro de Apocalipsis se trata de la guerra espiritual.
2. Ver por ejemplo G.R. Beasley-Murray, *The Book of Revelation* (London: Marshall, Morgan & Scott, 1974), 207.
3. Ver comentarios variados por Beasley-Murray, Leon Morris, etc.
4. Jacques Ellul, *The New Demons* (New York: Seabury, 1975); Herbert Schlossberg, *Idols for Destruction: Christian Faith and its Confrontation with American Society* (Nashville: Nelson, 1983).
5. Johannes Oecolampadius, *In Iesiam Prophetam* ΗΥΠΟΜΝΗΑΤΩΝ, hoc est, Commentariorum Ionnis Oeclampadii Libri VI (Basel: Adreas Cratander, 1525), p. 105a.
6. Oeclampadius acertadamente apunta a estos dos eventos. Sin embargo, la derrota final del mundo sucederá en el fin de la presente era.
7. La obra de Michael Polanyi hace una distinción acertada entre el conocimiento tácito y el conocimiento explícito y también entre el conocimiento subsidiario y el focal. Ver Polanyi, *Personal Knowledge*; Polanyi, *The Tacit Dimension* (London: Routledge & K. Paul, 1967).

CAPITULO 14
La Distorsión Total de la Interpretación

Dorotea Doctrinalista:
Si nos equivocamos en una sola doctrina, corremos el riesgo de corromper la totalidad de nuestra teología. Fíjense en la idea católico-romana de la autoridad de la tradición. Es un punto doctrinal, pero es un error que ha afectado la totalidad de su teología.

Pedro Pietista:
Puedo ver un paralelo en mi vida devocional. Si permito que la envidia y el orgullo existan en mi vida, existe el peligro que estas tendencias se adueñen de mi vida devocional. Ya no oro como antes y mis oraciones se vuelven rutinarias. El gozo se pierde y la corrupción se desparrama como un cáncer.

Carlos de la Transformación Cultural:
Cuando una institución social se corrompe puede tener un impacto corrosivo en todo sector de la sociedad. La antigua Unión Soviética nos presenta un caso ilustrativo. El gobierno corrupto y la economía fallida afectaron a la familia, a la educación y al medio ambiente.

Hernando Hermenéuta:
Y ¿será que lo mismo puede suceder con la hermenéutica, con la forma en que interpretamos la Biblia?

Hemos visto que Dios, en su esencia trinitaria, es el arquetipo de las distinciones y estructuras involucradas en la interpretación bíblica. Cuando el conocimiento de Dios se corrompe, por lo tanto, nuestra interpretación también suele corromperse. Pero a la misma vez, como leemos en Romanos 1:19-21, aun los idólatras conocen a Dios. Adoran a los ídolos a pesar de su conocimiento y es su misma maldad la que suprime el conocimiento del Dios verdadero. Por eso, la interpretación corrupta no es tan mala como pudiera ser. En la medida que el intérprete retiene un conocimiento tácito de Dios, sus resultados interpretativos pueden resultar más adecuados de lo que esperaríamos de su teoría explícita de la interpretación.

Pero el conocimiento de Dios afecta de manera íntegra a nuestra interpretación. Los siguientes ejemplos son ilustrativos de esta influencia.

Perspectivas en la Comunicación
Al considerar la naturaleza de la comunicación, anotamos la relación cercana entre el hablante, el discurso y la audiencia. La

comprensión del mensaje involucra tres perspectivas circuncesas: la expresiva, la informacional y la productiva. Las tres perspectivas están en circuncesión en analogía con la Trinidad. Pero supongamos que el intérprete adora a un dios falso y no al Dios verdadero. Podríamos esperar en este caso que la corrupción de su visión de Dios se refleje en una corrupción de la relación entre hablante, discurso y audiencia.

La manifestación más simple de la falsificación es el monismo que asigna primacía a uno de los tres mientras que suprime la circuncesión. El hablante, el discurso o la audiencia se convierte en un tipo de dios que se percibe como la fuente absoluta del significado. Por eso en las teorías hermenéuticas modernas encontramos aproximaciones enfocadas en el autor, aproximaciones enfocadas en el texto y aproximaciones enfocadas en el receptor. Cada una de estas aproximaciones resulta en una forma de distorsión idólatra. Pero cada aproximación mantiene un grano de verdad. Puesto que Dios es Dios, su circuncesión no se puede suprimir del todo. Por eso, es posible que cada una de las tres aproximaciones pueda apuntar a las verdades centrales de la Palabra de Dios.

Nuestro conocimiento de Dios influye en la interpretación de una manera más obvia, sin embargo, porque Dios está presente en nuestra consideración del hablante, del discurso y de la audiencia. Retomemos cada uno por separado.

El Conocimiento de Dios, Autor de la Biblia

Consideremos primero los autores de la Biblia. ¿Cómo es que el conocimiento de Dios influye en nuestro entendimiento de los autores de las Escrituras? Hay múltiples autores humanos de los distintos libros de la Biblia. Pero cuando confesamos que la Biblia es la Palabra de Dios, estamos afirmando que Dios es el autor divino de la Biblia que inspiró y controló al autor humano para que escribiera las palabras exactas de Dios. Esto no quiere decir que debemos ignorar al autor humano en su papel instrumental. Pero esto lo sabemos, no por nuestra propia perspicacia, sino porque Dios mismo nos lo demuestra en la Biblia. Al hablarnos en la Biblia, Dios nos revela que él mismo eligió a los autores de la Biblia y que les dio una iluminación particular de sus pensamientos (Números 12:6-8; Éxodo 33:13; 1 Corintios 2:16; Juan 16:13). Por eso, en el centro del acto comunicativo bíblico encontramos a Dios, el autor divino. Conocer al autor de la Biblia es conocer a Dios. Si nuestro conocimiento de Dios está entenebrecido, nuestro conocimiento de la Biblia será necesariamente parcial. Por eso dice Jesús:

> Vosotros sois de vuestro padre el diablo, y los deseos de vuestro padre queréis hacer. El ha sido homicida desde el principio

y no ha permanecido en la verdad, porque no hay verdad en él. Cuando habla mentira, de suyo habla; porque es mentiroso, y padre de mentira (Juan 8:44)

El que es de Dios, las palabras de Dios oye; por esto no las oís vosotros, porque no sois de Dios (Juan 8:47)

Pero vosotros no le conocéis; mas yo le conozco, y si dijere que no le conozco sería mentiroso como vosotros; pero le conozco y guardo su palabra (Juan 8:55)

El Conocimiento de Dios, el Tema Central de la Biblia

En segundo lugar, en el proceso de la interpretación es menester conocer algo acerca de la materia o el tema de la comunicación. Para entender la Biblia necesitamos un conocimiento de los temas que trata. Si no conocemos el tema, nuestra interpretación seguramente resultará en una comprensión errónea o parcial.

La Biblia trata de múltiples eventos históricos, experiencias humanas, instituciones sociales, sistemas de pensamiento, etc. Y muchos de estos tienen paralelo con nuestra propia experiencia. Tales conceptos pueden ser comprendidos adecuadamente por cualquier lector. Pero la comprensión es variable. Por ejemplo, la indignación por la mentira y la injusticia como vemos en Salmos 5:8-10 es una experiencia común. Pero lo cierto es que el concepto es entendido mejor por aquellos que han experimentado la injusticia en sus propias vidas. Los dolores de parto y la viudez ocurren en todas las sociedades pero las comparaciones que se hacen con ellos (por ejemplo en Isaías 54:4; 13:5) son entendidas mejor por aquellas mujeres que han conocido el dolor de parto o el dolor causado por la muerte de un esposo.

Todos los detalles presentados en la Biblia se ponen al servicio de nuestra salvación. El enfoque central de la Biblia es la comunicación acerca de Dios, de su persona, de su obra y de nuestra respuesta. La Biblia proclama la salvación. Habla de nuestro pecado y de nuestra rebelión en contra de Dios. Habla de las promesas de Dios, de su obra salvífica en la historia, de la justificación y reconciliación en Cristo, y del don de la vida nueva en el Espíritu. No podemos comprender en su totalidad estos asuntos sin entender el tema. Es decir, tenemos que haber experimentado la salvación, la vida nueva. Tenemos que conocer a Dios, reconocer nuestro pecado, experimentar el perdón y la reconciliación en Cristo para comprender adecuadamente las Escrituras. Es cierto que todo ser humano tiene un conocimiento limitado y parcial de estos asuntos. Todos los hombres (salvo Cristo) son pecadores y todos conocen a Dios (Romanos 1:20-21). Todo ser humano experimenta, de alguna forma, la culpabilidad y la enajenación de Dios. Las religiones del mundo dan testimonio a esta realidad. Las religiones no cristianas ofrecen una reconciliación con Dios que es falsa y distorsionada.

Pero sin el conocimiento salvífico de Dios y sin comunión con él, la comprensión de Dios se entenebrece y es esta comprensión entenebrecida que se aplica a la interpretación de la Biblia. Dios manda su luz para darnos conocimiento salvífico de sí mismo (2 Corintios 4:6). Su luz ilumina todo. Es sólo cuando conocemos la santidad de Dios que podemos comprender la gravedad de nuestro pecado. Es sólo cuando conocemos la gracia y el perdón de Dios que podemos admitir la extensión total de nuestra culpabilidad. Es sólo cuando conocemos el poder y la sabiduría de Dios que podemos entender las profundidades de las riquezas que son nuestras en la salvación. Por eso, el criterio principal para el intérprete bíblico es que conozca a Dios de forma personal, que sea salvo y que conozca a fondo los temas de la Biblia. Y aun estos intérpretes están siempre aprendiendo y entendiendo la Biblia con mayor profundidad (Filipenses 3:10-14; 1 Corintios 13:9-12).

La Biblia misma nos da algunos ejemplos de las consecuencias de conocer a Dios a medias. Pablo describe a los gentiles como «teniendo el entendimiento entenebrecido, ajenos de la vida de Dios por la ignorancia que en ellos hay, por la dureza de su corazón» (Efesios 4:18). Pedro, además, señala que «casi en todas sus epístolas [de Pablo], habiendo en ellas de estas cosas; entre las cuales hay algunas difíciles de entender, las cuales los indoctos e inconstantes tuercen, como también las otras Escrituras, para su propia perdición» (2 Pedro 3:16).

Los saduceos nos presentan otro ejemplo. Los saduceos eran los expertos religiosos de su época y ciertamente tenían conocimiento profundo acerca de las Escrituras. Pero Jesús los reprende diciendo «erráis, ignorando las Escrituras y el poder de Dios» (Mateo 22:29). Su error era que no conocían el poder de Dios. Su conocimiento de Dios era espiritualmente defectuoso. Concluye Jesús su argumento diciendo: «Dios no es Dios de muertos, sino de vivos» (Mateo 22:32). Así vuelve a enfatizar la centralidad del conocimiento de Dios.

El Conocimiento de Dios y su Audiencia
En tercer lugar, la interpretación correcta de la Biblia requiere de un conocimiento de los receptores de la comunicación. En muchos casos encontramos un entretejido de la audiencia y el tema. Por ejemplo, la frase «el bautismo por los muertos» en 1 Corintios 15:29 podría ser visto como un asunto de tema (¿a qué práctica se está refiriendo Pablo?) o como un asunto de audiencia (¿qué hacían los

cristianos en Corinto?). Al conocer la respuesta a una de estas preguntas, descubriríamos la respuesta a la otra.

En general, el conjunto de circunstancias históricas que afectan a la audiencia es relevante para la interpretación. Pero no todos los aspectos del contexto histórico tienen la misma relevancia para todos los tipos de comunicación. Un discurso teológico puede tener poca relación con los eventos inmediatos pero una narrativa histórica tendría una relación estrecha con estos mismos eventos. Las circunstancias particulares suelen ser más importantes cuando el tema alude a o presupone algún aspecto de estas circunstancias. Por eso, las circunstancias históricas relevantes son parte necesaria de nuestro conocimiento tanto de los receptores como del tema. Los receptores, quienes entienden las circunstancias, las toman en cuenta al interpretar el texto. Nosotros también las debemos tomar en cuenta para medir el impacto del texto sobre sus receptores originales. Igualmente, las alusiones textuales a las circunstancias históricas tienen el efecto de señalar las circunstancias relevantes al tema del texto.

Hay una correlación importante entre el entendimiento del receptor y la comprensión del tema. Todo lo que hemos dicho acerca de la comprensión del tema, por lo tanto, se aplica también al entendimiento del receptor.

Pero hay formas particulares en que nuestro conocimiento de Dios afecta nuestro entendimiento del receptor. Primero, nuestro conocimiento de Dios influye en nuestro discernimiento del propósito del texto para sus receptores. Al escribir un texto, el autor intenta influir en su lector. Intenta persuadir, intenta educar o intenta exhortar. En el caso del texto bíblico, Dios es el autor principal. Por eso, hay que conocer a Dios para entender apropiadamente sus intenciones.

El conocimiento de Dios también nos ayuda a entender los receptores y sus procesos de recepción. Todos los humanos han sido creados a la imagen y semejanza de Dios. De la misma manera en que no nos podemos conocer a nosotros mismos sin conocer a Dios, tampoco podemos conocer a otros seres humanos en la ausencia del conocimiento de Dios.[1] Somos propensos a levantar acusaciones y excusas falsas si no tenemos una visión apropiada de la justicia y la misericordia de Dios. La sabiduría de Dios ilumina la sutileza del pecado. Como dice Juan Calvino en su *Institución a la Religión Cristiana*:

> Pero al comenzar a poner nuestro pensamiento en Dios y a considerar cómo y cuán exquisita sea la perfección de su justicia, sabiduría y potencia a la cual nosotros nos debemos conformar y regular, lo que antes con un falso pretexto de jus-

ticia nos contentaba en gran manera, luego lo abominaremos como una gran maldad; lo que en gran manera, por su aparente sabiduría, nos ilusionaba, nos apestará como una extrema locura; y lo que nos parecía potencia, se descubrirá que es una miserable debilidad. Veis, pues, como lo que parece perfectísimo en nosotros mismos, en manera alguna tiene que ver con la perfección divina.[2]

Conocer al receptor permite una visión de cómo Dios actúa para reprender el pecado y dar palabras de sanidad para su pueblo redimido.

El conocimiento de Dios también influye en nuestra percepción del receptor y en su recepción del texto. Vemos cómo han sido tentados a distorsionar el mensaje y cómo Dios ha dado los medios redentores para vencer tales distorsiones.

El Conocimiento de Dios en las Parábolas de Jesús

En algunas de las parábolas de Jesús podemos ver este mecanismo en acción. Consideremos la parábola del sembrador en Marcos 4:2-20. Entre otras cosas, esta es una parábola acerca de las parábolas. Es una parábola acerca de los que escuchan la palabra de Dios (4:9, 14-20, 23) y en su contexto inmediato esa palabra es la enseñanza de Jesús. Los comentarios que aparecen en Marcos 4:10-12 confirman esto al indicar que los discípulos querían saber la función de las parábolas de Jesús.

Ahora, consideremos la interpretación de la parábola que se registra en Marcos 4:13-20.[3] En este pasaje vemos la variedad que existe en la recepción de la palabra. En el versículo 11, es más, Jesús distingue dos categorías fundamentales – «vosotros» y «los que están fuera». Sólo uno de ellos entiende el mensaje de las parábolas. La diferencia no radica ni en el hablante, ni en el discurso sino que radica en el receptor. Algunos receptores oyen con oídos espirituales pero otros oyen con oídos carnales. El mismo se confirma en los versículos 24 y 25: «Mirad lo que oís; porque la medida con que medís, os será medido, y aun se os añadirá a vosotros los que oís. Porque al que tiene, se le dará; y al que no tiene aun lo que tiene se le quitará». El proceso de endurecimiento señalado en 4:12, semejante a la que vemos en Isaías 6:9-10, representa no un acto arbitrario de Dios sino una consecuencia justa de la pecaminosidad del hombre.

El eje central en el proceso de entender las parábolas es Jesús mismo. Fue por medio de Jesús que los discípulos, y sólo ellos, recibieron la explicación del sentido de la parábola. La relación entre los discípulos y Jesús y su deseo de preguntarle fue lo que les condujo a

La Interpretación Bíblica

un entendimiento mayor. En ausencia de esta relación con Jesús, no hubieran logrado dicha comprensión del mensaje.

El proceso por el cual pasaron los discípulos es una ilustración del proceso general de la interpretación de las parábolas. El ministerio de Jesús en su totalidad nos provee un contexto y una orientación decisiva para entender las parábolas. Por eso, los que simpatizaban con el ministerio de Jesús, que veían en su ministerio el inicio de la obra redentora de Dios, podían asociar las imágenes de las parábolas con el carácter del ministerio. Pero aquellos que mostraban hostilidad a su ministerio escuchaban las parábolas y quedaban perplejos y confundidos. Aun cuando lograban entender el punto central de la parábola, lo rechazaban y se endurecían más (Marcos 12:1-12).

Las parábolas demuestran, pues, que la relación con Jesús – el conocimiento de él y de sus propósitos – fue un factor decisivo en el entendimiento de su mensaje. Entender una parábola no era cuestión de la aplicación de un método objetivo y neutral. Los receptores estaban ya comprometidos. Al escuchar la parábola del sembrador, escuchaban una descripción de la recepción del mensaje en sus corazones en ese mismo momento. Ya habían decidido si estaban con Jesús o en contra de él (Mateo 12:30). Sus percepciones del ministerio de Jesús, además, no pueden separarse de su conocimiento espiritual de Dios y su comunión con él. El conocimiento de Dios y el conocimiento de Jesús son inseparables. Estar al lado de Jesús quería decir que se percibía la obra salvífica de Dios por medio de él. Este conocimiento gradualmente se desembocaría en la revelación plena de la deidad de Jesucristo (Juan 20:28). Pero aun en el comienzo el conocimiento de Jesús estaba entretejido con el conocimiento de Dios. Por otro lado, el rechazo de Jesús señalaba la enajenación y el rechazo de Dios mismo.

Hay un paralelo entre los que escuchaban las parábolas en la época de Jesús y los que leen la Biblia hoy en día. Al leer la Biblia, nos convertimos en receptores de la Palabra de Dios. Nuestra relación con Dios determina la recepción del texto. ¿Es la lectura de la Biblia una comunicación de Dios a nosotros? O ¿es la lectura de la Biblia simplemente una ventana a una era mítica o ya pasada de moda? Si la lectura de la Biblia es vista como un registro mítico, entonces nos escapamos de la obligación de aplicar sus exigencias a nuestras vidas. Pero al hacerlo, hemos interpretado mal el propósito de Dios. Dios nos llama al arrepentimiento (Hechos 17:30) y la Biblia está escrita para nosotros (Romanos 15:4; 4:23-35; 1 Corintios 10:11).

Por eso, la calidad de nuestro conocimiento de Dios y de nuestra comunión con él influye en las tres áreas involucradas en la interpretación – influye en el entendimiento del autor, influye en el entendimiento del discurso e influye en el entendimiento del receptor. Muchas veces es una influencia sutil, pero otras veces es una influencia radical. Piensen, por ejemplo, en el caso en el que los saduceos mal interpretaron la cuestión de la resurrección de los muermuertos (Mateo 22:23-32).

Pero muchas personas que rebelan contra Dios y que tienen un conocimiento empobrecido de Dios todavía comprenden ciertos hechos de la Biblia. Entienden la Biblia según su propio criterio. Pero la pregunta es: ¿qué es lo que entienden? ¿cómo lo entienden? ¿en qué grado lo entienden? Todas estas facetas del entendimiento dependen crucialmente del grado en que se conoce a Dios.

Aun el Entendimiento del Significado «Básico» es Afectado

Las parábolas de Jesús ilustran la importancia de nuestro estado espiritual y de nuestra relación a Dios. En Marcos 4:11-12 leemos que «el misterio del reino de Dios» no está al alcance de todos los que escuchan su mensaje. Para los que están afuera, todo lo que escuchan lo escuchan como si fuera en parábolas. La implicación obvia aquí es que Jesús habló en parábolas para ocultar la verdad de aquellos que estaban afuera.[4]

A diferencia de las propuestas de Adolf Jülicher, yo propongo que algunas de las parábolas eran en verdad un misterio.[5] Su significado básico no era transparente a todos quienes las escuchaban. Los discípulos entendieron después de haber escuchado la explicación que Jesús les dio en los versículo 13 a 20, pero otros no la hubieron entendido (Marcos 4:34; Mateo 13:51). Este hecho, aparentemente injusta, no se puede esquivar al distinguir entre significado y aplicación o entre la exégesis técnica y la apropiación persona. En el sentido ordinario, lo que está en juego aquí es tanto el significado como la aplicación. Los pecadores rebeldes no entendieron ni el significado ni la aplicación. Frente al discurso parabólico, era común que aun el significado primario se malentendía en la ausencia de una relación y un compromiso con Jesucristo. Y entre más comprometidos estaban, más entendían el mensaje (Marcos 4:24-25).

Es obvio que uno de los mensajes principales de la parábola del sembrador es que el pecado ejerce una influencia en la recepción de la Palabra de Dios. Para algunos, el pecado hace que la Palabra ni siquiera se atienda. Para otros, el pecado los hace hipócritas, pues la escuchan y la confiesan pero no la hacen.

Lo que distingue al que está adentro es la tierra fértil en comunión con Jesús el Maestro. La diferencia es total. Es la diferencia entre dos reinos. El Espíritu Santo obra un cambio total del hombre a través del ministerio de Jesús – el Espíritu prepara la tierra para recibir la semilla y cosecha el fruto final.

La Búsqueda de la Objetividad Científica en la Interpretación

Consideremos ahora algunas teorías modernas de la interpretación desde la óptica del conocimiento de Dios. ¿Cómo influye el conocimiento de Dios en la aplicación de dichas teorías? Tomemos como primer ejemplo una de las teorías más populares de la interpretación – el ideal de la Ilustración. En la Ilustración se desarrolló el ideal de una interpretación religiosamente neutra. Según este ideal, el intérprete se sometía a las demandas de la razón en la interpretación y no a las demandas del compromiso religioso. Los eruditos debían examinar la Biblia como un texto histórico y determinar su origen y significado siguiendo las pautas de la investigación científica. De esa manera, sus conclusiones podrían ser aceptadas por todos independientemente de su trasfondo religioso. En fin, la interpretación bíblica erudita ha de ser libre de la influencia del compromiso religioso.

Esta aproximación a la interpretación atrajo a muchos seguidores por varias razones. Primero, reconoció el problema de una interpretación arraigada en la tradición (por ejemplo, la interpretación bíblica medieval) o una interpretación insertada en un sistema teológico (por ejemplo, la interpretación confesional posreformacional). Segundo, apunta hacia a un método para superar los desacuerdos teológicos que surgieron de la tradición y de los sistemas teológicos. Se esperaba que la interpretación objetiva y científica pudiera ser una fuente de la unidad debido a que la religión había llegado a ser el punto de contención. Tercero, este método de interpretación alineó con las tendencias filosóficas y culturales predominantes al enaltecer el papel y la validez de la razón humana.

El método de interpretación surgido de la Ilustración, pues, demuestra un grano de verdad. En cada uno de los aspectos mencionados en el párrafo anterior, encontramos una verdad pero también una falsedad.

Consideremos primero los abusos de la tradición. La lealtad a una tradición o a un sistema teológico seguramente crea la posibilidad de abuso. La tradición y el sistema pueden volverse ídolos. En la Ilustración se percibió con claridad la esclavitud a los ídolos. Dios era más grande y más racional que lo que la tradición y los sistemas teológicos habían mostrado. El concepto ilustrado de la razón neutral constituía la sombra de la racionalidad, la sabiduría y la autoconsistencia de Dios. Por eso, contenía un grano de verdad y ese grano lo hizo atractivo. Pero había en este concepto también una idea falsa acerca de la racionalidad de Dios. Implícito en el concepto se incluye la proposición de que el ser humano es capaz de juzgar el contenido de la revelación independientemente de una relación y un compromiso con Dios. Es ésta, precisamente, la mentira que usó

Satanás en Génesis 3. La racionalidad se volvió un principio abstracto e impersonal de consistencia simétrica y armonía lógica. La racionalidad, pues, llegó a ser venerada independientemente de Dios.

En alguna manera, podemos decir que aun el error de la Ilustración tiene que ver con la Trinidad. La racionalidad autoconsistente de Dios es su fidelidad a sí mismo y por eso es personal. Se trata de la fidelidad del Padre con el Hijo y la fidelidad del Hijo con el Padre a través del Espíritu. Además, la sabiduría de Dios es su Palabra – en la cual todo subsiste (Colosenses 1:17). Pero puesto que la Trinidad es incomprensible, esta especie de racionalidad no es aceptable ante los ojos de la humanidad rebelde. La Ilustración proyectaba un principio abstracto unitario llamado razón o lógica y rechazaba la persona real trinitaria que es Dios.

En segundo lugar, la Ilustración prometía la unidad. ¿Qué fragmento de la verdad se representa en esta promesa? En Juan 17:20-27 y en Efesios 4:1-16, la unidad en la verdad es el propósito de Dios para la humanidad renovada. Pero la falsedad se introduce en este fragmento de verdad. Según el ideal de la Ilustración, la unidad entre los seres humanos proviene no del aumento de la comunión en Cristo por el Espíritu sino de la independencia académica del compromiso religioso. La Ilustración postula a la razón como un salvador mayor que Cristo el Salvador. La razón es mejor que Jesús para sobrellevar la contención y enajenación de la humanidad. Pero este salvador sustituto se parece a la verdad. La razón se vuelve, por lo tanto, un dios falso que toma el lugar de Cristo, la sabiduría de Dios.

En tercer lugar, la prioridad de la razón en la Ilustración estaba en armonía con las tendencias culturales y filosóficas de la época. Como Dios es uno, sin embargo, toda verdad está en armonía. Entonces, aquí también encontramos un fragmento de la verdad. Pero también hay una distorsión. La distorsión es que las tendencias filosóficas y culturales no se someten al poder de la transformación redentora de Jesucristo.

Los efectos de los principios de la Ilustración en la interpretación bíblica, pues, demuestran una mezcla de verdad y falsedad. Consideremos, por ejemplo, la cuestión de la investigación histórica. La sospecha inherente en la tradición ilustrada resultó en un énfasis pronunciado en el recobro de los eventos originales en su integridad histórica, en su versión antes de la contaminación de la tradición. Este énfasis contenía un grano de verdad – la autoridad de Dios implica la importancia irreductible del origen de su palabra en un contexto histórico particular. Al mismo tiempo, sin embargo, la tradición ilustrada también introdujo falsedad al reducir la soberanía de Dios en la historia suponiendo que los milagros eran incompatibles con la razón.

También podemos considerar el asunto del significado. Según el principio de la racionalidad, la Ilustración postuló una unidad original de significado. Tomamos por sentado que los hablantes racionales proclamaron mensajes sensatos y coherentes. En la medida que podemos rescatar el contexto adecuado, podemos recobrar el sentido original de cualquier enunciado. Cuando el contexto es inadecuado, además, se puede al menos medir racionalmente la validez de varios sentidos alternativos.

Aquí vemos otra vez la introducción de la falsedad. Por un lado, la unidad del significado muestra un grano de verdad. Hay estabilidad en el significado según la intención del Padre. Pero de acuerdo a la idolatría racionalista de la Ilustración, esta unidad se concebía como si fuera auto-suficiente e independiente del conocimiento del Dios Trinitario. La unidad del significado se consideraba aislable de las perspectivas circuncesas que involucran la aplicación y el importe. Por eso, la Ilustración distorsionaba y falsificaba la verdad acerca del significado producido por Dios.

Los ídolos siempre fracasan. Dios los derrota y los revela en su inutilidad. Debido a que son dioses falsos, su carácter es derivativo. Así como Satanás mismo, nunca se pueden comparar a Dios. Por eso, aquellos que sirven a los ídolos no conocen la satisfacción.

Y lo mismo podemos decir del ideal de la Ilustración. La razón abstracta proyectada por el ser humano es parte de una tradición, una tradición que surgió y se desarrolló dentro de los sistemas filosóficos humanos. Por eso, fracasa en su intento de liberarnos de la adoración a la tradición. Al contrario, nos sujeta a una tradición adicional, la tradición del racionalismo. Esta tradición fracasa, además, en su promesa de generar la unidad y la estabilidad entre los hombres. Las proyecciones racionales del hombre son sutilmente distintos según el egoísmo de su propio pecado. Por eso, no hay siquiera acuerdo acerca de lo que es la razón. La interpretación bíblica, en este marco, crea también fragmentación. La reconstrucción histórica se vuelve problemática y los intérpretes racionalistas no pueden llegar a un acuerdo entre sí acerca del significado de un texto.

En contraste, dentro del contexto Trinitario el significado circuncede con el importe. El sentido de un texto se encuentra en circuncesión con todos los otros textos bíblicos. El sentido de un texto particular nunca se intenta comprender aparte del importe total del plan de Dios. Por eso, las diferencias en la interpretación de un texto residen en un marco más amplio, en una unidad total. Junto con San Agustín, propongo que es menos importante identificar la verdad particular enseñada en un texto y es más importante identificar la verdad total enseñada en la Biblia. Si mi hermano ve un significado particular en un texto, es muy probable que yo vea ese mismo significado en otro texto. Pero si estamos comprometidos con un ideal unitario de la verdad racional en significados aislados, la falta de acuerdo resulta desastroso. En la ausencia de la unidad práctica producida por las perspectivas del importe y de la aplicación no puede existir este tipo de desacuerdo en los detalles de la interpretación.

Podemos encontrar problemas semejantes al tratar las relaciones entre autor, discurso y receptor o entre los aspectos expresivos, informacionales y productivos de la comunicación. La racionalidad de la Ilustración concibe de la comunicación como simple y llanamente informacional. Y, ciertamente, la comunicación es informacional. Hay un grano de verdad en la aseveración. Pero al mismo tiempo, hay falsedad. Al mismo tiempo que la comunicación es informacional, también es expresiva y productiva y estas dimensiones se suelen ocultar o reducir en la racionalidad de la Ilustración.

Con el tiempo, el carácter insatisfactorio de la reducción produce reacciones adversas. El romanticismo, por ejemplo, exaltó el sentimiento y la expresión del genio artístico. La expresión era principal, pero se reducía la información. Las teorías modernas de la recepción, por otro lado, reaccionan al reclamo aburrido del significado unitario postulando la posibilidad de múltiples significados dependiendo de la diversidad de lectores. La interpretación liberacionista rechaza el reclamo de la objetividad neutral al elevar los compromisos personales, sociales y económicos de los intérpretes bíblicos.

La Interpretación Liberacionista

Consideremos, entonces, a la interpretación liberacionista. La interpretación liberacionista responde a algunas limitaciones en la interpretación de la Ilustración. Al hacerlo, además, afirma algunas de las verdades que la Ilustración había ocultado. A diferencia del enfoque en la información característico de la Ilustración, los liberacionistas enfatizan el aspecto productivo de la comunicación. La comunicación siempre está al servicio de un objetivo – sea ésta la opresión o la liberación. A diferencia de la tendencia individualista de la interpretación ilustrada, la liberacionista enfatiza las influencias corporativa y culturales en la interpretación. A diferencia de la preferencia por una interpretación racional, intelectual y refinada, los liberacionistas enfatizan una interpretación desde los márgenes y desde la óptica del pobre.

A menudo Dios levanta una voz profética en la iglesia para advertirla de las consecuencias del pecado. A veces a Dios le place

La Interpretación Bíblica

usar a hombres paganos en esta función. También reconocemos que los no cristianos a veces suelen percibir los pecados en la iglesia con mayor perspicacia que los mismos cristianos (paralelo, por ejemplo, a la percepción del pecado judío por los paganos en Romanos 2:24). No tengo duda que Dios ha utilizado a los marxistas ateos de esta manera.

Por eso, hay importantes granos de verdad en los análisis liberacionistas de los pecados de los poderosos. Entre ellos tenemos que reconocer los abusos del poder por parte de los cristianos y también la función que han desempeñado los cristianos al proteger y perpetuar los privilegios de los ricos. En estas interpretaciones, encontramos en las conclusiones de los liberacionistas un eco del análisis de la idolatría del poder, la riqueza y el placer que se presenta en el libro de Apocalipsis. Hay un anhelo por la liberación que Dios trajo en el éxodo y que cumplió de forma suprema en Cristo.

Pero los liberacionistas, como todos los demás, pueden caer en las trampas de la falsedad y la idolatría. ¿Cómo, pues, separaremos lo falso de lo verdadero en la teoría y la praxis de la interpretación liberacionista? Otra vez nos encontramos con una combinación sutil – tan sutil como el pecado y el diablo mismo. La tarea es inmensa y, por eso, se le ha dedicado volúmenes enteros. Es una tarea necesaria, pero por el momento abarcaré sólo algunos detalles escriturales sobre la interpretación liberacionista.

En Apocalipsis encontramos un análisis, una crítica y un remedio para los pecados de los ricos y los poderosos (Apocalipsis 18). El libro también ofrece el remedio para enfrentar a los dioses falsos. Los poderosos invocan a los dioses falsos para mantener su estatus (Apocalipsis 13:11-18). Esta crítica se aplica tanto a las ideologías liberacionistas como a otras ideologías, sin embargo. Los liberacionistas también erigen dioses falsos que nutren sus necesidades y deseos sociales. Karl Mannheim y Michael Polanyi, por ejemplo, presentan un análisis de cómo el marxismo atrae al intelectual enajenado al satisfacer algunos de sus anhelos particulares.[6]

La hermenéutica de la sospecha presentada en el libro de Apocalipsis se aplica también a nuestra propia interpretación. No se puede equiparar cada detalle del libro con la interpretación que se le da. De hecho, la misma interpretación del libro constituye una guerra espiritual. En el libro se nos revela el Dios del Apocalipsis pero a la misma vez nos seducen las mismas idolatrías que el libro presenta. Tales idolatrías tienen dimensiones individuales y corporativas. Las realidades sociales, económicas y políticas teñidas con la marca de Satanás penetran nuestra existencia. Por eso, no hay que dudar que los intérpretes pecaminosos pueden hacer de la Biblia y del libro de Apocalipsis un arma ideológico para promover el orgullo, el odio y la opresión. Tal perversión, en todas sus dimensiones de maldad, es otra confirmación de la verdad del libro de Apocalipsis.

No obstante las dificultades en la interpretación fidedigna del Apocalipsis, el libro mantiene su posición como uno de los motivadores más importantes para la reforma social. Esto se debe a que es la pura y confiable palabra de Dios aunque no lo aceptemos como tal. Dios está en su trono y el Cordero reina en su presencia. Por medio de Dios y del Cordero recibimos la purificación definitiva y la resurrección de la muerte que impera en el mundo. La liberación progresiva en la presencia del Dios del Apocalipsis supera toda liberación falsa de este mundo y, ultimadamente, incluye todas las verdades y libertades que el liberacionismo secular ha reclamado como suyas.

La Interpretación del Receptor

En las teorías de la recepción vemos otra reacción a las deficiencias del modelo interpretativo de la Ilustración. Hay múltiples teorías de la recepción pero aquí discutiremos los puntos principales que todos tienen en común. En general, las teorías de la recepción enfatizan a la audiencia y al lector por encima de la tendencia de la Ilustración a reducir el mensaje a la información. El que recibe el mensaje es tan, o más, importante que el mensaje en sí.

Las teorías de la recepción hacen eco de las preocupaciones de los liberacionistas. La Ilustración postulaba un significado singular, unitario y abstracto que es resistente al cambio. Esta permanencia, sin embargo, es una versión falsa de la estabilidad de Dios. Pero la teoría de la recepción rechaza esta distorsión y enfatiza la creatividad divina. Al responder al texto bíblico, podemos desatar nuestra propia creatividad y escapar así las garras tiránicas de la interpretación monológica. Vemos en esta respuesta un grano de verdad y un grano de falsedad. La verdad es que Dios es creativo y que invita a sus lectores a responder creativamente en la aplicación de la palabra según la particularidad de su identidad y de su contexto. La falsedad surge cuando suponemos que esta creatividad *elimina* la estabilidad de Dios y nuestra obligación a observar sus demandas permanentes. Las demandas de Dios no cambian y esas demandas se aplican tanto en la interpretación como en toda la vida.

La desconstrucción también es una falsedad. Abusa de las verdades de la circuncesión de Dios. Esta corriente interpretativa utiliza la circuncesión del lenguaje, la verdad y la persona y luego con esta circuncesión arroja luz sobre nosotros y sobre el texto. Revela la creatividad de Dios reflejada en nosotros. Pero también denuncia la estabilidad y el logocentrismo. Quiere destruir la idolatría y en ese sentido demuestra la verdad. Pero no alcanza detectar el ídolo más fundamental de todos: el hombre mismo y su rechazo

La Interpretación Bíblica

de Dios y de Cristo. Y por eso termina por erigir otro dios falso que sólo es capaz de destruir el ídolo sin reemplazarlo con la verdad.

Reacciones Ortodoxas

Como ya hemos visto, los que nos consideramos cristianos ortodoxos no estamos libres de las trampas de la idolatría. Vemos los efectos de la idolatría en nuestras reacciones ante las diversas tendencias de la interpretación actual. En general, los eruditos ortodoxos hemos tomado parte en la idolatría de la Ilustración. Pero estas idolatrías se han vuelto tan normales en la vida y el quehacer académico que no nos damos cuenta de ellas. Repudiamos las nuevas idolatrías de la interpretación liberacionista, la teoría de la recepción y la desconstrucción. Pero nuestro repudio se basa en motivos distintos. Repudiamos las nuevas tendencias idólatras, sin duda. Pero muchas veces nuestra resistencia no es más que una reacción que intenta salvaguardar el imperio perteneciente al antiguo ídolo de la Ilustración.

Si contamos con un poco más de sofisticación, podemos admitir que hay algo de verdad en las nuevas aproximaciones. Pero aun así fallamos en percibir la radicalidad de las nuevas teorías. Las nuevas teorías no son simplemente adiciones a las antiguas. Las nuevas teorías demandan un abandono total de las viejas aproximaciones. Ofrecen una perspectiva fundamentalmente nueva en la totalidad de la interpretación.

Ciertamente la idolatría de la interpretación de la Ilustración demanda una respuesta que consiste en más que una simple adición o modificación. El antiguo racionalismo de la Ilustración demandaba una epistemología y una teoría hermenéutica unitaria, sin diversidad alguna. La idea de una hermenéutica estructuralmente unitaria sin diversidad sigue siendo una teoría unitaria. Y por eso sigue siendo un ídolo.

Al mismo tiempo, sin embargo, algunos cristianos adoptan cualquier teoría o aproximación nueva sin examinarla a fondo. Nos convencemos de la idolatría presente en los métodos antiguos pero no nos preguntamos acerca de la posibilidad de la misma idolatría en los métodos nuevos. También es posible que modifiquemos el método nuevo para eliminar sus manifestaciones idólatras más sobresalientes, pero fallamos al detectar la idolatría sistemática que existe en su mismo fundamento. Nuestra tendencia es de contentarnos con los cambios periféricos y marginales y no tenemos ni el valor ni la perspicacia de buscar la idolatría en las raíces de las nuevas teorías.

Hasta aquí, los liberacionistas estarían muy de acuerdo con nosotros. Los críticos sociales nos indican que es muy fácil contentarse con el estatus quo por los motivos equivocados. Queremos proteger, no a la verdad, sino nuestra propia comodidad. La reducción de la interpretación a un método es, en parte, un resultado del racionalismo de la Ilustración, y en parte el producto de la fascinación actual con la técnica que surge de las ciencias aplicadas. Hay algo de verdad en esta fascinación con la técnica. Nuestra habilidad de cumplir con las tareas de la vida a través de nuevas técnicas y tecnologías revela la fidelidad de Dios y la destreza del hombre creado a su imagen. Pero la tecnología se vuelve un dios falso. La tecnología garantiza el éxito. Utilizamos la tecnología como un sustituto de las promesas de Dios. Y por medio del avance de la misma queremos escaparnos del sufrimiento.

Lo mismo sucede en la interpretación. El surgimiento de la técnica y el detalle técnico nos puede atrapar en la idolatría. Queremos interpretación sin crucifixión. Ponemos toda nuestra confianza en la tecnología y en el método y así nos liberamos de la agonía de la crucifixión hermenéutica. O sea, no queremos dar muerte a lo que creemos que ya sabemos y a lo que pensamos que ya hemos logrado. Queremos un progreso inalterable hacia a la verdad, hacia al entendimiento.

Pero el camino de Cristo requiere que tomemos nuestra cruz. Cristo ofrece el poder de la resurrección y la esperanza en la renovación. Pero la renovación siempre requiere crucifixión. Para la mayoría de nosotros, lamentablemente, la crucifixión es un estorbo a nuestra comodidad.

La Continuidad de la Guerra Espiritual

El Libro de Apocalipsis, en su presentación de la guerra espiritual, nos puede ayudar a percibir nuestra situación de forma adecuada. Dios está presente en cada parte de la vida humana. La verdadera adoración es lo que ponemos en juego al realizar la interpretación bíblica. La naturaleza Trinitaria de Dios está también en juego, pues las estructuras básicas de la interpretación se derivan de sus tres personas. Cada capítulo de este libro, por lo tanto, puede considerarse un capítulo sobre la guerra espiritual, pues cada capítulo recalca la importancia del carácter de Dios en la interpretación. Por eso es que la idolatría y las artimañas de Satanás impregnan toda la interpretación bíblica.

NOTAS
1. Juan Calvino, *Institución a la Religión Cristiana*, 1.1.2.
2. Ibid.
3. Por muchas razones, que no puedo discutir aquí, creo que la interpretación de Marcos 4:13-20 no es una adición tardía que va en contra de los propósitos de Jesús. Creo que este versículo provee la interpretación personal de Jesús para sus discípulos. La mayor parte de la erudición bíblica se ha envuelto en una confesión innecesaria alrededor de este texto. Existen

varias razones. Primero, se ha perdido la confianza en la autoridad divina de algunos aspectos del mensaje del evangelio. Segundo, no se reconocen las muestras de su propia incredulidad en relación a la personalidad y la conciencia del verdadero Jesús de Nazaret (ver Geerhardus Vos, *The Self-Disclosure of Jesus* [Grand Rapids: Eerdmans, 1954]). Tercero, se ha desviado metodológicamente en la práctica interpretativa con respecto a las dimensiones históricas del traspaso de una tradición.

4. En particular, la palabra *hina* al principio del versículo 12 se debe interpretar como una expresión de propósito (Robert Gundry, *Mark: A Commentary on His Apology for the Cross* [Grand Rapids: Eerdmans, 1993], 202; C. A. Evans, *To See and Not Perceive* [Sheffield: JSOT, 1989], 92-99). Pero aun así esta parte de la interpretación es incorrecta. El sentido general de 4:11-29 apunta en la misma dirección.

Algunos comentaristas rechazan estas conclusiones por razones técnicas y ofrecen interpretaciones alternativas de textos claves. (Por ejemplo, ver la discusión en Gundry, *Mark*, pp. 195-204). Pero hay que anotar que ideas paralelas aparecen en Isaías 6:9-10, en Marcos 4 y en otros lugares y todos han sido escritos por el Espíritu Santo que no está en conflicto con Jesús el Hijo de Dios. A la luz de otra evidencia, podríamos decir que Jesús quiso que sus parábolas no fueran entendidas. Esta interpretación es la que mejor encaja con el contexto de Marcos 4.

Yo sugeriría, además, que los comentaristas no son neutrales en este asunto. Algunos optan por interpretaciones alternativas porque la noción de que Jesús ocultaría su mensaje no encaja con su visión de Jesús. Las ideas defectuosas acerca de Dios, y por ende acerca de Jesús, han contaminado la erudición bíblica. De hecho, los errores académicos suelen ser tendenciosos y por lo tanto una ilustración más del mismo principio de la parábola.

5. Para más sobre el papel de Jülicher en la interpretación de las parábolas, ver Madeleine Boucher, *The Mysterious Parable: A Literary Study* (Washington DC: Catholic Biblical Association of America, 1977), 3-10; también Craig Blomberg, *Interpreting the Parables* (Downers Grove: Intervarsity Press, 1990); Leland Ryken, *How to Read the Bible as Literature* (Grand Rapids: Zondervan, 1984), 99-154.

6. Ver Karl Mannheim, *Ideology and Utopia: An Introduction to the Sociology of Knowledge* (New York: Harcourt, Brace and World, 1968), 136-46, 215-22; Michael Polanyi y Harry Prosch, *Meaning* (Chicago: University of Chicago Press, 1975), 3-21; Polanyi, *Personal Knowledge*, 226-43.

CAPITULO 15
La Distorsión de las Palabras

Oliverio Objetivista:
Me parece razonable mucho de lo que se ha dicho hasta ahora. Sin embargo, creo que en la interpretación tenemos que aceptar ciertos hechos básicos. En estos hechos debe haber consenso entre aquellos que tienen la competencia técnica apropiada.

María Misióloga:
Pero el contexto cultural determina el acceso a los medios para desarrollar una competencia técnica apropiada. Y ¿qué de aquellos que no han podido desarrollar esa competencia?

Pedro Pietista:
Aun cuando hay acuerdo en los detalles técnicos, todavía hay diferencias en sus actitudes de servicio a Dios. El consenso, por lo tanto, me parece superficial.

Hernando Hermenéuta:
Y aun en los detalles técnicos, ¿no suele ser el consenso muy por encima?

Objetivista:
Bueno, tomemos como ejemplo la palabra 'perro'. La palabra 'perro' significa perro. ¡No hay nada más que decir!

Dios está presente en toda la interpretación y por eso nuestra visión de él afecta a todo. La decepción y las falsedades que distorsionan nuestra visión de Dios, por lo tanto, influyen tanto en nuestra interpretación de la totalidad de la Biblia como en nuestra interpretación de los detalles de las Escrituras. De hecho, las falsedades afectan incluso nuestra interpretación de palabras aisladas. Veamos como esto ocurre.

La Destrucción de las Supuestas Categorías Autónomas

Recordemos de nuestra discusión anterior que cada palabra en un idioma manifiesta aspectos clasificacionales, instanciacionales y asociacionales. Estos aspectos, además, reflejan el carácter trinitario de Dios. Si las palabras reflejan el carácter de Dios, entonces la distorsión idólatra puede infectar nuestro uso de ellas. Por eso, nuestro entendimiento de las palabras se ve influenciada por la idolatría.[1]

Podemos comenzar con la siguiente pregunta. ¿Qué implicaciones surgen al considerar las categorías fundamentales que usamos al pensar, al razonar y al comunicar? Consideremos la controversia medieval entre el realismo y el nominalismo. El realismo sostenía que los universales tenían una existencia «real» y el nominalismo aseguraba que los universales no eran más que nomenclaturas convenientes para las agrupaciones imaginarias de objetos individuales. El realismo exaltaba la unidad de lo universal, de la clase a expensas de la diversidad. El nominalismo exaltaba la diversidad de lo particular, de los objetos individuales a expensas de la unidad (lo universal).

Esta dicotomía es una dicotomía falsa. La unidad y la diversidad son reales. La unidad de lo universal, o sea, la clase o el tipo es una expresión del aspecto clasificacional. La diversidad de lo particular, por otro lado, es una expresión del aspecto instanciacional. El uno presupone al otro. Ninguno es más fundamental o esencial que el otro. No existe tal cosa como lo universal puro que se puede aprehender independiente de lo particular. Pero tampoco existe una particularidad pura independiente de los rasgos comunes y universales que posee según el plan de Dios. La unidad de clase y la diversidad de lo particular dependen, en última instancia, de unidad y diversidad ontológica de Dios tal como se expresa en sus aspectos clasificacionales e instanciacionales respectivamente.

Nuestro análisis conlleva implicaciones aun más amplias que se pueden aplicar a la filosofía occidental en su totalidad. Desde antes de los días de Platón y Aristóteles, la filosofía occidental se ha ocupado con la ontología fundamental (la teoría de lo que existe). ¿Cuál es el carácter fundamental ontológica de las cosas? La filosofía ha intentado explorar esta ontología a través del pensamiento humano y el lenguaje humano. Los filósofos han producido sistemas de categorías. Dichas categorías nos permiten, supuestamente, penetrar el carácter y la estructura sistemática del mundo. Por ejemplo, en Platón, las categorías de «forma» y «bueno» e «idea» tienen un papel fundamental. En otras filosofías las categorías fundamentales podían variar, pero siempre había una serie de categorías esenciales. El filósofo proponía estas categorías como una clave para entender el mundo.

En la época de Descartes y Kant, la filosofía dio un giro de enfoque hacia a la epistemología (la teoría del conocimiento) dejando a un lado las cuestiones de la ontología. En el siglo XX, el enfoque ha sido en el lenguaje. En toda esta historia abigarrada de las ideas, las categorías fundamentales han desempeñado un papel importantísimo.

Ahora bien, ¿cuál es el carácter de estas categorías? En el fondo, las categorías tienen que ver con palabras. Estas palabras, además, pertenecen al lenguaje humano. Y, como hemos observado, el lenguaje humano no es autónomo ni es auto-suficiente. Cada palabra y cada categoría en el lenguaje humano depende del lenguaje divino. Los aspectos clasificacionales, instanciacionales y asociacionales conviven en una relación íntima de la misma manera en que el Padre, el Hijo y el Espíritu Santo conviven en el misterio de la circuncesión. Pero los filósofos paganos se rehúsan a reconocer esta dependencia. Prefieren andar en las tinieblas a caminar en la luz (Juan 3:19-20).

Dentro del sistema de los filósofos racionalistas, como es de esperarse, las categorías filosóficas fingen auto-suficiencia. Las categorías son lo que son. Fingen identificarse en sí mismos y no en el misterio de la Trinidad. Fingen identificarse en la supuesta claridad exhaustiva de la auto-suficiencia.[2]

Los filósofos exaltan el aspecto clasificacional de las categorías a expensas de los aspectos asociacionales e instanciacionales. Las categorías de la filosofía clásica no necesitan de asociaciones o instanciaciones para ser aprehensibles. De hecho, los filósofos argumentaban que la asociación y la instanciación traerían impurezas a las categorías. Las categorías aprehendidas por la razón pura o por la perspicacia pura son independientes de la vida personal y de las idiosincrasias individuales.

Las categorías típicamente se podían aplicar a varias instancias, pero las instancias no eran necesarias para la existencia de las categorías. O sea, la instanciación era posible pero no necesaria. La esencia de la categoría retiene su independencia. No se rebaja ni se ensucia con los particulares que son necesarios para que el ser humano las aprehenda. En Platón, las instanciaciones de las formas las contaminaban y creaban un conocimiento confuso al materializarse. En otros casos, como lo haría ver Aristóteles, las formas existen únicamente «en» sus instanciaciones pero la razón humana es capaz de distinguir la instancia particular de la forma pura e no adulterada. La identidad entre las varias instancias, sin embargo, sigue presentando un problema.

El filósofo racionalista reclamaba deidad al poder dominar el idioma a través de una visión divina. Si no lo podía lograr, al menos podía dominar el aspecto crucial del idioma que le permitía hacer aseveraciones sistemáticas y proposiciones universales. En esta visión filosófica, el filósofo logra triunfar sobre el misterio de la circuncesión al reducirlo todo a la identidad pura de la clase (a la identidad de la categoría). Por eso, el filósofo pensaba que podía manipular las categorías sin referencia a los aspectos asociacionales e instanciacionales. Las categorías eran supuestamente libres de asociaciones e instanciaciones.

La Interpretación Bíblica

Pero los filósofos son seres humanos. Por lo tanto, ellos mismos han aprendido su idioma a partir de asociaciones e instanciaciones. Su conocimiento actual no está libre de la «contaminación» de su aprendizaje en el pasado ni de su experiencia corporal. Ellos mismos son instanciaciones de la humanidad. Y su pensamiento y sus palabras son instanciaciones del pensamiento y el lenguaje humano. Viven inmersos en asociaciones sociales e históricas en el contexto de sus propios cuerpos físicos.

La reflexión filosófica es idealizada, sin embargo. Los filósofos proyectan su reflexión hacia un ideal que es libre de asociaciones e instanciaciones. Si suelen ser honestos, admitirán que esta proyección es también un ideal. Pero la idealización es útil, si no necesario, para obtener los resultados que desean.

Pero ahora podemos apreciar que la idealización particular que caracteriza a la filosofía racionalista occidental es intrínseca e irreductiblemente idólatra. La categoría ideal, dentro del marco de la filosofía racionalista, es una clasificación auto-identificada libre de aspectos instanciacionales o asociacionales. O si bien manifiesta tales aspectos, lo hace de una forma trivial que puede ser ignorada en la reflexión filosófica. Esta visión de las categorías puede ser descrita como intrínsecamente monista o unitaria.

A veces los filósofos admiten que la diferenciación existe. Pero aun así suele ser una diferenciación subordinada al nivel de la aplicación. Cada categoría mantiene su identidad como un monada clasificacional universal aunque puede diferenciarse en instancias cuando se aplica en términos prácticos en el mundo real.

La diferenciación es análoga al tipo de diferenciación que se postula en la visión modalista de Dios. La herejía modalista afirma que Dios es uno en sí mismo, de forma pura y no diferenciada. Dios se revela, sin embargo, en tres personas como tres modos de revelación y tres modos de acción de una persona singular. La diferenciación, entonces, ocurre cuando Dios entra en contacto con su creación y no en lo que Dios es. Así, la filosofía racionalista recapitula la visión unitaria o modalista de Dios en su aproximación a las categorías fundamentales.

Si el racionalismo filosófico es un callejón sin salida, ¿qué del empirismo? Para el filósofo empirista, el evento, el dato, el precepto o la instancia particular es fundamental. (Y por eso el empirismo moderno es semejante al nominalismo medieval). En esencia, el empirista inicia con una exaltación del aspecto instanciacional a expensas de los aspectos clasificacionales y asociacionales. En el fondo, esta aproximación es tan unitaria e idólatra como la racionalista. La gran diferencia es que se deífica el aspecto instanciacional en vez del aspecto clasificacional.

Además, cuando los empiristas hablan de su posición, usan categorías que perciben como naturales, universales e idénticos con sí mismos. Las categorías de «datos sensoriales» u «objetos físicos» o «experiencia sensorial» funcionan en el mismo papel deificado que las categorías pertenecientes a la filosofía racionalista. Tal resultado es inevitable. Si existe sólo un nivel de existencia y sólo un nivel de conocimiento, entonces el análisis del intérprete, para ser correcto, tiene que ocupar un estatus equivalente al de Dios. Tiene que proponer aseveraciones universales pero al mismo tiempo ser aprehendido exhaustivamente por el filósofo humano.

Las filosofías que se orientan a las relaciones también se enfrentan con dificultades semejantes. Tengo en mente aquí las versiones filosóficas del estructuralismo y la desconstrucción. El punto de partida en estos sistemas filosóficos parece ser el aspecto asociacional. Las filosofías relacionales apuntan también al unitarismo o el modalismo al colapsar los aspectos clasificacionales e instanciacionales en el asociacional. El aspecto clasificacional aparece como un nódulo dentro de un sistema de relaciones. El aspecto instanciacional aparece como un evento dentro de un sistema lingüístico y cultural.

La filosofía relacional se enfrenta con las mismas dificultades que todas las filosofías paganas a la hora de definirse a sí misma. Las proposiciones de la filosofía relacional se expresan en un lenguaje que asegura la universalidad de forma no-asociada y no-instanciada. La formulación teórica se vuelve una víctima de las mismas dificultades enfrentadas en la filosofía racionalista. La desconstrucción ve el problema y así se auto-define de forma paradójica.

El lenguaje humano y las categorías humanas dependen de nuestro Dios trinitario. Demuestran «el eterno poder y la naturaleza divina» (Romanos 1:20) de Dios. De hecho, puesto que la naturaleza de Dios es trinitaria, el lenguaje humano refleja esta naturaleza. Pero los incrédulos rehúsan someterse a este Dios. Lo sustituyen por ídolos – ídolos de piedra o ídolos del pensamiento. Anhelan ser autónomos. Y por eso construyen ídolos – tanto para gobernarles como para adorar. La idolatría se manifiesta en su aproximación a las categorías fundamentales supuestamente autónomas.

La idolatría no puede llevarse la victoria, pues hay un solo Dios y ese Dios gobierna al mundo en justicia (Salmos 97:1-2). El racionalismo, el empirismo y la filosofía relacional falsifican la misma naturaleza del lenguaje que utilizan. Pero aun así siguen siendo creíbles. Parecen ofrecer una iluminación poderosa. ¿Por qué?

Estas corrientes filosóficas son creíbles porque los aspectos clasificacionales, instanciacionales y asociacionales están en circuncesión. Cada uno está involucrado en el otro. Cada uno cubre al otro. El aspecto clasificacional siempre involucra la identificación de instancias en asociación. Entendido apropiadamente, incluye los aspectos asociacionales e instanciacionales como aspectos inevitables de su ser.

El racionalismo se vale de la perspectiva del aspecto clasificacional para reducir toda la realidad a la clase. Asimismo, el empirismo se vale de la perspectiva del aspecto instanciacional para reducir toda la realidad al objeto o instancia. La filosofía relacional se vale de la perspectiva del aspecto asociacional para reducir toda la realidad a la relación o asociación. Las tres corrientes filosóficas se valen parasíticamente de la circuncesión. Las tres, por lo tanto, tienen un grano de verdad. Pero las tres caen bajo su propio peso porque resultan en la adoración de su propia imagen corrupta en vez de la adoración del Dios trinitario.

La Aplicación de las Perspectivas Expresivas, Informacionales y Productivas

También podemos considerar el triángulo de la comunicación que consiste en los aspectos expresivos, informacionales y productivos. Como ya hemos visto, estos tres aspectos pertenecen a la comunicación de Dios. Por analogía, son características del habla humano. Debido a la relación cercana entre el lenguaje y el pensamiento, también podemos extender su aplicación al conocimiento humano. Por medio de este triángulo, podemos ver otra vez las deficiencias de la filosofía pagana.

El racionalismo proyecta una idea de la racionalidad y la verdad absoluta. Esta proyección hace uso de la perspectiva informacional. Pero el ideal es unitario y no trinitario. El racionalismo niega que la verdad de Dios es personal (el aspecto expresivo). También niega que la verdad de Dios es eternamente productiva (el aspecto productivo). Al contrario, concibe de la verdad como una abstracción independiente de sus efectos prácticos. Por eso, la verdad postulada por el racionalismo no es la verdad de Dios.

El pragmatismo proyecta la idea del dato absoluto, o sea, del efecto absoluto. Se vale, pues, de la perspectiva productiva. Pero otra vez se reduce a un ideal unitario, negando los aspectos expresivos e informacionales. (El aspecto informacional se niega porque se postula que la verdad consiste únicamente en lo efectivo). Noten que el resultado adora un aspecto de la creación (el dato) en vez de adorar al Creador.

Por último, el subjetivismo proyecta la idea de una personalidad absoluta, la expresión personal absoluta. Tuerce la perspectiva expresiva y la convierte en un dios falso unitario. Adora a la personalidad humana en vez de adorar al Creador.[3]

NOTAS

1. Esta misma discusión la retomo en forma extendida en Vern S. Poythress, «Reforming Ontology and Logic».

2. Para una inquietud semejante con relación al uso de la lógica formal en la metafísica, ver James F. Ross, «The Crash of Modal Metaphysics», *Review of Metaphysics* 43 (1989): 251-79. Desde un punto de vista tomista, Ross introduce muchas objeciones que intentan asociar predicados independientes universales con instanciaciones particulares. Pero en la medida que el tomismo se conforma a la visión aristotélica de las categorías, permanece deficiente.

3. John M. Frame ya había llegado a la misma conclusión en su triángulo de perspectivas – la perspectiva normativa, situacional y existencial. Ver John M. Frame, *Doctrine of the Knowledge of God*, 73-75, 89-90, 109-122.

Frame observa que el racionalismo intenta reducir todo a una serie de reglas y de esa manera deifica a la perspectiva normativa. El empirismo, por otro lado, reduce todo al dato y así deifica a la perspectiva situacional. El subjetivismo reduce todo al sujeto personal y por lo tanto deifica a la perspectiva existencial. Los sistemas categóricos no cristianos suelen ser racionalistas pues las categorías no están atadas a los datos que las instancia (la perspectiva situacional) o a las personas que las formulan y aprehenden en un contexto personal (la perspectiva existencial).

El lector alerta percibirá que las perspectivas expresivas, informacionales y productivas son análogas a las perspectivas propuestas por Frame. Pero no son completamente iguales. Mi triángulo de perspectivas se aplica arquetípicamente a Dios y ectípicamente a las criaturas. El triángulo de Frame, por otro lado, es asimétrico (pues él mismo lo dice, ibid 63). La perspectiva normativa se orienta hacia la ley. Las perspectivas existenciales y situacionales se orientan hacia la creación, o sea, hacia a la persona y el mundo.

El triángulo de Frame es, pues, una imagen analógica del mío. Creo que la aproximación de Frame es útil en que enfatiza la interrelación de la norma, el mundo y el ser en la recepción práctica y concreta de la Palabra de Dios.

CAPITULO 16
La Reforma del Triángulo del Significado de Ogden-Richards

Oliverio Objetivista:
Los lexicógrafos no pelean sobre el significado como lo hacen los filósofos. Simplemente definen las palabras. Por eso, la definición que encontramos en el diccionario no depende ni en la orientación filosófica ni en la convicción religiosa. Se trata únicamente de una competencia técnica.

Hernando Hermenéuta:
Pero el lexicógrafo, ya sea tácita o explícitamente, tiene un marco que determina sus definiciones. ¿A caso no hacen una serie de suposiciones acerca de cómo funciona el lenguaje, qué es el significado, y cómo reside el significado en la palabra?

Oliverio Objetivista:
Sí, es cierto. Y los lexicógrafos han llegado a un consenso sobre estas preguntas. Hace años el marco se estableció por Ogden y Richards y ese ha sido el punto de referencia común.

Hernando Hermenéuta:
Consideremos ese marco, pues.

La verdadera adoración y la idolatría afectan a la interpretación tanto en los detalles como en el significado total del texto. El triángulo del significado de Ogden y Richards nos puede esclarecer la relación entre la adoración y la interpretación.

El Triángulo Ogden-Richards
El triángulo Ogden-Richards propone un modelo de la naturaleza del símbolo lingüístico.[1] El modelo se representa en la figura 16.1.

Los tres elementos principales son «símbolo», «pensamiento o referencia» y «referente». El símbolo constituye una forma gráfica o fonológica particular, como por ejemplo la secuencia de sonidos [e.le.'faŋ.te] o la secuencia de letras <elefante>. El pensamiento o la referencia es el contenido cognitivo de la forma, o sea el pensamiento o la imagen de un elefante. El referente es el objeto real que corresponde al pensamiento, o sea un elefante de carne y hueso. Para Stephen Ullman, los vértices del triángulo se designan «nombre», «sentido» y «cosa», respectivamente.[2] Para Moisés Silva, los vértices representan el «símbolo», el «sentido» y el «referente».[3]

En la aproximación que hemos estado desarrollando en este libro, nos parecerá natural esta división. Pero aun así es necesario explicar algunas diferencias. Primero, recordemos que el propósito de Dios para nosotros involucra el control, el significado y la presencia. Dios controla lo que sucede en el mundo, o sea, crea y controla los referentes. Ejerce su control a través de su palabra que expresa significado. El significado de la palabra de Dios incluye tanta el pensamiento como el símbolo. Por eso, podemos asociar el referente con el control de Dios. Asociamos pensamiento y símbolo con el aspecto del significado. Así, el triangulo Ogden-Richards cubre sólo dos vértices del triángulo del propósito de Dios, o sea, el control y el significado. El vértice de la persona ha quedado fuera del modelo de Ogden y Richards. Una descripción cuidadosa de este modelo, por lo tanto, se esforzaría por recobrar el vértice perdido de la personalidad del interlocutor.

Tanto el pensamiento y el símbolo pertenecen al aspecto de significado. Entonces ¿cuál es la diferencia entre los dos? El pensamiento tiene que ver con las cosas sobre los cuales hablamos. El símbolo tiene que ver con los medios por el cual hablamos, o sea, los sonidos o las letras o bien otros sistemas de símbolos como el código Morse o el lenguaje de señas.

El símbolo, por lo tanto, depende del medio, proveniente del mundo creado, por el cual el ser humano comunica. Estos medios, aun siendo creados, tienen un arquetipo divino. Comenzando con Juan 1:1, afirmamos que Dios Padre es el Interlocutor original y Dios Hijo es la Palabra eterna. El Espíritu Santo es el aliento original que lleva la Palabra a su destino (Salmos 33:6, compárese también Ezequiel 37). Dentro de la esfera creada, el análogo del Espíritu es el aliento del ser humano que transmite ondas sonoras. La palabra se transmite a través del aire y por eso decimos que el aspecto sonoro del lenguaje tiene su origen en la analogía del Espíritu. El aspecto cognitivo del lenguaje tiene su origen en la analogía con el Padre cuyo pensamiento se expresa en la Palabra. El aspecto lingüístico tiene su origen en la analogía con el Hijo. En resumen, tenemos tres aspectos – pensamiento, expresión lingüística y sonido – mientras que el Triángulo Ogden-Richards tiene sólo dos – el pensamiento y el sonido.

Ullman y Silva, a diferencia de Ogden y Richards, consideran que el vértice superior representa más bien el «sentido» que el «pensamiento» o la «referencia». Por eso, fijan su mirada en la expresión lingüística dejando a un lado la consideración cognitiva. Esta alteración de la terminología es útil porque logra un nivel explicativo semejante a lo que Ogden y Richards hubieran querido, o sea una representación enfocada en el aspecto lingüístico. Pero des-

La Interpretación Bíblica

de la perspectiva cristiana reconocemos una relación de circuncesión entre el pensamiento, el discurso y el sonido.

Pensamiento o Referencia

Correcto (simboliza una relación de causa y efecto)

Adecuado (referencia a otras relaciones causales)

Símbolo — *Verdadero* — Referente
(representa una relación implícita)

Figura 16.1 El Triángulo Ogden-Richards

Para entender el triángulo con precisión nos hace falta hacer una distinción adicional. No fue la intención de Ogden y Richards limitar su modelo a un enunciado particular sino que el modelo debería ser una representación de la función sistemática del sentido, del símbolo y del referente en la totalidad de una lengua particular. Quisieron esclarecer la estructura interna de un sistema lingüístico. Por eso, en vez de enfocarse en un enunciado aislado, se enfocan más bien en el patrón general de uso resumido en los diccionarios y en las gramáticas. El diccionario registra la palabra *elefante* como un mamífero de la especie *Elefantidae* en todas y cada una de sus instancias. Es imprescindible que el hablante del español entienda el significado de la palabra en general para así entenderla en sus instancias particulares. En otras palabras, el hablante del español tiene un conocimiento de su idioma que abarca los hechos y los detalles que se han registrado en el diccionario.

Es de esperarse, además, que las particularidades de los enunciados de un idioma y las generalidades de ese idioma son correlativos. Las particularidades demuestran el aspecto instanciacional mientras que las generalidades manifiestan el aspecto clasificacional. Tanto las particularidades como las generalidades se encuentran en un sistema de relaciones que es característico de todas las demás particularidades y generalidades y que forman así un sistema de relaciones. Las relaciones manifiestan el aspecto instanciacional. Puesto que los aspectos instanciacionales, clasificacionales y asociacionales son una imagen de la Trinidad, la distinción entre enunciados, generalidades y relaciones sistemáticas también es una imagen de la Trinidad.

De la misma forma en que las personas de la Trinidad están en circuncesión, pues, las generalidades, los enunciados y las relaciones sistemáticas de la lengua también están en circuncesión. El pensamiento, la expresión lingüística y la realización sonora también gozan de esta misma relación. Lo mismo se puede decir de los referentes, los significados y los interlocutores.

Como hay unidad en Dios, existe también unidad en el lenguaje. Un símbolo lingüístico deriva su identidad de la unidad de la presencia conjunta de símbolo, pensamiento y referente. Pero como Dios es trino, existe también la posibilidad de aprehender dentro de la unidad la distinción entre el símbolo, el pensamiento y el referente.

Por eso, el triángulo nos puede ayudar a reconocer ciertas falacias. La relación entre el símbolo y el referente es una relación indirecta. El ignorar esta relación indirecta nos conduce al error. En una aproximación que equipara una palabra con una cosa, podemos ingenuamente asociar un símbolo con su referente. Por ejemplo, cuando usamos términos teológicos abstractos como «justicia», el referente es lo que llamaríamos un concepto teológico. Entonces asociamos la palabra y el concepto. Esto nos conduce a confusiones tales como el método histórico-conceptual que vemos tan claramente en el *Compendio del Diccionario Teológico del Nuevo Testamento* de Kittel.[4] Por ejemplo, podríamos decir que debido a que la palabra hebrea *dabar* puede referirse a un evento histórico dinámico, tiene que referirse a este concepto en toda instancia. Pero en realidad, la palabra significa «palabra, cosa o materia» – una designación bastante general.[5]

El triángulo nos presenta, pues, con un resumen útil de algunas de las distinciones que necesitamos considerar en la interpretación. Pero a la vez hay que reconocer que el triángulo es una simplificación en ciertos respectos.

(1) No da cuenta de los misterios escondidos en las relaciones entre el interlocutor y sus enunciados. El acto de presencia y con ello la participación del interlocutor quedan fuera.

(2) No explora de forma sistemática los misterios involucrados en la relación entre el pensamiento y el lenguaje. Puede dar la ilusión de que el lenguaje y el pensamiento son separables.

(3) No plantea una distinción explícita entre el enunciado particular, la generalidad lingüística y la relación de estas a otras regularidades lingüísticas. Y por eso puede conducir a la confusión. Por ejemplo, nos podríamos enfocar en una instancia particular de la palabra «hurtar» en Efesios 4:28, o podríamos enfocarnos en todas las instancias de la palabra «hurtar» en las epístolas paulinas. También se podría examinar la palabra «hurtar» junto con otras palabras dentro del mismo campo semántico en todas las Escrituras. El triángulo, sin embargo, no nos permite una forma de distinguir estas tres examinaciones de la palabra «hurtar».

(4) El triángulo coloca la dimensión contextual de la comunicación en el trasfondo. De hecho, el significado solamente existe en conexión íntima con el operador de un contexto más amplio. Esto es lo que hemos visto en la relación de circuncesión entre el sentido, la aplicación y el importe. El diagrama propone un análisis de la función semántica inherente en una unidad, ya sea una palabra, un morfema o una cláusula. Pero las unidades se relacionan a través de las distintas perspectivas de los contextos y las jerarquías produciendo así el importe.

(5) El triángulo sugiere que el símbolo y el sentido pueden separarse nítidamente. Pero hay que recordar que el símbolo enfoca en el aspecto del enunciado mientras que el sentido enfoca el aspecto del significado. Ambos son dos aspectos de un mismo evento comunicativo. Los dos polos son inseparables. Como bien ha dicho el lingüista Kenneth Pike, todo significado representa un compuesto de forma y significado.[6]

Entonces, hay una relación de perspectiva entre el símbolo y el sentido. Cada uno involucra al otro de forma irreductible gracias a la circuncesión. Un símbolo es un símbolo sólo en la medida que simboliza. O sea, es un símbolo solo en la medida que tiene un sentido inseparable de su identidad como símbolo. Al contrario, cualquier significado es aprehensible únicamente si se puede reconocer e identificar a través de un símbolo o una secuencia de símbolos.

Al intentar definir el vértice superior del triángulo con mayor precisión, Ullmann y Silva anotan el vínculo inextricable entre el símbolo y el sentido. Dice Ullmann que el sentido es «la información que comunica el nombre al oyente».[7] Esta definición nos invita claramente a un enfoque en el contenido de verdad o el contenido conceptual del enunciado. Pero el símbolo también transmite información sobre su propia forma fonológica. Dicha información no es trivial pues es utilizada por cada interlocutor. Por eso, la forma del símbolo constituye también parte de la información que conlleva. Silva define el sentido como el «contenido mental referido en el símbolo». Aquí vemos otra vez que las palabras «mental» y «contenido» se enfocan en el hablante y en sus pensamientos. Pero el «contenido mental» de una palabra como *perro* incluye no sólo la relación entre el símbolo y su referente sino también las asociaciones entre diferentes tipos de perros y la asociación entre los distintos fonemas de la palabra. Por eso, las distinciones presentadas en realidad no distinguen de forma absoluta entre el símbolo y el sentido.

(6) Debido a que el referente es «extra-lingüístico» se ha propuesto excluirlo del análisis lingüístico y retener únicamente el símbolo y el sentido.[8] La exclusión se basa en la intuición de que hay una diferencia de perspectiva entre la situación y los hablantes. Ullmann nos da un ejemplo:

> El átomo [el referente] es el mismo que ha sido desde hace cincuenta años pero desde el momento en que se pudo dividir sabemos que no es la unidad mínima de la materia tal como lo sugeriría su etimología. Además, [el sentido] ha cobrado nuevas connotaciones, algunas fascinantes y otras terribles, desde el albor de la era atómica y la invención de la bomba atómica.[9]

Pero los aspectos distinguibles no son siempre separables. El significado depende de aquellos con quienes se comunica y las personas dependen de situaciones y normas para poderse comunicar. Por lo tanto, es imposible eliminar el referente del análisis lingüístico.

Estos últimos puntos son muy importantes. En el punto (5) afirmamos que el símbolo y el sentido (forma y significado) se distinguen en el plano de la perspectiva pero no son separables. En el punto (6) afirmamos que el sentido y el referente tampoco son separables aunque se distinguen en el plano de la perspectiva. El punto (6) cobra mayor importancia cuando consideramos el habla de Dios en contraste con el habla humano. Dios, a través de su dominio real, gobierna todos los hechos, o sea, todos los referentes. Todos los referentes son lo que son por la palabra y el decreto de Dios. La palabra de Dios gobierna el mundo y todo lo que en él hay. Los hechos obedecen a la Palabra. No existen hechos aparte e independiente de la Palabra de Dios. Por eso, el significado de los referentes en el lenguaje humano dependen de los referentes que Dios ha sujetado a su Palabra, dependen del significado que él les da. Todos los referentes, en última instancia, están cubiertos por el sentido que Dios les da. Claro está que el entendimiento finito de ese sentido no se puede aprehender en su totalidad por el ser humano. Pero el lenguaje como un vehículo de la comunicación divina no es limitada por su comprensión humana.

La Raíz de las Distinciones Lingüísticas
Otra limitación del triángulo Ogden-Richards es que no es capaz de presentar una explicación absoluta de sus distinciones. Por ejemplo, el triángulo expresa que el símbolo y el sentido son distinguibles de la forma y el contenido. Bien. Pero ¿cómo los distinguimos? Los lingüistas especialistas en la semántica nos pueden dar algunas ilustraciones valiosas. Dicen: «el deletreo de la palabra *perro* con sus grafemas p-e-r-r-o es el símbolo y el sentido es la separación de un espacio de significado como, por ejemplo, el perro es un animal de la especie *canis familiaris*. Pero ¿qué es lo que nos permite distinguir el patrón general de la instancia particular? Sabemos por intuición que hay una distinción entre la forma y el contenido porque tenemos ya la habilidad de distinguirlos. Las ilustraciones y las explicaciones siempre presuponen nuestra habilidad de ver lo que se ilustra o se explica. A fin de cuentas, esta habilidad proviene de nuestra naturaleza humana. Pero la naturaleza humana no existe en un vacío. Sabemos lo que es el contenido porque conocemos la verdad de Dios, el pensamiento del Padre y la expresión del Hijo. Sabemos lo que es la forma lingüística porque hemos escuchado la enunciación del discurso de Dios a través del Espíritu.

De igual manera, la distinción entre el sentido y el referente es válido, pero ¿cuál es su fundamento? Esta distinción en la comunicación humana es una imagen de la misma distinción en la comunicación divina entre el decreto de Dios (sentido) y la obediencia de la creación a sus decretos (referente).

Estas dos distinciones están arraigadas, pues, en distinciones que se encuentran en Dios y en la naturaleza de su interacción con el mundo creado. Su arraigo en Dios es de esperarse. No podemos entender siquiera una distinción introducida por los lingüistas sin la presencia personal de Dios en su ser trinitario.

Existe otra complejidad. Debido a que hay circuncesión en las tres personas de la Trinidad, los tres vértices del triángulo también están en circuncesión por analogía. La mayoría de los lingüistas no reconocen este hecho. Aseguran que los vértices son absolutamente distintos. Sospecho que la idolatría es un factor importante en esta distorsión. Para la idolatría unitaria, el conocimiento requiere de la habilidad de reducir todo a su unidad básica sin dejar diversidad alguna.[10] El aislamiento de las unidades refleja, pues, cierta especie de politeísmo ya que propone una multiplicidad de unidades. Vivimos en un mundo creado por Dios y conocemos a Dios aunque no lo reconozcamos como Dios y por eso las implicaciones de estas tendencias no llegan a ser tan dañinas como podrían ser. La idolatría, entonces, produce una mezcla de la verdad y la falsedad en el análisis lingüístico. Se distorsiona nuestro conocimiento del Dios trinitario. Esta distorsión afecta también nuestro entendimiento del triángulo Ogden-Richards y, por ende, nuestra aprehensión del sentido de cada palabra en nuestro idioma. Los efectos de la idolatría son, pues, sutiles pero a la vez ubicuos.

Por eso, las diferencias en nuestro conocimiento de Dios afectan todo aspecto de nuestra interpretación incluyendo los aspectos técnicos como el estudio del sentido de las palabras. Los cristianos y los incrédulos difieren radicalmente en su conocimiento de Dios (Efesios 4:17-24). Por eso, también divergen radical e inevitablemente en su interpretación. Las divergencias afectan la interpretación de forma patente, pero ciertamente afectan a la totalidad de la interpretación de cualquier documento o experiencia humana.

NOTAS

1. Charles K Ogden y I. A. Richards, *The Meaning of Meaning: A Study of the Influence of Language upon Thought and of the Science of Symbolism*,8th ed.; (New York: Harcourt, Brace and World, 1946), 11.
2. Stephen Ullmann, *Semantics: An Introduction to the Science of Meaning* (Oxford: Blackwell, 1964), 57.
3. Moisés Silva, *Biblical Words and Their Meaning: An Introduction to Lexical Semantics* (Grand Rapids: Zondervan, 1983), 103.
4. Silva, *Biblical Words*, 107. Ver en particular la discusión de Silva en pp. 105-7. La obra extensa de James Barr, *La Semántica del Lenguaje Bíblico* (London: Oxford University Press, 1961) sostiene el mismo argumento. Los principios de Barr de la transferencia ilegítima de identidad y la transferencia ilegítima de totalidad son errores naturales para aquellos que equiparan el símbolo con el referente.
5. Un ejemplo proviene de Barr, *Semantics*, 131.
6. Pike, *Language*, 62-63; Pike, *Linguistic Concepts*, 111.
7. Ullmann, *Semantics*, 57.
8. Ibid, 56.
9. Ibid
10. Jacques Derrida rechaza la idea de que el significado se puede separar del significante – o sea – el sentido del símbolo. Y tiene razón. Casi la totalidad de la tradición metafísica occidental demanda un significado absoluto, libre de cualquier acto concreto de significación mediante un significante particular. Esta tradición está infectada con la idolatría unitaria. Ni Derrida

ni la tradición metafísica han reconocido al Dios Tres en Uno que es tanto significado como significante en sí mismo y que es capaz de distinguirse de sí mismo en la circuncesión.

CAPITULO 17
La Divergencia Cristiana en la Doctrina de Dios

Oliverio Objetivista:
   Cuando consideramos las interpretaciones de la Biblia que hacen los incrédulos, nos topamos con serios problemas. Introducen toda una serie de prejuicios en su lectura de la Biblia. Pero entre los cristianos evangélicos tenemos en común, al menos, una cosmovisión básica. Entonces, ¿no será posible eliminar los prejuicios que permanecen?

Pedro Pietista:
   Todavía tenemos que enfrentar al pecado remanente en nuestros corazones.

Carlos de la Transformación Cultural:
   Y tenemos que hacer frente, además, a la influencia constante de las instituciones modernas corruptas. Mientras que estemos en el mundo, estas instituciones también nos afectarán de manera sutil.

María Misióloga:
   Y también tenemos que hacer frente a las enormes diferencias culturales que los cristianos hallan en diferentes partes del mundo.

Dorotea Doctrinalista:
   Y no nos olvidemos de las diferencias doctrinales entre los mismos cristianos.

Oliverio Objetivista:
   Consideremos, pues, el asunto de las diferencias doctrinales. Claro que tenemos desacuerdos menores con respecto al bautismo, a la administración de la iglesia y a la escatología. Fácilmente podemos ver cómo se introduce el prejuicio cuando se trata de la interpretación de un texto que se relaciona con una de estas doctrinas. Cada intérprete espera que el texto apoyará su posición.

   Pero los desacuerdos son pocos. Podemos delimitar fácilmente las doctrinas polémicas. Por eso, podemos saber exactamente cuando existe la posibilidad de que el prejuicio se introduzca. Tratamos tales versículos con especial cuidado. Pero confiamos en que existe un acuerdo en la interpretación de la mayor parte de los textos.

La Interpretación Bíblica

Dorotea Doctrinalista:
Pero entre los evangélicos existen algunas divergencias doctrinales muy serias. ¿Qué de las divergencias entre el Calvinismo y el Arminianismo, por ejemplo?

Laura Liturgista:
En el fondo, sin embargo, ¿no afectan las divergencias doctrinales a nuestra percepción de Dios?

Pedro Pietista:
¿Estás diciendo que los Calvinistas y los Arminianos difieren en su doctrina de Dios? Ambos creen en el Dios de la Biblia, ¿no te parece?

Dorotea Doctrinalista:
Sí. Pero no podemos ignorar las diferencias en el entendimiento de la previsión y la omnipotencia de Dios.

Hernando Hermenéuta:
Pero ¿no hemos establecido ya que la doctrina de Dios afecta a todo lo demás? Parece ser una divergencia que infectará a toda la interpretación bíblica.

Oliverio Objetivista:
Eso es absurdo. La gente muchas veces encuentran consenso. No se puede decir que el desacuerdo en un punto necesariamente afecta a todos los demás puntos.

Ya hemos visto las diferencias entre los cristianos y los incrédulos. Esta diferencia es fundamental. Pero los cristianos mismos, de maneras más sutiles, también difieren entre sí.

En esta vida, el pecado sigue contaminando aun a aquellos que han nacido de nuevo, aquellos que pertenecen a Cristo. Conocemos a Dios, pero nuestro conocimiento está infectado por el pecado. Por eso, no nos ha de sorprender que los cristianos divergen en su doctrina de Dios. Y estas diferencias tienen un impacto en nuestra interpretación de las Escrituras.

El Conocimiento Tácito y el Conocimiento Explícito de Dios

Tendemos a hacer explícito lo que decimos y lo que enseñamos. Pero también poseemos un conocimiento tácito que aun no hemos hecho explícito.[1] Además, cuando se trata del conocimiento de Dios, muchas veces fallamos al poner en práctica nuestra propia enseñanza y nuestro conocimiento explícito. Es posible que profesemos nuestra creencia en alguna proposición pero no demostramos esa creencia en nuestras acciones (Santiago 2:14-26). En ese caso, nuestro conocimiento tácito es corrupto aunque nuestro conocimiento explícito parece ser ortodoxo. Al contrario, a veces ocurre que nuestro conocimiento tácito es más ortodoxo que nuestra enseñanza explícita. J.I. Packer describe esto en detalle al discutir la soberanía de Dios en la salvación.

> Existe una controversia en la iglesia desde hace mucho años acerca del Señorío de Dios en relación a la conducta humana y la obra salvífica. De lo que hemos dicho ya se desprende nuestra actitud ante la controversia. La situación no es lo que parece ser. Pues no es cierto que algunos cristianos creen en la soberanía divina y otros tienen una opinión contraria. Lo que es cierto es que todos los cristianos creen en la soberanía divina, pero algunos no saben que creen en ella y se imaginan e insisten que la rechazan erróneamente.[2]

Usando el vocabulario que hemos manejado hasta ahora, Packer dice que todos los cristianos tácitamente creen en la soberanía divina aunque algunos la niegan en su enseñanza explícita.

El reconocimiento del conocimiento tácito es de importancia mayor cuando consideramos cómo nuestro conocimiento de Dios afecta nuestra interpretación de la Biblia. Los efectos son profundos. Pero son, muchas veces, efectos tácitos. Usualmente carecemos de conciencia de sus efectos perniciosos. Por ejemplo, no decimos conscientemente, «debido a mi visión unitaria de Dios tengo que considerar, de acuerdo al triángulo Ogden-Richards, que el símbolo *perro* está en circuncesión con el pensamiento y el sentido de 'perro.' Los efectos de este tipo son, en gran parte, efectos tácitos.

Por eso, los efectos del conocimiento de Dios en nuestra interpretación son complejos. En un sentido, y de acuerdo con Romanos 1:18-21, aun los ateos conocen a Dios a pesar de sus reclamos a lo contrario. Y, además, es únicamente por medio de su conocimiento de Dios que pueden continuar usando el lenguaje y operando en la historia. Pero las distorsiones y las corrupciones del conocimiento de Dios tienen efectos tremendos. Por eso, aun entre cristianos no podemos ignorar las diferencias en el conocimiento de Dios.

Un Ejemplo de la Soberanía Divina

Tomemos como ejemplo ilustrativo la divergencia entre algunos cristianos acerca de la seguridad de la salvación. Algunos cristianos, y me incluyo a mi mismo, creen que una vez que una persona es salva permanece salvo hasta el fin. Otros piensan que un individuo puede ser salvo y luego perder esa misma salvación. A la primera posición usualmente se le llama la posición de la seguridad eterna.

En la teología reformada, sin embargo, se habla más bien de la perseverancia de los santos. Con esta doctrina queremos decir no que una persona es salva en base a una decisión o declaración hecha en el pasado aunque continua viviendo en el pecado y no se arrepiente (cf. 1 Corintios 6:9-10; Gálatas 6:7-8). Al contrario, lo que queremos decir es que Dios es fiel para con aquellos que ha unido a Cristo y que todos, por medio del poder de Dios, perseverán hasta el fin. Dios nos preserva en su amor para que nosotros podemos seguir creyendo en Jesucristo. Romanos 8:38-39, 29 y Juan 6:39 y 54 son algunos de los textos claves que apoyan esta posición.

En esta doctrina, como en algunas otras, se puede aplicar la observación de J.I. Packer. Algunos cristianos explícitamente rechazan la doctrina de la perseverancia. Pero si confían en Cristo por su salvación, a fin de cuentas confían en él completamente. Por eso, tácitamente confían en que él los guardará hasta el fin. Tácitamente, pues, creen en la doctrina aunque explícitamente la rechazan.

Pero las diferencias doctrinales explícitas, aunque no sean diferencias tácitas, como quiera tienen un efecto en la interpretación. La diferencia se observa más claramente en la doctrina de Dios. Los adherentes de las dos posiciones tienen visiones distintas acerca de la relación entre la voluntad de Dios y la voluntad del hombre. Primero, los que creemos en la perseverancia de los santos creemos que Dios realiza su voluntad a través de la voluntad del hombre. Sabemos que los santos aun pecan. Sabemos que los santos a veces se endurecen. A veces hasta se rehúsan de arrepentirse por un tiempo. La voluntad del hombre es una realidad activa. Pero Dios obra en y por medio de la voluntad humana y puede cambiar el corazón humano tal como le plazca (Proverbios 21:1; cf. Filipenses 2:12-13).

Por otro lado, los que rechazan la doctrina de la perseverancia perciben que la voluntad del hombre es inviolable pues Dios no puede o no quiere intervenir en las tendencias apóstatas de sus hijos. Dios ha puesto de su parte. Nos toca a nosotros hacer nuestra parte o caer en la apostasía.

Encontramos, pues, dos concepciones distintas con respecto a la relación entre la voluntad del hombre y la voluntad de Dios. Detrás de estas concepciones, además, encontramos visiones divergentes de la voluntad de Dios y de su plan con respecto al hombre.

Vemos aquí la operación de las divergencias entre sistemas teológicos. Las dimensiones e implicaciones de las divergencias son múltiples y la complejidad se confirma en la gran cantidad de controversias entre Arminianos, Calvinistas, Luteranos y Católicos. No se trata de una sola doctrina sino de un conjunto de doctrinas. Esos conjuntos doctrinales, entonces, afectan no la interpretación de un texto aislado sino que afectan la totalidad de la interpretación de la Biblia.

Los efectos se extienden más allá de los textos que hablan directamente de la voluntad humana y la voluntad divina. Supongamos que nuestra visión de la voluntad humana es corrupta. Tal corrupción afectará nuestra concepción tanto del lenguaje como de la historia. El habla humano involucra la responsabilidad y la creatividad ante Dios. Por eso, las divergencias doctrinales conllevan a efectos sutiles en nuestro juicio acerca de la comunicación humana. Si pensamos que la acción humana es independiente del control de Dios, ¿no nos conducirá esta creencia a una visión incorrecta acerca de los autores humanos de la Biblia? ¿Escribieron estos autores independientemente de Dios o estaban sus acciones bajo el control soberano de Dios? La Biblia enseña que Dios es el autor de la Biblia y que ejerció control total sobre los autores humanos (2 Pedro 1:21).

Nuestro entendimiento de la voluntad humana, además, afecta nuestro entendimiento de la voluntad de Dios. El hombre toma decisiones de acuerdo a sus propios deseos. Demuestra, por lo tanto, una especie de creatividad mundana al ejercer su voluntad. Esta creatividad es una imagen de la creatividad original e infinita de Dios. ¿Cuál es la relación, entonces, entre la creatividad del hombre y la estabilidad de nuestra unión con Cristo? En última instancia, tenemos que considerar la relación entre la estabilidad de Dios y la creatividad de Dios. Son dos aspectos relacionados de la unidad trinitaria. Nuestro conocimiento de la armonía entre la voluntad humana y la estabilidad y constancia del plan de Dios descansa esencialmente en nuestro conocimiento de la Trinidad. Cuando se aleja del conocimiento de Dios hay corrupción; corrupción de todas las otras partes que conciernen a su tri-unidad. Esta es una divergencia doctrinal que presenta una perversión comprehensiva de la interpretación de la Biblia.

Conclusiones acerca de las Diferencias en la Interpretación Bíblica

Y ¿qué hemos, entonces, de concluir? Lo cierto es que hay divergencias doctrinales entre los cristianos y muchas de estas divergencias conciernen a la doctrina de Dios. En la medida que existen tales divergencias, por lo tanto, no podemos esperar alcanzar una interpretación universalmente aceptada entre todos los cristianos. Al contrario, lo que encontramos son sistemas de interpretación arminianas, calvinistas, etc. Las diferencias no afectan a un número limitado de textos bíblicos acerca de la soberanía de Dios en la salvación. Los efectos de la divergencia doctrinal aparecen en la interpretación de cada texto y de cada evento registrado en la Biblia.

Afortunadamente, hay un solo Dios. Y no podemos escaparnos de su presencia ni podemos rechazar su gracia a pesar de nuestro pecado. Aun cuando las interpretaciones de los textos bíblicos resultan ser falsos, siguen siendo una falsificación de la verdad. La verdad es la Palabra de Dios que nunca pasará y que triunfará por toda la eternidad (Mateo 24:35). La unidad completa entre cristianos es un objetivo escatológico y no una realidad presente (Efesios 4:13-15). Pero aun hoy existe una unidad debido al don de Dios y nuestra unión con Jesucristo (Efesios 4:3-6). Dios nos ha entregado la Biblia y la Biblia habla claramente acerca de la salvación. Nos ha dado también el Espíritu que es poderoso para renovar nuestras mentes y hacernos sensibles a su enseñanza. Podemos deleitarnos en lo que nos ha dado y a la misma vez podemos perseverar hacia al crecimiento (1 Corintios 13:12).

NOTAS
1. Ver la discusión sobre el conocimiento tácito en Polanyi, *Tacit Dimension;* Polanyi, *Personal Knowledge.*
2. J.I. Packer, *Evangelism and the Sovereignty of God* (Chicago: Intervarsity, 1961), 16.
3. Para una discusión más amplia ver Louis Berkhof, *Systematic Theology,* 545-49; Lorraine Boettner, *The Reformed Doctrine of Predestination*(Philadelphia: Presbyterian and Reformed, 1963), 182-201; G. C. Berkouwer, *Faith and Perseverance* (Grand Rapids: Eerdmans, 1958).

CAPITULO 18
La Redención Divina de la Interpretación

Fátima Factualista:
>Me parece que el pecado contamina nuestra visión de Dios. Y por eso mismo contamina la totalidad de nuestro pensamiento. Estamos realmente en una situación desesperada. ¿Qué podemos hacer?

Pedro Pietista:
>Podemos arrepentirnos. Dios nos ha redimido y creemos que nos seguirá redimiendo. Hay que confiar en él para que nos limpie de toda contaminación.

Oliverio Objetivista:
>El pecado es un problema sin duda. Pero ¿es el pecado subjetivo lo único que afecta nuestra interpretación? Se puede decir que la objetividad es algo que se alcanzará únicamente en la vida venidera cuando seamos perfectos. Entonces, ¿por qué no abandonar por completo el estudio de la Biblia?

Carlos de la Transformación Cultural
>Bueno, hay que considerar las necesidades prácticas que tenemos. No podemos perder tiempo haciendo excusas cuando existe un mundo en necesidad de transformación.

Laura Liturgista:
>Y Dios mismo nos guarda del extravío. No nos olvidemos del papel de la adoración en nuestra transformación y purificación. El encuentro con Dios es el centro de la redención.

María Misióloga:
>Y tampoco nos olvidemos de la importancia de la exposición a otras culturas.

Dios está presente en toda su creación. Está presente en todo nuestro conocimiento. Nuestro conocimiento de Dios y nuestra comunión con él afectan nuestra interpretación de la Biblia en cada área de nuestras vidas. Hemos examinado algunas de estas áreas en detalle: nuestro concepto de la Biblia, del significado, de la verdad, de la comunicación, de la teoría de la interpretación, de la historia, del marco total hermenéutico, de la semántica y de la lexicografía (a través del triángulo Ogden-Richards).

La Interpretación Bíblica

Pero el pecado nos ciega (2 Corintios 4:3-4). Necesitamos crecer «en el conocimiento de Dios» (Colosenses 1:10) tanto de forma colectiva como de forma individual (Efesios 4:11-16). Nuestro crecimiento en la interpretación y el entendimiento de la Biblia es la redención continua que resulta de nuestra unión con Cristo. Nos sumamos a Pablo al decir «a fin de conocerle, y el poder de su resurrección, y la participación de sus padecimientos, llegando a ser semejante a él en su muerte, si en alguna manera llegase a la resurrección de entre los muertos» (Filipenses 3:10-11). Participamos así en la victoria de Cristo.

Es en la Biblia donde Dios nos habla. Nos habla no para que alcancemos el triunfo de la subjetividad humana autónoma sino para que alcancemos el triunfo de su gracia. Nos perdona. Nos justifica. Nos sana.

Y todo esto lo hace en el plano de la interpretación bíblica de la misma forma en que lo hace en las otras áreas de nuestra vida. Es el Amante que nos extiende una invitación a sentarnos a la mesa. «Y el ángel me dijo: Escribe: Bienaventurados los que son llamados a la cena de las bodas del Cordero. Y me dijo: Estas son palabras verdaderas de Dios» (Apocalipsis 19:9). «El que tiene oído, oiga lo que el Espíritu dice a las iglesias. Al que venciere daré a comer del maná escondido, y le daré una piedrecita blanca, y en la piedrecita escrito un nombre nuevo, el cual ninguno conoce sino aquel que lo recibe» (Apocalipsis 2:17). «Me mostrarás la senda de la vida; en tu presencia hay plenitud de gozo; delicias a tu diestra para siempre» (Salmos 16:11). En su Palabra, Dios nos otorga, aquí y ahora, la comunión eterna con él: «El espíritu es el que da vida; la carne para nada aprovecha; las palabras que yo os he hablado son espíritu y son vida» (Juan 6:63).

Jesucristo abrió la puerta de los cielos (Hebreos 10:19-20). Nos ha dado el Espíritu para guiarnos a sí mismo (Hechos 2:33; Juan 16:12-16). La iglesia, guiada por el Espíritu, se nutre de la verdad de Cristo.

El Rechazo del Irracionalismo Mundano

Fácilmente se puede mal interpretar esta invitación de Dios. Un mal entendido proviene del irracionalismo y otro proviene del racionalismo. Consideremos primero el irracionalismo. En nuestros días existe un culto desenfrenado al irracionalismo, al egoísmo, al hedonismo y al subjetivismo. Todos queremos hacer lo que se nos antoje. Queremos hacer de nosotros mismos dioses. Si podemos usar el lenguaje religioso, incluso si podemos usar la misma Biblia para justificar nuestras tendencias, lo haremos. Nos contentamos, de manera perezosa, con el conocimiento que ya poseemos.

Pero en el fondo nos estamos rebelando en contra de Dios. Y Dios nos condena por ello. Dios, el guerrero santo, nos cortará y nos destruirá por medio de su Palabra debido a nuestra rebeldía. Pero Cristo vino no sólo para dar muerte al viejo hombre, sino para traer vida y para traer una transformación al hombre nuevo en la imagen de Cristo (Colosenses 3:9-10). Dios el Padre castiga a sus hijos con el fin de que compartan de su santidad (Hebreos 12:4-11).

Lo que estoy diciendo aquí es que la Biblia no es flexible. No la podemos torcer para que se acople a nuestras tendencias y a nuestras filosofías. La Palabra de Dios nunca cambia y nos provee la norma absoluta para nuestra vida. La Palabra de Dios es más destructiva que el fuego y más dura que una peña (Jeremías 23:29). El que humildemente escucha la Palabra de Dios descubre muchas exigencias, demandas y enseñanzas que le chocan. Hay mucho que va en contra de los deseos del hombre. No importa donde comienza, en la medida que el cristiano se va familiarizando con la Palabra de Dios, más se sentirá como peregrino y extranjero en este mundo. La cultura moderna occidental no acepta los reclamos exclusivos del evangelio, la realidad de Dios, la destrucción del orgullo del hombre, la realidad del infierno, la renuncia del dinero, la obligación de honrar la autoridad de la iglesia, de la familia, del matrimonio y del magistrado civil.

Los irracionalistas quieren el control. Quieren el control de sus vidas. Rechazan el control y el gobierno de Dios. Y por eso aspiran a controlar aun lo que Dios dice al presentar interpretaciones falsas de su Palabra. Pero Dios también controla a estos mentirosos y los encierra en una prisión construida por sus propias palabras. Dios nos llama a humillarnos. Reconozcamos pues que nuestra prisión no produce más que pobreza. Salgámonos de nuestras jaulas y escuchemos la voz de Dios.

El Rechazo del Racionalismo Mundano

Por otro lado, hay en nuestros días también una adicción al racionalismo, al cientismo, al tecnicismo y al objetivismo. El hombre moderno seguramente verá en mis palabras otro intento de subvertir la objetividad. No reconocerá la verdad. Para el racionalista, mis palabras probablemente parecen ser un atentado en contra de la erudición y la ciencia – pero en realidad hablo de despojarse del viejo hombre y revestirse del nuevo hombre (Colosenses 3:9-10). Hablo de morir a la concepción antigua de la racionalidad para encontrar la verdadera racionalidad que existe únicamente a través de la comunión con el único y verdadero Dios.

El racionalista preguntará: ¿Cómo? Muéstrame el camino. ¿Cuáles son los límites? En un sentido, ya he contestado estas preguntas específicamente al elucidar el modelo hermenéutico de la

La Interpretación Bíblica

transmisión y al proponer tres pasos para la interpretación. También le he respondido con mi tratamiento de la verdad y de la idolatría. Podríamos haber escrito más. Y se podría decir más acerca de la interpretación correcta y la incorrecta.

Pero el racionalista nunca estará satisfecho con mis respuestas. Se quiere reducir todo a una técnica mecánica. Se teme que la única alternativa a la reducción es un subjetivismo desenfrenado. Debo advertir que el único remedio a este tipo de racionalismo es espiritual y que las verdades de Dios son inescrutables y no pueden ser reducidas a una técnica. Jesús le dijo a Nicodemo:

> De cierto, de cierto te digo, que el que no naciere de agua y del Espíritu, no puede entrar en el reino de Dios. Lo que es nacido de la carne, carne es; y lo que es nacido del Espíritu, espíritu es. No te maravilles de que te dije: Os es necesario nacer de nuevo. El viento sopla de donde quiere, y oyes su sonido; mas no sabes de dónde viene, ni a dónde va; así es todo aquel que es nacido del Espíritu. (Juan 3:5-8)

Y también leemos:

> Le dijo Tomás: Señor, no sabemos a dónde vas; ¿cómo, pues, podemos saber el camino? Jesús le dijo: Yo soy el camino, y la verdad, y la vida; nadie viene al Padre sino por mí. (Juan 14:5-6)

Los racionalistas también quieren el control. Quieren un control perfecto y transparente y que es reducible a una técnica. Pero ese control está reservado únicamente para Dios. La Palabra de Dios nos controla, controla cada pensamiento y cada reflexión en nuestra interpretación. Dios nos llama a humillarnos y a reconocer nuestra propia debilidad como criaturas emocionales.

Bibliografía

Augustine. Confessions. In A Select Library of the Nicene and Post-Nicene Fathers of the Christian Church. Ed. Philip Schaff. Reprint. Grand Rapids: Eerdmans, 1979. [San Agustín. *Confesiones*. Edición preparada por José Cosgaya. Madrid: Bilbioteca de Autores Cristianos, 1994.]

Barr, James. The Semantics of Biblical Language. London: Oxford University Press, 1961.

Beasley-Murray, G. R. The Book of Revelation. London: Marshall, Morgan & Scott, 1974.

Beckwith, Roger T. The Old Testament Canon of the New Testament Church and its Background in Early Judaism. Grand Rapids: Eerdmans, 1985.

Berkhof, Louis. Principles of Biblical Interpretation. Grand Rapids: Baker, 1950. [Berkhof, Louis. *Principios de Interpretación Bíblica*. Grand Rapids: Libros Desafío, 1995.]

Berkhof, Louis. Systematic Theology. 4th ed. Grand Rapids: Eerdmans, 1968. [Berkhof, Louis. *Teología Sistemática*. Grand Rapids: Libros Desafío, 1995.]

Berkouwer, G. C. Faith and Perseverance. Grand Rapids: Eerdmans, 1958.

Berkouwer, G. C. Holy Scripture. Grand Rapids: Eerdmans, 1975.

Blomberg, Craig. Interpreting the Parables. Downers Grove, IL: InterVarsity, 1990.

Boettner, Loraine. The Reformed Doctrine of Predestination. Philadelphia: Presbyterian and Reformed, 1963. [Boettner, Loraine. *La Predestinación*. Grand Rapids: Libros Desafío, 1995.]

Boucher, Madeleine. The Mysterious Parable: A Literary Study. Washington, D.C.: Catholic Biblical Association of America, 1977.

Calvin, John. Institutes of the Christian Religion. Reprint. Grand Rapids: Eerdmans, 1970. [Calvino, Juan. *Institución a la Religión Cristiana*. Grand Rapids: Libros Desafío, 2012.]

Carson, D. A., and John D. Woodbridge. Eds. Hermeneutics, Authority, and Canon. Grand Rapids: Zondervan, 1986.

Carson, D. A., and John Woodbriddge. Eds. Scripture and Truth. Grand Rapids: Zondervan, 1983.

Clowney, Edmund P. Preaching and Biblical Theology. Grand Rapids: Eerdmans, 1961.

Clowney, Edmund P. The Unfolding Mystery: Discovering Christ in the Old Testament. Colorado Springs, CO: Navpress, 1988. [Clowney, Edmund. *El Misterio Revelado: Descubriendo a Cristo en el Antiguo Testamento*. Medellín: Poiema Publicaciones, 2014.]

Eddy, Mary Baker. Science and Health with Key to the Scriptures. Boston: Trustees under the Will of Mary Baker G. Eddy, 1934.

Ellul, Jacques. The New Demons. New York: Seabury, 1975.

Evans, C. A. To See and Not Perceive. Sheffield: JSOT, 1989.

Fairbairn, Patrick. The Typology of Scripture. Reprint. Grand Rapids: Baker, 1975.

Frame, John M. "The Doctrine of the Christian Life," unpublished classroom syllabus, Westminster Theological Seminary, Escondido, California.

Frame, John. "Scripture Speaks for Itself." In God's Inerrant Word. Ed. John W. Montgomery. Minneapolis: Bethany Fellowship, 1974. Pp. 178-200.

Frame, John M. The Doctrine of the Knowledge of God. Phillipsburg: Presbyterian and Reformed, 1987.

Frame, John M. Perspectives on the Word of God: An Introduction to Christian Ethics. Phillipsburg, NJ: Presbyterian and Reformed, 1990.

Frame, John. "Scripture Speaks for Itself." In God's Inerrant Word, ed. John W, Montgomery. Minneapolis: Bethany Fellowship, 1974. Pp. 178-200.

Gaffin, Richard B., Jr. The Centrality of the Resurrection: A Study in

Paul's Soteriology. Grand Rapids: Baker, 1978.

Gaussen, Louis. Theopneustia: The Bible, its Divine Origin and Entire Inspiration. Grand Rapids: Kregel, 1971.

Gruenler, Royce G. Meaning and Understanding: The Philosophical Framework for Biblical Interpretation. Grand Rapids: Zondervan, 1991.

Gundry, Robert H. Mark: A Commentary on His Apology for the Cross. Grand Rapids: Eerdmans, 1993.

Hirsch, E. D. Validity in Interpretation. New Haven/London: Yale University Press, 1967.

Hodge, Charles. Systematic Theology. Reprint. Grand Rapids: Eerdmans, 1970. [Hodge, Charles. *Teología Sistemática*. Terrasa: Editorial Clie, 2010.]

Jaki, Stanley L. The Road of Science and the Ways to God. Chicago: University of Chicago Press, 1980.

Kline, Meredith G. The Structure of Biblical Authority. Grand Rapids: Eerdmans, 1972.

Kline, Meredith G. Treaty of the Great King: The Covenant Structure of Deuteronomy: Studies and Commentary. Grand Rapids: Eerdmans, 1963.

Kline, Meredith M. "The Holy Spirit as Covenant Witness," Th.M. thesis, Westminster Theological Seminary, 1972.

Kuhn, Thomas S. The Structure of Scientific Revolutions. 2d ed. Chicago: University of Chicago Press, 1970. [Kuhn, Thomas. *La Estructura de las Revoluciones Científicas*. México: Fondo de Cultura Económica, 2012.]

Ladd, George E. A Theology of the New Testament. Grand Rapids: Eerdmans, 1974. [Ladd, George Eldon. *Teología del Nuevo Testamento*. Terraza: Editorial Clie, 2008.]

Lovelace, Richard F. Dynamics of Spiritual Life: An Evangelical Theology of Renewal. Downers Grove, IL: Inter-Varsity, 1979.

McKim; Donald K. Ed. The Authoritative Word: Essays on the Nature of Scripture. Grand Rapids: Eerdmans, 1983.

Mannheim, Karl. Ideology and Utopia: An Introduction to the Sociology of Knowledge. New York: Harcourt, Brace & World, 1968. [Mannheim, Karl. *Ideología y utopia: Introducción a la sociología del conocimiento*. México: Fondo de Cultura Económica, 2012.]

McCartney, Dan, Clayton, Charles. Let the Reader Understand: A Guide to Interpreting and Applying the Bible. Wheaton, IL: Victor Books, 1994.

Montgomery, John W. Ed. God's Inerrant Word. Minneapolis: Bethany Fellowship, 1974.

Morris, Leon. Revelation. London: Tyndale, 1969.

Nyquist, James F., and Kuhatschek, Jack. Leading Bible Discussions. Rev. ed. Downers Grove, IL: InterVarsity, 1985.

Oecolampadius, Johannes. In IesaiamProphetam ΗΥΠΟΜΝΗΜΑΤΩΝ, hoc est, Commentariorum, Ioannis Oecolampadii Libri VI. Basel: Andreas Cratander, 1525.

Ogden, Charles K., and I. A. Richards. The Meaning of Meaning: A Study of the Influence of Language upon Thought and of the Science of Symbolism. 8th ed. New York: Harcourt, Brace &World, 1946.

Packer, James I. Evangelism and the Sovereignty of God. Chicago: Inter-Varsity, 1961. [Packer, J.I. *Evangelismo y la Soberanía de Dios*. Graham, NC: Publicaciones Faro de Gracia, 2015.]

Packer, James I. "Fundamentalism" and the Word of God. Grand Rapids: Eerdmans, 1958.

Pike, Kenneth L. Language in Relation to a Unified Theory of the Structure of Human Behavior. 2d ed. The Hague/Paris: Mouton, 1967.

Pike, Kenneth L. Linguistic Concepts: An introduction to Tagmemics. Lincoln, NE: University of Nebraska Press, 1982.

Pike, Kenneth L., and Evelyn G. Pike. Grammatical Analysis. Dallas, TX: Summer Institute of Linguistics, 1977.

Polanyi, Michael, and Harry Prosch. Meaning. Chicago: University of Chicago Press, 1975.

Polanyi, Michael. Personal Knowledge. Chicago: University of Chicago Press, 1958.

Polanyi, Michael. The Tacit Dimension. London: Routledge & K. Paul, 1967.

Poythress, Vern S. "Christ the Only Savior of Interpretation," Westminster Theological Journal 50 (1988): 305-321.

Poythress, Vern S. "Divine Meaning of Scripture," Westminster Theological Journal 48 (1986): 241-79

Poythress, Vern S. "A Framework for Discourse Analysis: The Components of a Discourse, from a Tagmemic Viewpoint," Semiotica 38-3/4 (1982): 277-98.

Poythress, Vern S. "God's Lordship in Interpretation," Westminster Theological Journal 50/1 (1988): 27-64.

Poythress, Vern S. Philosophy, Science and the Sovereignty of God. Nutley, NJ: Presbyterian and Reformed, 1976.

Poythress, Vern S. "Reforming Ontology and Logic in the Light of the Trinity: An Application of Van Til's Idea of Analogy," Westminster Theological Journal 57 (1995): 187-219.

Poythress, Vern S. The Shadow of Christ in the Law of Moses. Reprint. Phillipsburg, NJ: Presbyterian and Reformed, 1995.

Poythress, Vern S. "Science as Allegory," Journal of the American Scientific Affiliation 35/2 (1983): 65-71.

Poythress, Vern S. Symphonic Theology: The Validity of Multiple Perspectives in Theology. Grand Rapids: Zondervan, 1987.

Ridderbos, Herman. The Coming of the Kingdom. Philadelphia: Presbyterian and Reformed, 1969. [Ridderbos, Herman. *La Venida del Reino*. 2 vol. San José: Editorial CLIR, 2014.]

Ridderbos, Herman N. Redemptive History and the New Testament Scriptures. Revised. Phillipsburg, NJ: Presbyterian and Reformed, 1988.

Robertson, O. Palmer. The Christ of the Covenants. Grand Rapids: Baker, 1980.

Rogers, Jack, and Donald McKim. The Authority and Intepretation of the Bible: An Historical Approach. New York: Harper & Row, 1979.

Ross, James F. Ross. "The Crash of Modal Metaphysics," Review of Metaphysics 43 (1989): 251-79.

Ryken, Leland. How to Read the Bible as Literature. Grand Rapids: Zondervan, 1984.

Schaeffer, Francis A. Escape from Reason. Downers Grove: InterVarsity, 1968. [Schaeffer, Francis. *Huyendo de la Razón*. Terraza: Editorial Clie, 2007.]

Schaeffer, Francis A. The God Who Is There. Chicago: InterVarsity, 1968.

Schlossberg, Herbert. Idols for Destruction: Christian Faith and its Confrontation with American Society. Nashville: Nelson, 1983.

Selwyn, Edward G. The First Epistle of St. Peter. 2d ed. London: Macmillan, 1947.

Silva, Moisés. Biblical Words and Their Meaning: An Introduction to Lexical Semantics. Grand Rapids: Zondervan, 1983.

Silva, Moisés. "Ned B. Stonehouse and Redaction Criticism," Westminster Theological Journal 40 (1977-78): 77-88, 281-303.

Sterrett, T. Norton. How to Understand Your Bible. Rev. ed. Downers Grove, IL: InterVarsity, 1974.

Strom, Mark R. Days Are Coming: Exploring Biblical Patterns. Sydney: Hodder and Stoughton, 1989.

Stonehouse, Ned B., and Paul Woolley. Eds. The Infallible Word. Reprint. Grand Rapids: Eerdmans, 1953.

Thiselton, Anthony C. New Horizons in Hermeneutics: The Theory and Practice of Transforming Biblical Reading. Grand Rapids: Zondervan, 1992.

Ullmann, Stephen. Semantics: An Introduction to the Science of Meaning. Oxford: Blackwell, 1964. [Ullmann, Stephen. *Semántica: Introducción a la ciencia del significado*. Madrid: Aguilar, 1972.]

Van Der Laan, Harry. A Christian Appreciation of Physical Science. Hamilton, Ontario: Association for Reformed Scientific Studies, 1966.

Van Til, Cornelius. Christian-Theistic Evidences. Nutley, NJ: Presbyterian and Reformed, 1976.

Vos, Geerhardus. Biblical Theology: Old and New Testaments. Grand Rapids: Eerdmans, 1966.

Vos, Geerhardus. The Self-Disclosure of Jesus. Grand Rapids: Eerdmans, 1954.

Wald, Oletta. The Joy of Discovery in Bible Study. Rev. ed. Minneapolis, MN: Augsburg, 1975.

Warfield, Benjamin B. The Inspiration and Authority of the Bible. Reprint. Philadelphia: Presbyterian and Reformed, 1967.

Wolterstorff, Nicholas. "The AACS in the CRC," Reformed Journal 24/10 (Dec., 1974): 9-16

Wolterstorff, Nicholas. Divine Discourse: Philosophical Reflections on the Claim that God Speaks. Cambridge: Cambridge University Press, 1995.

Woodbridge, John D. Biblical Authority: A Critique of the Rogers/McKim Proposal. Grand Rapids: Zondervan, 1982.

Acerca del Traductor

Glenn A. Martínez es profesor de lingüística hispánica en The Ohio State University en Columbus, Ohio. Se doctoró en lingüística hispánica por la Universidad de Massachusetts en Amherst. Además, tiene una Maestría en Salud Pública por la Texas A&M School of Public Health. Su línea de investigación se enfoca en la sociolingüística del español hablado en los Estados Unidos así como en el uso del español en el sistema sanitario en los Estados Unidos. Además es pastor en la Iglesia Bautista Reformada Betel en Columbus, Ohio donde lidera el ministerio a comunidades hispanas. Actualmente cursa estudios para la Maestría en Divinidades en Calvin Theological Seminary. Es autor de varios libros y artículos científicos, director de publicaciones en Editorial Doulos y autor del blog *La Vida Cristiana Misional* (www.vidacristianamisional.blogger.com).

Colección Aportes Lingüísticos al estudio Teológico

Editorial Doulos se complace en presentar su *Colección Aportes Lingüísticos al Estudio Teológico* con el fin de proveer a los expositores y exegetas de habla hispana los recursos necesarios para interpretar la Biblia en sus idiomas originales y con una sensibilidad arraigada tanto en la ciencia lingüística como en la sana doctrina.

Volumen 1
Milton S. Terry. *Hermenéutica: La Ciencia de la Interpretación de la Palabra de Dios.* ISBN: 978-1475186703

Volumen 2
Simon Kistemaker. *Introducción al Griego: Una gramática práctica del griego neotestamentario.* ISBN: 978-1503346987

Volumen 3
Arie Leder. *Introducción al Hebreo Bíblico.* ISBN: 978-15114204030

Volumen 4
Vern S. Poythress. *La Interpretación Bíblica Enfocada en Dios.* ISBN: 978-0692704813

Aqduiéralos en su librería cristiana favorita o en nuestra página de internet: www.editorialdoulos.com.

Para más información sobre nuestra editorial comuníquese con nosotros en:

Editorial Doulos
1008 E. Hillsborough Ave
Tampa FL 33604
(813) 231-2350
editor@editorialdoulos.com

Made in the USA
Middletown, DE
20 February 2024

49481178R00136